Tatort Northeim

Neun Kriminalgeschichten

Tatort Northeim

Neun Kriminalgeschichten

Alle Rechte vorbehalten
Dieses Werk, einschließlich aller seiner Teile, ist urheberrechtlich geschützt. Jede Verwertung außerhalb der engen Grenzen des Urheberrechtsgesetzes ist ohne Zustimmung des Verlages unzulässig und strafbar. Das gilt insbesondere für Vervielfältigungen, Übersetzungen, Mikroverfilmungen, Verfilmungen und die Einspeicherung und Verarbeitung auf DVDs, CD-ROMs, CDs, Videos, in weiteren elektronischen Systemen sowie für Internet-Plattformen.

© Buchhandlung Grimpe GmbH, Northeim 2012
Wieterstr. 19
37154 Northeim

Umschlaggestaltung: Clara Eichler unter Verwendung einer Abbildung von Citylights Werbung und Medien, Northeim
Layout: Clara Eichler
Druck und Bindung: Docupoint Magdeburg, Barleben

ISBN: 978-3-94346-500-6   www.buchhandlung-grimpe.de

Inhalt

Hans-Jürgen Fisseler: Alles wird gut 7

Gabriele Kahn: Ein perfekter Sommer.........................45

Yvonne Stöckemann-Paare: Geschwisterliebe................63

Rolf P. Dix: Loretta trinkt Bier 93

Katharina Rulff: Wie eine Spinne im Netz 115

Lissy Marie Ahrens: Jugendliebe 135

Hendrika Ruthenberg: Lavendelblau 151

Hans-Henning Klimpel: Ätsch hoch 2......................... 165

Christiane Herkt: Eine traurige Geschichte 185

Alles wird gut

von Hans-Jürgen Fisseler

Heinz Schlosser hat seinen Namen zum Beruf gemacht. Doch der Job hat ihm weder Glück, noch materiellen Erfolg gebracht. Geregelte, legale Arbeit als abhängig Beschäftigter war nie sein Ding. Er arbeitet lieber unabhängig. Der 49-Jährige hat mehr als ein Jahrzehnt seines Lebens hinter Gittern verbracht, ist polizeibekannt als Einbruchspezialist, der bereits vier Mal vor Richter Steinbrecher im Northeimer Amtsgericht stand. Seit knapp drei Wochen ist Heinz jetzt wieder auf freiem Fuß. Aber es ist ein armseliges Leben im kalten Northeim. Und wenn er heute Nacht Glück hat hier am Wieter, dann kann er vielleicht den Rest des Winters bei seinem griechischen Freund und Kumpel Andreas Papanopoulos auf Rhodos verbringen. In dessen kleinem Gasthof ist er sicher willkommen. Wenn er gut bei Kasse ist. Und diese Kasse soll eben heute Nacht gefüllt werden.

Heinz trägt wie immer, wenn er auf Tour ist, schwarz. Und schwarz ist auch die Gesichtsmaske, die er trägt. Sie lässt nur seine Augen frei. Er hat einen Tipp bekommen, dass hier etwas zu holen ist. Seit gut einer Stunde beobachtet Schlosser deshalb die dunkle Villa. Nichts hat sich bisher in Haus oder Garten gerührt. Gegen 22 Uhr ist ein großer streunender Hund über die Terrasse gelaufen, ohne dass ein Bewegungsmelder das Areal mit gleißendem Licht geflutet hätte. Die Nacht ist so dunkel wie das Innere eines Kohlensackes, der Himmel wolkenverhangen, kein Mond und kein Stern ist zu sehen. Ideale Bedingungen für Heinz, der mit wenigen Schritten an der Terrassentür steht, die er mit ebenso wenigen Handgriffen lautlos geöffnet hat. Gelernt ist eben gelernt.

Mit einer gleitenden Bewegung ist er im Haus und schiebt die Terrassentür wieder hinter sich zu. Lautlos zieht er die schweren Vorhänge vor die Fenster, ehe er seine Mini-Maglite anknipst, um sich zu orientieren. Er ist auf Bargeld aus, nimmt aber auch Briefmarken- und Münzsammlungen, Uhren und Schmuck. Dafür hat er Abnehmer.

Schlosser nimmt sich Zeit, sich im Haus zu orientieren. Er findet den Schaltkasten, und geräuschlos fahren die Jalousien außen an den Fenstern herunter. Jetzt kann ihn kein Lichtschein nach draußen verraten. Doch Heinz hat wieder kein Glück in dieser Nacht. Im teuer eingerichteten Büro entdeckt er einen mannshohen tonnenschweren Tresor, der aussieht, als sei er Anfang des Jahrhunderts gebaut. Und Heinz ist einfacher Einbrecher, aber kein Tresorknacker. Enttäuscht greift er zur Whisky-Flasche, die halb voll am Rande des mächtigen Schreibtisches steht, entkorkt die teure Flasche und schenkt sich in das bereit stehende Wasserglas einen dreifachen Drink ein. Der Whisky ist nicht ganz das, was er sich davon versprochen hatte. Eigenartiger Nachgeschmack, findet er, als er das Glas in einem Zug geleert hat. Dennoch will er sich gerade ein zweites Glas genehmigen, da fliegt hinter ihm die Tür auf und schlägt krachend gegen die Wand. Als er sich umdreht, erblickt er in der Tür eine Frau und einen Mann. Die Frau bleibt stumm, als der Mann grinst und sagt: „Ein Einbrecher, was für ein Zufall". Dann zieht er aus der Manteltasche eine Pistole und richtet sie auf Heinz, der noch immer Whiskyflasche und das gerade geleerte Glas in der Hand hält. Vor Schreck bekommt er kein Wort heraus, sein Atem stockt, sein Magen zieht sich krampfartig zusammen.

Mit der Waffe deutet der Mann in der Tür auf die Flasche und stellt süffisant fest: „Tja, das Leben ist viel zu kurz, um schlechten Whisky zu trinken". Dann drückt er ab, und die Kugel dringt Heinz Schlosser ins linke Auge. Er ist bereits tot, als er neben dem Schreibtisch auf den Parkettfußboden kracht, über den sich nicht nur sein Blut, sondern auch noch der goldgelbe Rest aus der Flasche ergießt.

Heinz Schlossers Schrecksekunde war einfach zu lang. Als der unbekannte Mann in der Tür plötzlich die Pistole zog, versuchte er zwar in einem Verzweiflungsakt, ihm die massive Flasche an den Kopf zu werfen. Doch die Pistolenkugel war schneller, die Flasche prallt wirkungslos auf den Parkettfußboden und bleibt heil.

Bracht stöhnt leise, aber vernehmlich, als er kalauert: „Northeim ist zwar nur halb so groß wie der Zentralfriedhof von New York, aber doppelt so tot. Wo ist da schon was los?" Er reagiert damit auf die Frage seines Partners, Oberkommissar Reinhold Leineweber, wie er denn wohl gedächte, ins neue Jahrtausend zu rutschen. In gespielter Verzweiflung fährt Bracht fort: „Ich hab noch keinen Plan, aber wenn mir überhaupt nichts einfällt, dann bleibt als letzter Ausweg immer noch die Silvesterparty beim Segelclub". Leineweber grinst. Er schätzt seinen jungen Kollegen Kommissar Georg Bracht als tüchtigen und gelegentlich auch scharfsinnigen Ermittler. Aber er kennt den 31-Jährigen auch als Sprücheklopfer mit vorlautem Mundwerk, der ein begeisterter Segelsportler ist und seit dem vergangenen Sommer eine Neptun 22 am NSC-Steg am Großen Freizeitsee liegen hat. Jetzt steht die kleine Yacht mit Namen „BeGee" allerdings winterfest aufgebockt irgendwo in einer Dorfscheune eines aufgegebenen landwirtschaftlichen Betriebes.

Vom Turm von St. Sixti hat es schon vor geraumer Zeit 18 Uhr geschlagen an diesem Donnerstag, dem 30. Dezember 1999. Im Kriminalkommissariat in der Northeimer Teichstraße bereiten sich die beiden Kripobeamten auf den Feierabend vor. Ein langes Wochenende liegt vor ihnen. Der Neujahrstag ist ein Samstag und dann kommt noch der 2. Januar als Sonntag zum Ausschlafen. So könnte das neue Jahrtausend in aller Gemütlichkeit beginnen, wenn Leineweber und Bracht nicht Bereitschaftsdienst hätten. Erschwerend kommt noch die düstere Prophezeiung von Computerexperten hinzu, in den Rechenzentren könnte es zum Super-Gau kommen, wenn alle Systeme ausfallen, weil die Computer den Zeitsprung von 99 auf 00 nicht schaffen, die Netze zusammenbrechen und die Bildschirme schwarz bleiben. Bracht graut vor der Vorstellung, sein 49 Jahre alter Vorgesetzter Leineweber bleibt gelassen. „Früher wurden Mörder und Vergewaltiger auch ohne den Kollegen Computer zur Strecke gebracht. Kommt es wirklich zu einem Totalausfall, dann machen wir es wie früher", hat er erst am Vormittag seinem Kollegen Mut zugesprochen.

Bracht denkt beim Daten-Gau weniger an dienstliche Belange als vielmehr an seinen privaten Datenspeicher, den er immer noch nicht auf Diskette gesichert hat, obwohl er sich das schon ein Dutzend Mal vorgenommen hat. Aber was soll's, denkt er sich. Wird schon gut gehen.

Mit dem Feierabend geht es dagegen noch nicht gut. Kaum hat Leineweber den knöchellangen Lodenmantel angezogen und nach seinem dunkelgrauen Schlapphut am Kleiderständer gegriffen, da meldet sich das grüne Telefon auf seinem Schreibtisch mit schrillem Schrei. „Ich mach das", winkt Bracht ab, der so entspannt an seinem Schreibtisch sitzt, als hätte sein Dienst gerade erst begonnen. Er langt auf den Schreibtisch seines Vorgesetzten hinüber, greift den Hörer und meldet sich. Als Bracht nach zwei Minuten immer noch schweigend in den Hörer hinein lauscht, hängt Leineweber seinen Hut wieder auf den Ständer und streift den Mantel ab.

„Wir kümmern uns drum", verabschiedet sich Bracht von seinem Telefon-Gesprächspartner und legt den Hörer auf. „In einer Villa in der Falkenstraße am Wieter liegt eine Leiche, hat ein Anrufer durchgegeben", berichtet Bracht geschäftsmäßig „Eine Streife ist schon raus".

„In welcher Villa", will Leineweber wissen und zieht seinen Mantel wieder über. „Angeblich in der bescheidenen Hütte von Prof. Kaltenbrunner", antwortet sein Kollege. „Ist das nicht der Chefarzt der Frauenklinik im Krankenhaus?" Es ist eine rhetorische Frage, auf die Leineweber keine Antwort erwartet, weil in Northeim jeder, oder fast jeder weiß, wer Prof. Kaltenbrunner ist: Ein großzügiger Mäzen der Kunst, Schatzmeister beim Roten Kreuz und Freimaurer in der Loge Otto zu den fünf Türmen.

Als die beiden Beamten auf den Hof hinter dem dreistöckigen Polizeigebäude treten, überfällt sie ein kräftiger Regenschauer. Hinzu kommt ein unangenehm scharfer Wind. Leineweber hält den hochgeschlagenen Mantelkragen unter dem Kinn zusammen und hört hinter sich seinen Kollegen im Selbstgespräch sagen: „Lieber im Regenschauer als im Kugelhagel".

Leineweber dreht sich halb um und grinst: „Na, so schlimm wird's wohl nicht werden".

„Bin mal gespannt, was wir da in der Nobelherberge vorfinden", antwortet Bracht. Dann sind sie im Auto, ihrem Dienstfahrzeug, einem VW Passat, der auch schon bessere Zeiten gesehen hat, aber immer noch zuverlässig seinen Polizeidienst versieht. Bracht fährt. Er quält den Passat zwischen den rechts und links geparkten Fahrzeugen die Wieterstraße hinauf und biegt oben nach rechts in die Falkenstraße ab. Der Wieterwald steht düster drohend über den letzten Häusern. Die Kaltenbrunner-Villa liegt ziemlich am Ende der Straße. Vor dem Grundstück stehen sich zwei Streifenwagen gegenüber. Ein Uniformierter empfängt die beiden Beamten in Zivil, nickt grüßend. „Hier geht's lang", sagt er und geht voraus. Leineweber und Bracht folgen ihrem Kollegen schweigend. Zwölf Leuchten erhellen den steilen Treppenaufgang neben der Doppelgarage zum Haus hinauf, das in tiefer Dunkelheit liegt. Nur durch das vergitterte Glas der doppelflügeligen Haustür dringt gedämpftes Licht.

Im Haus herrscht Festbeleuchtung. „Prof. Kaltenbrunner ist im Wohnzimmer, die Leiche im Büro", sagt der Schutzpolizist, tritt zur Seite, um die zivilen Kollegen ins Haus zu lassen, und fügt hinzu: „Zwei unserer Leute sichern den Tatort". Leineweber dankt dem Mann, und Bracht murmelt: „Dann kann ja nichts mehr passieren". Prof. Kaltenbrunner ist Mitte 40, eine elegante Erscheinung. Er steht am Fenster und schaut mit leerem Blick in die dunkle Nacht hinaus. Als Leineweber und Bracht ins Zimmer treten und den Abendgruß entbieten, dreht sich der Professor zu ihnen um und schaut sie fragend an. Als die beiden Beamten ihre Dienstmarken zücken und sich als Kripobeamte zu erkennen geben, stöhnt Kaltenbrunner auf: „Ich werde erpresst, meine Frau wurde entführt. Wer tut so was?" Er zuckt mit den Schultern und lässt sich in einen der schweren eierschalenfarbenen Sessel sinken.

Leineweber und Bracht schauen sich erstaunt an. „Mal der Reihe nach, Herr Professor. Ihre Frau wurde entführt? Wir wurden alarmiert, weil in Ihrem Haus ein Toter liegt".

„Ach das!" Kaltenbrunner winkt ungehalten ab. „Ein Einbrecher. Im Büro. Aber das hier ist viel schlimmer". Er schwenkt ein Blatt

Papier. „Ein Erpresserbrief. Meine Frau wurde entführt. Was soll ich nur tun? Helfen sie mir".

Während der Oberkommissar dem Professor den Erpresserbrief aus der Hand nimmt, wendet sich Bracht um und marschiert ab in Richtung Büro mit den Worten: „Das Wichtigste immer zuerst. Die Leiche". Leineweber entschuldigt sich beim Hausherrn und folgt seinem Partner. Als sie das Büro betreten, lehnen zwei Schutzpolizisten lässig am Fenster und diskutieren leise die Chancen von Hannover 96, bald wieder in die Erste Fußballbundesliga aufzusteigen, nachdem die 96er zum Ende der Hinspielserie auf den neunten Tabellenplatz der 2. Liga zurückgefallen sind. Auch Bracht ist Fußballfan. Er hält es mit Bayern München und hat deshalb unter der großen Masse der Northeimer Fußballfreunde einen schweren Stand. Leineweber kann Fußball überhaupt nichts abgewinnen.

Der Oberkommissar bleibt in der Tür stehen und lässt den Raum als Tatort auf sich wirken. Es ist ein skurriles Bild, das sich ihnen bietet, als Bracht über eine fast leere Whiskyflasche auf dem Fußboden hinweg steigt: Der schwarz gekleidete Leichnam liegt auf dem Rücken, der Kopf in einer zum Teil geronnenen und eingetrockneten Blutlache, neben der verkrampften Hand des Mannes mit dem Einschussloch im Auge liegt ein Wasserglas. Auf dem aufgeräumten Schreibtisch liegt die Strumpfmaske. „Schöne Sauerei, das hier", sagt Bracht, grinst zu den beiden jungen Kollegen am Fenster hinüber und geht vor dem Toten in die Hocke.

„Erschossen", stellt er lakonisch fest. „Blattschuss. War sofort tot. Wissen wir schon, wer das ist und wie der hier rein gekommen ist?"

„Der hatte keine Papiere bei sich. Leider!", antwortet der leicht übergewichtige Beamte mit eher gedrungener Statur, der seine Schirmmütze auf seinem kahlen Kopf weit in den Nacken geschoben hat. Sein Partner ist von der Figur her das genaue Gegenteil. Wegen seiner spindeldürren zwei Meter Länge wird er von seinen Kollegen als Stangenspargel gehänselt. Er ergänzt den Dicken: „Ins Haus gekommen ist der Kerl über die Terrasse. Hat die Schiebetür aufgehebelt". Er hält Bracht einen Klarsichtbeutel entgegen. „Das haben wir da auf dem Sofa gefunden".

Der Kommissar erkennt in der Hülle eine silbrig glänzende Pistole. „Die Tatwaffe?"

„Wissen wir noch nicht, aber möglich, oder sogar wahrscheinlich. Auf jeden Fall eine ungewöhnliche Waffe. Eine SIG Sauer Automatik, Kaliber 38", antwortet der übergewichtige Kahlkopf sichtlich stolz auf seine Waffenkunde. Dann verweist er auf die Maske auf dem Schreibtisch. „Die haben wir ihm abgenommen. War nicht so einfach, ist hart von Blut und hat hinten ein Riesenloch". Er grinst etwas schief, als er fortfährt: „Die Kugel haben wir auch gefunden". Er zeigt auf ein modernes Aktgemälde. Auf einem galoppierenden Rappen mit wehender Mähne reitet eine nackte, junge, weiße Frau mit grünen Haaren auf goldgelbem Sand in einen rosaroten Horizont hinein, auf dem eine dunkelrote Sonne versinkt. Die Schönheit der Nackten auf dem Bild wird durch eine hässliche Zahnlücke in dem sonst makellosen Gebiss der lachenden Nymphe gestört. „Da steckt die Kugel im Gebiss. Wir haben sie erst mal drin gelassen".

Bracht hat sich aus seiner Hockstellung erhoben und betrachtet jetzt eingehend das Bild.

„Noch ein Blattschuss", nickt er wie anerkennend. Er tritt einen Schritt zurück, legt den Kopf schief beim Betrachten des Gemäldes. Dann wendet er sich um, indem er sein Urteil abgibt: „So'n Kitsch!"

„Aber das ist Kunst", entfährt es dem Zwei-Meter-Mann entgeistert. „Von einem Italiener. Alter Meister. Steht hier unten drauf. Sebastiano Pantaloni, Murano, Venetia 1951." Bracht achtet nicht weiter auf den Kunstkenner in Uniform. Er ist auf dem Weg zurück ins Büro zu seinem Chef und Prof. Kaltenbrunner.

Reinhold Leineweber hat vorher bereits genug gesehen. Er geht ins Wohnzimmer zu Prof. Kaltenbrunner, um zu telefonieren. Mit dem Kriminaldauerdienst in Göttingen. Mord, Entführung und Erpressung in Northeim. Da muss Verstärkung her. Kriminaldirektor Dietel Dachs in der vorgesetzten Dienststelle der nahen Universitätsstadt will eine Sonderkommission bilden, die noch in der Nacht ihre Arbeit aufnimmt. „Die Kollegen aus Göttingen sind in einer Stunde hier und bringen die Spurensicherung mit. Der Doktor ist schon unterwegs", informiert Leineweber seinen Kollegen.

13

Als Bracht das hört, klärt sich sein Gesicht zu einem fröhlichen Grinsen auf: „Na, dann kann ich ja für heute Feierabend machen. Auf Wiedersehen, Herr Professor. Tschüss, Reinhold!"

Er will zur Terrassentür hinaus, wird aber von seinem Chef barsch zurückgehalten. „Du bleibst schön hier. Wir beiden gehören selbstverständlich der SOKO Liliane an. Weil wir uns hier so gut auskennen", fügt er hinzu. Und es klingt sarkastisch. „Bis die Kavallerie kommt, kannst du dir schon einmal den Erpresserbrief zu Gemüte führen", sagt der Oberkommissar und reicht Bracht das Blatt Papier.

„Wieso Liliane?", will Bracht wissen, ohne einen Blick auf den Erpresserbrief zu werfen. Leineweber blickt ihn verständnislos an.

„Na, die SOKO Liliane. Das hast du doch gerade gesagt! Aber wieso Liliane?", wiederholt Bracht.

„Ach so, Liliane", erklärt der Oberkommissar. „Liliane Kaltenbrunner, die anscheinend entführte Ehefrau des Professors".

Kaltenbrunner, der bisher schweigend dem Wortwechsel der beiden Kripobeamten zugehört hat, reagiert gereizt und empört auf die Wortwahl Leinewebers: „Anscheinend entführt? Was soll das denn heißen? Der Erpresserbrief ist doch wohl eindeutig! Eine Million soll ich zahlen, damit sie wieder freikommt!"

Kaltenbrunner, der zunächst so gefasst gewirkt hat, droht allmählich die Fassung zu verlieren. Er hat sich richtig in Rage geredet, droht hysterisch zu werden. Er beginnt zu jammern: „Woher soll ich denn so schnell so viel Geld nehmen?"

„Eindeutig ist nur der Tote in Ihrem Büro", erwidert der Oberkommissar ungerührt. „Alles andere muss sich erweisen. Wo müsste oder sollte Ihre Frau denn jetzt sein?"

„Na hier! Zuhause! Wir haben gestern Abend noch telefoniert. Sie wollte mich hier erwarten, und dann wollten wir in der Alten Remise in Weende zu Abend essen. Aber dann war alles dunkel im Haus, als ich vom Bahnhof kam", berichtet der Professor und schaut Leineweber hilflos an.

Kommissar Bracht hört mit einem Ohr zu, studiert aber gleichzeitig den vermeintlichen oder tatsächlichen Erpresserbrief. Mit todernstem Gesicht studiert er den Text so, als wolle er ihn auswendig lernen. Er macht sich seine Gedanken: Allein die Villa mit dem 15-Meter-Pool, der Sauna und dem Fitnessraum im Keller ist fast doppelt so viel wert, wie der Erpresser verlangt. Und dann die Aktien und Beteiligungen im Depot der Schweizer UBS-Bank, die Kaltenbrunner von seinem Vater geerbt hat und die noch nie das Licht deutscher Finanzbehörden erblickt haben. Hat man ihm jedenfalls glaubhaft versichert. Und Ehefrau Liliane, die vor einem Jahr in Göttingen ihr Jurastudium wieder aufgenommen hat, lebt mit ihrem Taschengeldkonto, das jeden Monat aufgefüllt wird, auch keinesfalls in bescheidenen Verhältnissen.

Nicht zum ersten Mal kommen beim Kommissar Neidgefühle auf, wenn er mit seinem Beamtengehalt in diesen höheren Kreisen ermitteln muss. Aber heute kann er diese Neidgefühle leicht unterdrücken. In sechs Wochen soll ein lang gehegter Wunsch in Erfüllung gehen: Samba in Südamerika. Mit der Frau, die er liebt. Ab in den Sommer, Winter Adé. Bis dahin sollte der Fall Kaltenbrunner abgeschlossen sein. Zumindest er wird die Angelegenheit dann zu den Akten legen.

„Wenn Sie gestern mit Ihrer Frau telefoniert haben, wann haben Sie sie denn das letzte Mal gesehen?", setzt Leineweber derweilen die Befragung fort.

Der Professor hat sich wieder etwas gefangen und kann antworten, ohne ständig vor Aufregung nach Luft zu schnappen. „Am Montag. Am Tag nach Weihnachten bin ich zu einem Ärztekongress nach Zürich geflogen. Liliane wollte eigentlich mitkommen, um zu shoppen, aber dann hat sie wieder einen ihrer Migräneanfälle bekommen und ich bin allein geflogen". Leineweber weist auf ein gerahmtes schwarz-weiß Foto auf einem Sideboard aus poliertem Kirschholz mit geschwungenen zierlichen Füßen, das eine ausnehmend attraktive junge Frau mit schulterlangen dunklen Haaren zeigt.

„Ist das Ihre ..." Leineweber stockt. Soll er Tochter oder Ehefrau sagen? Er schaut den Professor fragend an.

„Ja, ja, das ist Liliane, meine Frau. Wir sind jetzt fast fünf Jahre verheiratet. Und so lange wohnen wir auch in diesem Haus. Es ist eigentlich viel zu groß für uns zwei, aber ich konnte es günstig aus einer Konkursmasse erwerben", fügt er wie entschuldigend hinzu. „Wenn ich doch nur darauf bestanden hätte, dass sie mitkommt, dann wäre sie nicht entführt worden. Wenn ich das geahnt hätte, wäre ich doch nie nach Zürich geflogen", klagt sich Kaltenbrunner selbst an.

Bracht muss sich abwenden, damit niemand sein Grinsen bemerkt. Hätte, wäre, wenn, denkt er bei sich. „Aber das Leben findet nun mal nicht im Konjunktiv statt.

In der Eingangshalle der Villa wird es lebendig. Zwei Beamte der Spurensicherung in weißer Schutzkleidung, jeder mit einem silbernen Metallkoffer in der Hand, treten ins Wohnzimmer, dahinter der Gerichtsmediziner Prof. Hellmuth Brinkhorst. Die Männer in Weiß mit dem schwarzen Aufdruck „Polizei" auf dem Rücken halten sich nicht mit Grußformalitäten auf:

„Wo geht's zur Leiche?", will der ältere der beiden Kripo-Spezialisten wissen. „Mir nach", winkt Bracht und drückt sich an den Spusi-Leuten vorbei durch die Tür.

Der Gerichtsmediziner ist mit schnellen Schritten auf Kaltenbrunner zugeeilt: „Mensch Carl, was ist denn bei dir los. Eine Leiche im Haus? Erschossen? Und wie geht es Liliane? Hast du sie weggeschickt"?

Bevor Carl Kaltenbrunner seinem Freund und Kollegen antworten kann, wird er von der Kavallerie laut gerufen: „Doc, wo bleibst du? Hier gibt's Arbeit. Jede Menge Arbeit".

„Wir sprechen uns später", tröstet Brinkhorst den Hausherrn, der ihn in stummer Verzweiflung anschaut und hilflos mit den Schultern zuckt.

„Hellmuth, ich ...", sagt er mit leiser Stimme, bricht dann aber ab, weil der Polizeiarzt sich bereits umgedreht hat. Beim Verlassen des Wohnzimmers führt er ein leises Selbstgespräch: „Immer diese Hetze. Dabei ist der doch schon tot, der läuft uns nicht weg. Immer kommt das Menschliche zu kurz". Dann ist er verschwunden und Leineweber mit Kaltenbrunner wieder allein.

„Erzählen Sie mir von Ihrer Frau", fordert der Oberkommissar den Professor auf. Kaltenbrunner nickt.

„Aber erst mal brauche ich einen kleinen Schluck. Für den Magen. Bei all dieser Aufregung", setzt er erklärend hinzu und schiebt am Schrank, der eine Raumwand vollständig ausfüllt, eine Tür zurück, die den Blick auf eine wohlgefüllte Hausbar freigibt, die der klei-

16

nen After-Work-Bar in der Breiten Straße zur Ehre gereicht hätte. Kaltenbrunner greift nach einer Flasche mit altem schottischem Whisky. Single Malt, garantiert 24 Jahre alt, kann Leineweber auf dem Etikett lesen. Es ist die gleiche Flasche derselben Marke, die bei der Leiche im Büro liegt, registriert der Kripo-Mann automatisch und hält für sich fest: Wohl das Lieblingsgetränk des Professors.

Der schenkt sich das bauchige stilvolle Glas, das er aus dem Schrank genommen hat, halb voll ein. Das starke Aroma der hellbraunen hochprozentigen Flüssigkeit dringt in Leinewebers Nase. Der Oberkommissar ist kein Freund von starken Spirituosen. Vor allem ist ihm der Geschmack von Whisky regelrecht zuwider. Er bevorzugt einen kräftigen italienischen Rotwein, verschmäht aber auch einen französischen Roten nicht.

Kaltenbrunner dagegen liebt das schottische Nationalgetränk. Aber er ist kein Trinker. Er nippt nur am Glas und genießt stumm. Dann lässt er sich in einen Sessel sinken und winkt Leineweber an seine Seite. Auch der nimmt Platz. Und Carl Kaltenbrunner erzählt von seiner Frau.

Nebenan beschäftigt sich der Gerichtsmediziner mit der Leiche in Schwarz. Bracht weicht ihm nicht von der Seite und beobachtet Prof. Brinkhorst mit angespannter Aufmerksamkeit. Die beiden Beamten haben mit einer Sofortbildkamera bereits eine Serie von Fotos vom Tatort und dem Toten aufgenommen, die Pistole und die leere Whiskyflasche in einem Koffer verstaut und drei Probenröhrchen mit der Flüssigkeit und dem Blut rund um die Leiche gefüllt, beschriftet und ebenfalls sorgfältig eingepackt. Jetzt sind sie damit beschäftigt, Fingerspuren im Raum zu sichern.

Einer der beiden Weißgekleideten hat Bracht ein Porträtfoto des Toten in die Hand gedrückt mit der Aufforderung, er solle mal im Computer nachschauen, ob der Mann aktenkundig sei. Die Identifizierung gehe bestimmt schneller, denkt sich Bracht, wenn er die Fingerabdrücke in den Rechner gäbe. Aber er widerspricht den Göttinger Kollegen nicht. Er ist bereits auf dem Weg zur Tür, um Leineweber mitzuteilen, dass er sich ins Kommissariat verabschiedet, da fällt ihm siedend heiß ein, dass er vergessen hat, die entscheidende Frage zu stellen:

„Können Sie schon was über die Tatzeit sagen?"

Prof. Brinkhorst hat die Leiche herumgerollt und untersucht den entstellten Hinterkopf des mutmaßlichen Einbrechers. Er hat die Frage des Kommissars nicht mitbekommen oder geflissentlich überhört. Deshalb setzt Bracht nach kurzer Wartezeit erneut an: „Herr Professor, können Sie mir einen Anhaltspunkt geben, wie lange der Typ hier schon liegt?"

Wie in Zeitlupe wendet sich der Gerichtsmediziner um und schaut Bracht über seine Halbbrille von unten strafend an. „Der Typ? Der Typ ist immer noch ein Mensch, auch wenn er jetzt tot und vielleicht ein Einbrecher ist. Ein Mensch, auch wenn er gefehlt hat. Das dürfen wir auch in unserem Beruf nie vergessen".

Er macht eine Pause und betrachtet Bracht, um festzustellen, wie der so Gescholtene darauf reagiert. Der tut ihm den Gefallen und senkt betroffen den Blick. Dann setzt Brinkhorst erneut an: „Zu Ihrer Frage, junger Mann". Dann grinst er schief. „Der Kerl hier ist mindestens 24 Stunden tot. Vielleicht auch länger. Genaues kann ich natürlich erst nach der Obduktion sagen."

Bracht nickt, sagt artig „Danke, Herr Professor" und kehrt zurück zu Leineweber und Kaltenbrunner ins Wohnzimmer. An die überdimensioniert wirkenden Fensterscheiben zur Terrasse trommelt ein schwerer Regenschauer.

Der Oberkommissar und der Chefarzt blicken auf, als Bracht den Raum betritt und das Foto des unbekannten Maskierten schwenkt: „Ich fahre in den Laden, um nachzuschauen, ob wir den Menschen hier in der Kartei haben". Dass er dabei das Wort Menschen so akzentuiert betont, sagt den beiden Männern in der Sitzgruppe nichts.

Leineweber nickt zustimmend und wirft seinem Kollegen die Passatschlüssel zu. „Und sorge als erstes dafür, dass hier eine Telefonüberwachung installiert wird. Heute noch! Mach Dampf bei der Technik", ordnet Leineweber an.

„Zu Befehl", schnarrt Bracht, steht stramm und salutiert. Diesen Arbeitsauftrag hat er erwartet. Er weiß ja genau, was in dem Erpresserbrief steht, der jetzt auf dem Marmortisch der Kaltenbrunners in einer Klarsichtfolie liegt und darauf wartet, auf Finger- und DNA-Spuren untersucht zu werden. Obwohl der

Kommissar ziemlich sicher ist, dass die Spezialisten auf dem Blatt Papier nichts entdecken werden.

Die sonst so ruhige Falkenstraße ist auf einer Länge von gut 50 Metern beidseitig mit Einsatzfahrzeugen zugeparkt, eine schmale Durchfahrt haben die Beamten freigelassen, die versperrt jetzt das Bestattungsinstitut Thule mit einem Pietät-Kombi, aus dem zwei junge Männer in dunkelgrünen Parkas eine Metallwanne mit Deckel ausladen, um den Maskierten ins Gerichtsmedizinische Institut nach Göttingen zu bringen. Auf dem Weg zu seinem Passat liest Bracht die goldfarbene Aufschrift auf dem schwarzen Leichenwagen und murmelt respektlos: „Fahr' in die Kuhle mit Thule!"

„N' Abend Georg", wird der Kommissar plötzlich von hinten angesprochen, als er in den Wagen steigen will. „Was ist denn hier los? Stimmt es, dass der Kaltenbrunner in seinem Haus einen Einbrecher erschossen hat?"

Genervt dreht Bracht sich um. „Nicht du schon wieder", stöhnt er leise auf, als er Cora Theuerkauf erblickt, die junge Polizeireporterin der Northeimer Neuesten Nachrichten. Sie trägt einen modischen knöchellangen schwarzen Regenmantel mit hochgeklapptem Kragen. Auf dem Kopf eine dazu passende Schildmütze, unter der dichtes schwarzes Haar mit einer feuerroten Strähne sichtbar bleibt.

Cora blickt Bracht fragend an. „Sag' schon!"

Der Kommissar zieht die Mundwinkel leicht nach unten und schüttelt den Kopf. „Wir wissen noch nichts. Und ich darf dir sowieso nichts sagen. Aber versuch's mal beim Oberkommissar, der ist oben im Haus bei der Leiche".

„Wer ist denn der Tote?", hakt die Reporterin nach. „War es Mord? Erschossen? Erstochen? Vergiftet?" Routinemäßig spult sie ihre Fragen ab.

Bracht schüttelt immer wieder den Kopf. „Sprich' mit Leineweber", fordert er Cora auf und steigt mit einem kurzen „Tschüss" ins Auto und lässt die NNN-Reporterin im wieder einsetzenden Regen stehen.

Bracht nimmt den Dörtalsweg zur Göttinger Straße. In den Fahrspuren steht schwarz das Wasser. In den kalten Regen mischen sich immer mehr Schneeflocken. Die Scheibenwischer müssten

19

auch mal erneuert werden, sinniert Bracht. Aber eigentlich sind ihm die Schlieren auf der Windschutzscheibe egal, solange er überhaupt noch etwas erkennen kann. Soll sich doch Leineweber mit den Mechanikern in der Werkstatt auseinandersetzen, die immer so tun, als ob sie die Ersatzteile aus der eigenen Tasche bezahlen müssten. Er braucht kaum länger als fünf Minuten, um den Passat auf dem Hof hinter der Dienststelle der Teichstraße abzustellen. Er winkt dem Wachhabenden in seinem Glaskasten zu und rennt, immer zwei Stufen auf einmal nehmend, beschwingt die Treppen ins Kommissariat hoch. Mit einem Knopfdruck lässt er seinen Rechner hochfahren. Das dauert, weiß er aus leidvoller Erfahrung. Er greift zum Telefon und ruft die Frau an, die er liebt.

„Alles klar bei dir", fragt er ins Telefon hinein, als sich die Angerufene mit einem fragenden „Hallo?" meldet. Schnell redet er weiter „Bei mir wird's spät. Wir sind jetzt in der Falkenstraße. Aber ich will sehen, dass ich mich bald hier loseise". Er lauscht noch eine Weile in den Hörer hinein, dann sagt er leise „Ich dich auch. Alles wird gut" und legt auf. Bracht blickt das Telefon einen kurzen Augenblick sinnend an, dann greift er erneut zum Hörer, tippt die Nummer des technischen Dienstes ein und fordert eine Telefonüberwachung für den Kaltenbrunner-Anschluss an. „Aber dalli, hat der Chef gesagt", beendet er das Gespräch und legt grinsend auf. Er entgeht damit der berüchtigten Schimpfkanonade, die der cholerische Techniker Eberhard Meierhof immer dann loslässt, wenn er zur Eile angetrieben wird. Er ist dem Technik-Mann in kollegialer Abneigung innig zugetan und vertraut dem stummen Telefonhörer an: „Lieber sauweich als Eberhard".

In der Zwischenzeit hat der Rechner kundgetan, dass er zum Dienst bereit ist. Bracht ruft die Liste mit den Fotos der einschlägig bekannten Kunden auf und blättert sie langsam durch. Über 100 Männer jeden Alters sind hier erfasst. Aber nur vier Frauen. Wäre wirklich schade, wenn das alles übermorgen futsch wäre, denkt Bracht und erinnert sich wieder an den möglichen und befürchteten Computer-Gau zum Jahrtausendwechsel. Dann wird er fündig. Vergleicht sorgfältig das Foto der Sofortbildkamera mit der Aufnahme auf dem Bildschirm. Heinz Schlosser. Er ist es. Kein Zweifel. Bracht studiert das Vorstrafenregister und empfindet kein Bedauern. „Pech gehabt, Heinz. Zur falschen Zeit am falschen Ort. Und so hat wieder einmal die Gerechtigkeit gesiegt". Zynismus gehört mit zu Brachts schlechteren Charaktereigenschaften.

Er druckt die Seite mit dem Gesuchten aus und legt sie auf Leinewebers Schreibtisch. Dann ruft er bei Kaltenbrunners an, verlangt seinen Chef und meldet Vollzug.

Der Oberkommissar informiert seinen Partner, dass die Telefonüberwachung steht, dass die Göttinger Kollegen den Nachtdienst in der Villa übernehmen, um sofort zur Stelle zu sein, wenn sich der Erpresser meldet. „Dienstbesprechung morgen um 9. Dann haben wir den Obduktionsbericht und den Bericht der Spurensicherung. Du kannst jetzt Feierabend machen", sagt Leineweber und wünscht Bracht eine gute Nacht.

Die Uniformierten kehren zurück zur Wache und nehmen Leineweber mit ins Kommissariat. Es ist kurz nach 22 Uhr, als er sich zu Fuß auf den Heimweg macht. Er hat es nicht weit zu seiner Drei-Zimmer-Wohnung im Haus am Markt. Er ist Junggeselle aus Überzeugung und gedenkt auch nicht, diesen Zustand zu ändern. Auf dem Weg durch die nächtliche Altstadt erinnert er sich belustigt daran, wie er die Reporterin abgewimmelt hat, die fuchsteufelswild wurde, als die Schutzpolizisten sie daran hinderten, in die Villa der Kaltenbrunners vorzudringen. Sie beruhigte sich erst, als er ihr zusicherte, morgen um 12 werde es eine Pressekonferenz geben.

Der Markt schläft im trüben Licht der Straßenbeleuchtung. Der Graf-Otto-Brunnen liegt verborgen unter Tannengrün. Im Café Klo ist Nachtruhe eingekehrt, nachdem die letzten Gäste schon lange den Heimweg angetreten haben. Auch die großen Schaufenster im Haus am Markt sind nur spärlich beleuchtet. Leineweber nimmt die Treppe, um zu seiner Wohnung im zweiten Stock zu kommen. Er meidet Fahrstühle, wo immer es geht. Oben bereitet er sich eine kleine Nachtmahlzeit, die aus einem Käsebrot und einem Glas trockenen Rotwein besteht. Damit setzt er sich vor den Fernseher, um sich auf N24 die Spätnachrichten anzusehen.

Als der Nachrichtensprecher vorliest, dass jetzt auch Bundeskanzler Kohl wegen der Parteispendenaffäre ins Visier der Staatsanwaltschaft geraten ist, schaltet Leineweber angewidert den Fernseher aus und greift zur Heimatzeitung, die er am Morgen nur flüchtig durchgeblättert hat.

Sein Käsebrot hat er verspeist, jetzt genießt er den Rotwein. Dabei liest er belustigt im Lokalteil, dass Carl Graf von Hardenberg von den NNN-Lesern zum Mann des 20. Jahrhunderts gewählt wurde. Wegen seines sozialen Engagements. Dass Magdalene Stöfer aus Katlenburg zur Frau des Jahrhunderts gewählt wurde, das findet seine Zustimmung. Er legt die Zeitung zur Seite, schenkt sich in sein bauchiges Glas noch einmal nach und überlegt, wie der Tote in der Kaltenbrunner-Villa mit der Entführung der Chefarzt-Gattin zusammenpasst. Kam der Einbrecher dem Entführer in die Quere? Gab es gar keinen Einbruch und gehörte der Maskierte zu den Entführern? Wer hat geschossen? Kaum anzunehmen, dass ein Einbrecher sein Metier wechselt. Leineweber findet keine Erklärung und tröstet sich damit, dass es morgen erste Erkenntnisse geben wird. Er wirft seine Blutdruckpille ein, geht zu Bett und greift nach einer historischen, illustrierten Ausgabe von Jules Vernes Meisterwerk „Fünf Wochen im Ballon". Doch er kann sich nicht richtig auf den Inhalt konzentrieren. Eine Frage geistert ihm im Kopf herum: Warum hat der Entführer und Erpresser in seinem Brief nicht gefordert, unbedingt die Polizei aus dem Spiel zu lassen? Hat er es mit Amateuren oder besonders gewieften Schurken zu tun?

Bracht fährt seinen Rechner runter, greift in die unterste Schublade seines Schreibtisches und holt einen braunen DIN-A-4-Umschlag hervor, den er sorgfältig in seinem Rucksack verstaut. Er schlüpft in seine schwere dreiviertellange schwarze Lederjacke, hängt sich den Rucksack lässig über die linke Schulter und verlässt das Büro. Es nieselt immer noch, als er auf den Hof tritt und in seinen blauen VW Polo klettert. Bracht hat in der Roten Straße in der Göttinger Altstadt eine kleine aber feine Wohnung gemietet. Mit Parkplatz im Hinterhof. Dahin zieht es ihn jetzt. Zu der Frau, die er liebt. Er mag das Studentenmilieu innerhalb des historischen Göttinger Stadtmauerrings, wo es ein ständiges Kommen und Gehen gibt.

Wo sich niemand dafür zu interessieren scheint, wer Mieter, wer Untermieter oder wer Gast ist.

Eine gute halbe Stunde später öffnet er seine Wohnungstür. Er verschließt sie sorgfältig hinter sich. Im Wohnzimmer läuft leise der Fernseher. Eine junge Frau mit weißblondem Pagenschnitt fliegt ihm in die Arme, kaum dass er den Rucksack fallen lassen konnte, und küsst ihn leidenschaftlich. Nach dieser stürmischen Begrüßung fragt er sie leise ins Ohr: „Hallo Lilly, bei dir alles in Ordnung?" Sie nickt und sie gehen Hand in Hand ins Wohnzimmer, wo Bracht als erstes den Fernseher ausschaltet. „Gut schaust du aus, aber immer noch etwas fremd. Mit braunem Haar gefällst du mir besser".

„So vielleicht?" Lilly lacht leise, nimmt die Perücke ab und schüttelt ihr eigenes Haar aus. Dann wird sie ernst und fragt: „Hast du Carl getroffen? Wird er zahlen?"

„Das wird er, so wahr ich Mitglied der SOKO Liliane bin", sagt der Kommissar mit einem Selbstbewusstsein in der Stimme, das in diesem Augenblick nur vorgetäuscht ist. „Sie haben die Sonderkommission nach dir benannt: Liliane", fährt er fort.

„Ich hasse den Namen", schmollt Lilly.

„Ich weiß", antwortet Bracht. „Deshalb heißt du ab sofort Bellamy. Bellamy Kruse. Darf ich dich Bella nennen?", fragt er Lilly grinsend.

„Hier sind übrigens unsere Pässe", sagt Bracht und wirft den braunen Umschlag auf den Couchtisch.

Er kramt weiter in den Tiefen seines Rucksackes und holt zwei dieser modernen vertragsfreien Prepaid-Handys hervor, die er unbemerkt aus der Asservatenkammer hat mitgehen lassen. Die waren schon vor Wochen bei einem Drogendealer beschlagnahmt worden. Gespräche über diese Mobiltelefone konnten nicht zum Anrufer zurückverfolgt werden. Sehr praktisch für Brachts Pläne und Zwecke. Ein Modulationsgerät zur Sprachveränderung hat er sich auf einem Technik-Flohmarkt während eines Lehrgangs über Sprengstoffkunde in Hannover besorgt.

Gerichtsmedizin und Spurensicherung haben eine Nachtschicht eingelegt. Ihre Berichte und Analysen liegen bereits als Faxausdrucke vor, als Oberkommissar Leineweber am Silvestermorgen kurz nach 8 Uhr sein Büro betritt. Vorher hat er auf einen Sprung in der Kaltenbrunner-Villa vorbeigeschaut. Die SOKO-Kollegen aus der Nachtschicht warteten auf ihre Ablösung. Sie hatten eine ereignislose Nacht verbracht. Nur der Professor hatte sich als Störfaktor erwiesen, war bis halb vier unruhig vor dem Telefon auf und ab marschiert, in verzweifelter Erwartung eines Anrufs des Entführers.

Zwei Mal hatte das Telefon geklingelt. Einmal war es der Verwaltungsdirektor des Krankenhauses, den Kaltenbrunner um Rückruf gebeten hatte, um ihm die Lage und sein Fernbleiben für die nächste Zeit zu erklären, ein anderes Mal der Chef von Kaltenbrunners Bankhaus in Hannover, um ihm zu versichern, dass er selbstverständlich kurzfristig über die gewünschte Geldsumme verfügen könne. Doch der erwartete Anruf war in der Nacht ausgeblieben.

Punkt 9 Uhr betritt Kommissar Georg Bracht zusammen mit den Göttinger SOKO-Beamten, angeführt von Kriminaldirektor Dachs, der in südniedersächsischen Polizeikreisen respektvoll „der alte Fuchs" genannt wird, den Besprechungsraum. Reinhold Leineweber sitzt schon gut 20 Minuten am Kopf des langen Konferenztisches und studiert die Berichte, die der Kriminaldirektor auf der Fahrt nach Northeim gelesen hat. Dachs hält sich nicht lange mit Vorreden auf, er bittet Leineweber, das Wichtigste aus den Berichten der Gerichtsmedizin und der Spurensicherung vorzutragen.

Der Northeimer Oberkommissar trägt vor, indem er beide Berichte der Einfachheit halber zusammenfasst: Der mutmaßliche Einbrecher oder Entführer ist zwei Mal gestorben. Die Kugel ins Auge war sofort tödlich. Sie wurde am Mittwoch zwischen 22 und 23 Uhr abgefeuert. Schlosser war also schon 20 Stunden tot, als ihn Prof. Kaltenbrunner nach seiner Rückkehr in seinem Haus fand. Die Tatwaffe ist die SIG Sauer, die im Büro gefunden wurde. Sie gehört Kaltenbrunner, der dafür einen ordnungsgemäß ausgestellten Waffenschein besitzt. Die einzigen Fingerspuren auf der Automatik-Pistole stammen mit höchster Wahrscheinlichkeit von Liliane Kaltenbrunner.

Reinhold Leineweber macht eine Pause, um einen Schluck aus seinem Kaffeebecher zu trinken. In die Stille hinein fragt Georg Bracht vorlaut, wie es seine Art ist: „Und was heißt, der Mann sei zwei Mal gestorben? Hat er sich beim Fallen noch das Genick gebrochen?" Die aufmerksam lauschenden Kollegen am Tisch grinsen, doch der alte Fuchs tadelt seinen jungen Northeimer Kollegen: „Geduld! Warten Sie es ab und unterbrechen Sie Ihren Vorgesetzten nicht wieder!"

Der so Gescholtene nuschelt eine Entschuldigung und lehnt sich gekränkt auf seinem Stuhl zurück.

Zwei Mal gestorben deshalb, fährt Leineweber ungerührt fort, weil die Kugel schneller war als das Gift in der Whiskyflasche. Schlosser muss sich kurz bevor ihn der Schuss traf, einen kräftigen Schluck aus der Pulle gegönnt haben. Bei dem schnell und absolut tödlich wirkenden Stoff handelt es sich um das Gift des Blauen Eisenhutes, der giftigsten Pflanze Europas. Der Whisky war mit mehr als 25 Milligramm des Giftes versetzt. Und zehn Milligramm sind bereits eine absolut tödliche Dosis, die zu Kreislauflähmung und Atemstillstand führt. Die Wirkung des Eisenhutes hatte Leineweber vom Blatt abgelesen.

„Das war wohl das Wichtigste", beendet Leineweber seinen Vortrag.

Bevor eine allgemeine Diskussion einsetzen kann, hebt Dieter Dachs die Hand und sagt: „Daraus ergeben sich eine Reihe von Fragen: Wie kommt das Gift in die Flasche? Für wen war es bestimmt? Für den Einbrecher oder Entführer doch wohl sicher nicht! Hat sich Frau Kaltenbrunner bei ihrer Entführung gewehrt und den Mann erschossen?" Der Kriminaldirektor beendet seine Fragerunde wie stets mit den Worten: „Das herauszufinden, ist Ihre Aufgabe, meine Damen und Herren!"

Die Männerrunde am Tisch grinst still vor sich hin. Eine Kommissarin haben sie schon lange nicht mehr in der SOKO gesehen. Schade eigentlich, weibliche Intuition fehlt in dieser Männergesellschaft.

Bei der anschließenden Aufgabenverteilung meldet sich Georg Bracht, um das Wohnumfeld von Heinz Schlosser unter die Lupe zu nehmen. Vielleicht finde sich dabei ein Hinweis auf den

Todesschützen, wirft er ein und stellt in aller Bescheidenheit fest, er schaffe das auch im Alleingang.

Der Rest des Teams macht sich nach der Besprechung, die kaum länger als eine Viertelstunde gedauert hat, auf den Weg in die Falkenstraße. Der alte Fuchs rauscht zurück nach Göttingen, nicht ohne Leineweber, dem er die Leitung der SOKO übertragen hat, einzuschärfen, er wolle ständig auf dem Laufenden gehalten werden.

Prof. Kaltenbrunner sieht übernächtigt aus und wirkt verkatert, als Leineweber mit seiner Mannschaft in der Villa in der Falkenstraße eintrifft. Der Hausherr wird zu seiner Pistole befragt. Kaltenbrunner versichert, die Pistole schon seit Monaten nicht mehr in der Hand gehabt zu haben, sie habe mit der Munition sicher verwahrt im Tresor gelegen. Wieso Lilianes Fingerabdrücke auf der Waffe sind, kann er sich nicht erklären. „Liliane hasst Waffen. Sie könnte keiner Fliege etwas zuleide tun", entrüstet sich der Professor, weil er meint, die Beamten könnten annehmen, seine Frau habe den Einbrecher erschossen. Was vielleicht nicht so ganz abwegig ist.

Leineweber erklärt einlenkend: „Wir wissen noch nicht hundertprozentig, ob die Fingerspuren von Ihrer Frau stammen. Wir haben Vergleichsabdrücke von Toilettenartikeln aus dem Bad Ihrer Frau genommen. Die stimmen allerdings überein".

Dass Gift vom Blauen Eisenhut in seiner Whiskyflasche gewesen sein soll, macht ihn zunächst sprachlos. Dass vielleicht er das Opfer eines Giftanschlages werden sollte, hält er für absolut abwegig. Wer sollte es auf ihn abgesehen haben?

Das Telefon schrillt. Mit einem Satz ist Kaltenbrunner am Apparat und will den Hörer ans Ohr reißen. Der Beamte, der daneben gesessen hat, kann das im letzten Augenblick verhindern. Die Technik braucht noch einen Moment, um mitzuhören und mitzuschneiden. Dann darf der Professor sprechen: „Hier Kaltenbrunner, melden Sie sich! Was wollen Sie? Was ist mit meiner Frau? Lassen Sie mich mit ihr sprechen, sofort!"

Aus dem Lautsprecher dringt leise atmosphärisches Rauschen.

Dann spricht der Entführer und Erpresser: „Hören Sie genau zu, ich sage es nur einmal. Eine Million in bar. Kleine Scheine. Keine fortlaufenden Nummern. Den Rest in frei verkäuflichen Wertpapieren unterschiedlicher Notierungen." Die Stimme des Erpressers klingt verzerrt und schwingt von dumpfen Tiefen auf schrille Höhen und wieder zurück.

„Sie bekommen alles, was Sie wollen, aber lassen Sie mich bitte mit meiner Frau sprechen", bettelt Kaltenbrunner mit weinerlicher Stimme. Dann wird er ganz plötzlich aggressiv und schreit in den Hörer: „Sie kriegen nichts, überhaupt nichts. Bis ich weiß, dass Liliane lebt".

Der Erpresser beendet das Gespräch, ohne ein weiteres Wort zu verlieren.

Der Techniker nimmt den Kopfhörer ab, verzieht die Mundwinkel nach unten und schüttelt den Kopf: „Nichts. Der Anruf kam von einem nicht registrierten Mobiltelefon. Kein Teilnehmer, kein Standort, nichts".

Kommissar Bracht ist mit seinem blauen Polo, den er nur zu gern gegen einen roten Alfa Romeo eintauschen würde, nicht in die Kanalstraße gefahren, wo Heinz Schlosser ein möbliertes Zimmer bewohnt, er hat sich in das Getümmel des Marktkauf-Parkplatzes geworfen, der aus allen Nähten zu platzen droht. Die Northeimer stürmen den Supermarkt und packen die riesigen Einkaufswagen randvoll, so als würde es im neuen Jahrtausend nichts mehr geben. An der Billigtankstelle haben sich vor den Zapfsäulen lange Autoschlangen gebildet. Jeder will noch einmal günstig volltanken. Um Mitternacht steigen die Benzinpreise um sieben Pfennig pro Liter. Der Preis für einen Liter Superbenzin liegt dann nur noch ganz knapp unter zwei Mark. Georg Bracht ist das völlig egal. Er denkt in ganz anderen Dimensionen. Pfennigbeträge waren gestern. „Peanuts", winkt er in Gedanken verächtlich ab.

Das Handy aus der Asservatenkammer und das Modulationsgerät hat er in das Handschuhfach des Polo zurückgelegt. Gedankenverloren sitzt er eine volle Minute über sein Lenkrad gebeugt und ist in Gedanken in der Villa Kaltenbrunner in der Falkenstraße. Für ihn sind es dort bereits ehemalige Kollegen, mit denen ihn schon fast nichts mehr verbindet. Die SOKO Liliane wird ihren Fall nicht lösen. Davon ist der Spontisprüche-Klopfer überzeugt und denkt an die bei Kriminalisten beliebte Scherzfrage: „Wann wird endlich der Niagara-Fall gelöst?"

Während in der Falkenstraße mit dem Bankhaus in Hannover beraten wird, welche Wertpapiere als Lösegeld infrage kommen und wie die Derivate schnellstmöglich und rechtzeitig nach Northeim kommen, setzt Bracht bereits seinen nächsten Schritt in die Tat um. Da wird die Beifahrertür des Polo geöffnet und mit elegantem Hüftschwung nimmt Cora Theuerkauf neben ihm Platz. „Tach Georg", lacht ihn die attraktive Reporterin der Heimatzeitung an. „Auch noch schnell Schampus und Knaller für die Jahrtausendfeier besorgen? Oder bist du hier auf Mörderjagd?"

„Cora Kolumne", japst Bracht entsetzt. Er fühlt sich ertappt. „Du hast mir gerade noch gefehlt. Du weißt doch, in zwei Stunden ist Pressekonferenz auf dem Revier. Solange wirst du doch wohl warten können".

„Kann ich nicht. Ich brauche Infos für die Sonntagszeitung, also raus mit der Sprache. Ich hab noch was gut bei dir". Was sie noch gut hat, erwähnt sie nicht. Und auch Bracht geht darüber hinweg.

Er hat es eilig und will die Journalistin so schnell wie möglich los werden. „Also gut", sagt er und schildert in kurzen Sätzen, was sie in der Kaltenbrunner-Villa vorgefunden hatten: Er erzählt von der Leiche, vom Gift im Whisky und von der verschwundenen Chefarzt-Gattin. Von Kidnapping und Erpressung sagt er kein Wort.

„Und habt ihr schon eine heiße Spur zum Täter", will die ehrgeizige Reporterin wissen, die den Spitznamen Kolumne wegen ihrer mit spitzer Feder formulierten Kommentare bekommen hat, die für die Betroffenen und Kritisierten manchmal jenseits der Schmerzgrenze lagen und die ihr nicht nur Freunde einbrachten. Doch das interessierte sie nicht. „Viel Feind, viel Ehr", pflegte sie stets lachend zu erwidern, wenn ihr das vorgehalten wurde.

Die SOKO Liliane gehe einer Reihe von Spuren nach, ob eine davon zum Täter führe, wisse man zur Stunde noch nicht, behauptet Bracht und vergisst nicht, Cora einzuschärfen, dass sie diese Informationen nicht von ihm habe. Die Polizeireporterin schlüpft aus dem Wagen, beugt sich noch einmal zu Bracht hinunter und sagt: „Wieso von dir? Ich kenn dich doch überhaupt nicht". Dann wirft sie grinsend die Polotür zu und verschwindet augenblicklich in der Kaufrauschmenge.

Bracht wechselt den Standort. Er denkt nicht daran, zu Ermittlungen in die Kanalstraße zu fahren. Zehn Minuten später hält er auf dem Autobahnrastplatz Schlochau zwischen Höckelheim und Seenplatte an. Hier herrscht ebenfalls reger Betrieb und sein bescheidenes Auto fällt nicht auf. Er nimmt das Mobiltelefon zur Hand und ebenfalls ein Diktiergerät. Dann wählt er die Kaltenbrunner-Nummer in der Falkenstraße. Nach dreimaligem Klingeln meldet sich der Professor und Bracht drückt den Wiedergabeknopf des Diktaphons. Sofort erklingt die etwas schrille, aber deutlich zu vernehmende Stimme von Liliane Kaltenbrunner: „Carl, Carl! Ich bin es. Ich soll dir sagen, dass heute Silvester ist und es mir gut geht. Hol mich bitte, bitte hier raus. Ich flehe …", dann drückt Bracht auf Stopp und Lilianes Stimme endet abrupt. Genauso abrupt beendet Bracht die Verbindung zur Villa.

Der Erpresser verbindet das Handy mit dem Stimmenmodulator und meldet sich wieder bei Kaltenbrunner. Seine Forderung: Lösegeldübergabe um Mitternacht hinter der Alten Wache, Kaltenbrunner soll dort allein mit dem Geld und den Papieren in seinem schwarzen Benz warten. Eine Stunde nach der Lösegeldübergabe erfolgt die Bekanntgabe über Lilianes Aufenthaltsort. Sollten Polizeikräfte einschreiten, verschwindet Liliane auf Nimmerwiedersehen, droht der Erpresser.

In der Falkenstraße setzt hektische Betriebsamkeit der SOKO ein. Um Mitternacht wird am Markt und rund um die Alte Wache die Hölle los sein. Schon in normalen Nächten wird die Northeimer Altstadt allzu oft für die einheimische Bevölkerung zum No-Go-Bereich, in dem Jugendbanden ausländischer Mitbürger den Bezirk unsicher machen. Was sich hier in wenigen Stunden abspielen wird, wenn das neue Jahrtausend anbricht mit legalen und illegalen Krachern und Böllern, davor graust den Beamten schon jetzt. Der Einsatz von Beamten in Uniform scheidet deshalb unbedingt aus, erklärt Reinhold Leineweber mit Nachdruck. Zu gefährlich für die Kollegen.

Als Kommissar Bracht in der Falkenstraße eintrifft, um einen phantasievollen Bericht über seine nie erfolgten Ermittlungen in der Kanalstraße zu erstatten, hört er, wie Leineweber mit Kaltenbrunners Bankhaus bespricht, wo der Hubschrauber landen kann, der das Geld und die Wertpapiere überbringt. Der Helikopter soll auf dem Flugplatz in den Rhumewiesen landen. Dort wird die wertvolle Fracht von einer Zivilstreife abgeholt und zur Falkenstraße gebracht. Leineweber ist nicht überrascht von Brachts Misserfolg. „Erst müssen wir die Frau wieder haben. Danach kommt alles andere an die Reihe", versucht er seinem jungen Kollegen Mut zuzusprechen. Doch der ist erst einmal ganz zufrieden mit dem, was er in den vergangenen Stunden erreicht hat. Er macht einen ordentlich zerknirschten Eindruck und erkundigt sich bei seinem Chef, wie die Pressekonferenz gelaufen ist, ohne ein Wort über seine ganz private Pressekonferenz mit Cora Theuerkauf zu verlieren.

„Kurz und schmerzlos", sagt Leineweber. „Es gibt ja noch nicht viel zu sagen. Aber etwas Futter musste ich der Journaille schon geben. Du kennst ja die Macht der Presse. Das mit dem Gift im Whisky wird sie erst einmal beschäftigen. Genauso wie uns."

Bracht ist schon wieder obenauf und frotzelt: „Ja, ja, die Macht der Presse. Die spüren vor allem die Weintrauben".

Leineweber ist heute nicht nach witzigen oder unsinnigen Sprüchen, er ruft sein SOKO-Team zusammen, um gemeinsam mit Prof. Kaltenbrunner einen Schlachtplan für die Geldübergabe zu erarbeiten. Noch sind elf Stunden Zeit bis dahin. Der SOKO ist klar: Sie können kaum bei der Geldübergabe zuschlagen. Der Erpresser wird einen Mittelsmann schicken, und wenn der sich nicht zurückmeldet, ist das Leben von Liliane Kaltenbrunner in Gefahr. Das sieht auch der Professor so. Er verbittet sich empört jedes polizeiliche Einschreiten, bis Liliane unversehrt ihrem Martyrium entronnen ist. Er macht unmissverständlich klar, dass ihn in erster Linie seine Frau interessiert und nicht der Entführer.

Verschiedene Vorschläge werden vorgebracht und kontrovers diskutiert. Schließlich einigt man sich darauf, in der Geldtasche einen Minisender anzubringen, um sie auf ihrem Weg verfolgen zu können.

„Das wird der Erpresser einkalkulieren", gibt Bracht zu bedenken. „Aber er wird bei und nach der Übergabe nicht so viel Zeit haben, um den Sender zu finden. Es ist jedenfalls eine kleine Chance", hält Leineweber dagegen.

Ein Göttinger Beamter warnt, es sei vielleicht zu gefährlich, Kaltenbrunner allein in seinem teuren Wagen zur Alten Wache zu lassen, angesichts einer nicht zu kontrollierenden außer Rand und Band geratenen Menschenmenge.

„Wir lassen ihn nicht allein", beruhigt Leineweber sein Team. „Wir und acht Mann aus der Bereitschaft in Zivil mischen uns unter die Feiernden, um die Übergabe zu beobachten und den Geldboten zu beschatten. Vielleicht führt er uns zum Entführungsversteck. Kommissar Bracht bietet sich an, zum direkten Schutz von Kaltenbrunner beim Professor im Wagen auf den Erpresser zu warten.

Die Mehrheit der SOKO ist dagegen, weil der Entführer ausdrücklich verlangt hat, dass Kaltenbrunner allein ist, wenn das Geld abgeholt wird. Leineweber lässt seine Kollegen das Für und Wider diskutieren. Er findet den Vorschlag seines Partners nicht schlecht. Der Gedanke, dass der Professor mit einer Million im Auto allein im Wagen in der dunkelsten Ecke der Innenstadt sitzt, lässt ihn schaudern. Wie leicht könnte das Lösegeld in falsche Hände geraten. Auch Bracht wirbt mit Engelszungen um die Umsetzung seines Vorschlags. Schließlich beendet Leineweber die Diskussion: „Wir machen es so. Georg sitzt auf der Rückbank mit im Auto. Es wird so dunkel sein, dass er kaum zu erkennen sein wird. Und er wird die Geldübergabe auf gar keinen Fall behindern", schärft er seinem jungen Kollegen ein, von dem er weiß, dass er auch schon einmal im Übereifer über das Ziel hinausschießt. Bracht ist fest entschlossen, sich an den Plan zu halten. An seinen Plan. Einen seiner Weisheitssprüche hält er in dieser Situation besser zurück: „Eines der gefährlichsten Geräusche, die man machen kann, ist laut zu denken".

Weitere Einzelheiten des nächtlichen Einsatzes werden erörtert. Dann beendet Leineweber die Sitzung, um Kriminaldirektor Dachs über den Stand der Dinge und die geplanten Maßnahmen zu informieren.

Bevor die Runde auseinanderläuft, blickt er auf seine Armbanduhr, stellt fest, dass die Mittagszeit schon weit fortgeschritten ist und blickt seine Kollegen fragend an: „Wie geht es euch? Ich jedenfalls habe Hunger. Und wir müssen alle bei Kräften bleiben". Allgemeine Zustimmung folgt seinen Worten. „In der Göttinger Straße habe ich einen Imbiss mit Kurierdienst gesehen, da rufe ich an und lasse uns was bringen. Ich nehme 'ne Currywurst und Pommes", sagt ein junger Kommissar aus der Universitätsstadt, greift nach einem Notizblock und notiert die Essenswünsche seiner Kollegen. Nur noch einer entscheidet sich ebenfalls für die Currywurst, der Rest der Mannschaft wünscht sich Brathähnchen. „Da sieht man's wieder", lacht Bracht. „Das beliebteste Haustier der Deutschen ist und bleibt das halbe Hähnchen". Auch der Professor bittet darum, ein Stück vom gebratenen Geflügel mitgeliefert zu bekommen.

Am Nachmittag schwebt der Hubschrauber aus Hannover ein, eine Zivilstreife bringt den schwarzen Sicherheitskoffer mit Geld und Papieren in die Kaltenbrunner-Villa, wo sich die SOKO eingerichtet hat. Carl Kaltenbrunner ist dabei, als der Inhalt überprüft und in eine weniger sperrige Sporttasche umgepackt wird. Ein weiteres Mal fragt sich Oberkommissar Leineweber im Stillen, wie ein Mediziner, Mitte 40, über ein solches Vermögen verfügen kann, von dem er sich so schnell trennt. Auch und gerade weil er anfangs so gejammert hat, dass er so viel Geld nicht aufbringen könne. Er muss seine junge Frau wohl sehr lieben, konstatiert der Kriminalbeamte. Dass eine Million vielleicht nur Peanuts für den Chefarzt der Northeimer Klinik sind, mag er sich nicht vorstellen. Bis zur Übergabe kommt die Geldtasche in den Tresor der Villa. Da findet sie bequem Platz.

Mit der einbrechenden Dämmerung setzt Nieselregen ein, aber es bleibt mild in dieser letzten Nacht des 20. Jahrhunderts. Eine gespannte Ruhe herrscht in allen Räumen der Villa. Leineweber und Kaltenbrunner ziehen sich ins Musikzimmer zurück, das von einem weißen Bechstein-Flügel beherrscht wird. Auch die kleine Sitzgruppe mit eleganten Ledersesseln ist in Weiß gehalten. Und sogar bequem sind diese Sitzmöbel, erkennt Leineweber an, als er sich in einem Sessel dem Hausherrn gegenüber niederlässt. Der Oberkommissar hat Carl Kaltenbrunner gebeten, ihm von Liliane zu erzählen, nach der die Fahndung Südniedersachsenweit läuft. Jede Streifenwagenbesatzung hat ihr Foto im Auto.

Der Professor ist unruhig, springt aus dem Sessel auf und geht zum Flügel, stützt sich mit beiden Händen auf das auf Hochglanz polierte Instrument.

„Möchten Sie mir etwas vorspielen?", fragt der Oberkommissar in der Hoffnung, das würde den Professor vielleicht beruhigen.

Kaltenbrunner steht mit gesenktem Kopf am Flügel. Dann dreht er sich zu Leineweber um.

„Ich kann überhaupt nicht spielen. Es ist das Instrument von Liliane, aber ich habe sie nicht oft spielen gehört. Vielleicht bin ich viel zu oft in der Klinik und zu selten zu Hause", sagt er wie zur Entschuldigung.

Dann sind sie beim Thema und Leineweber will wissen, wo und wann Kaltenbrunner Liliane kennengelernt hat. Der beginnt stockend, aber seine Erzählung wird mit der Zeit flüssiger. Es war vor sechs Jahren, während eines Ärztekongresses in Göttingen. An einem Abend gab es einen Ball in der Stadthalle und Liliane gehörte zu einer Gruppe von Studentinnen, die, über einen Begleitservice engagiert, den Frauenmangel bei der Tanzveranstaltung ausgleichen sollten. Nach dem ersten Tanz sei er von Liliane und ihrer Ausstrahlungskraft so fasziniert gewesen, dass er den ganzen Abend mit ihr verbracht habe, erzählt der Chefarzt. Und sie verabredeten sich für den nächsten Tag zum Abendessen. Sie trafen sich öfter, drei Monate später bat Kaltenbrunner Liliane, seine Frau zu werden. Sie erbat sich Bedenkzeit, stimmte drei Tage später zu. Und nach kurzer Verlobungszeit wurde Hochzeit gefeiert, nachdem das Haus in der Falkenstraße nach einigen Umbauarbeiten bezugsfertig geworden war.

Da sie sich Kinder wünschten – mindestens drei – hängte Liliane ihr Jurastudium an den Nagel, um sich ganz Haus und Familie widmen zu können. Kaltenbrunner war glücklich in dieser Beziehung und verschwendete keinen Gedanken daran, ob seine junge Frau ebenso dachte und fühlte. Doch der Kindersegen blieb aus. „Es lag wohl an mir", sagt Kaltenbrunner, ohne auf Einzelheiten einzugehen. „Ganz schön bitter für einen Reproduktionsmediziner!" Aber das Leben ging weiter. Kaltenbrunner hatte seinen Job, Liliane, die immer schon sportlich aktiv war, schloss sich den Triathlon-Freunden an und begeisterte sich für den Segelsport, nachdem sie beim Seefest an einem Schnuppersegeln teilgenommen hatte. Sie wurde Mitglied im Northeimer Segelclub und nahm an den Ausbildungskursen teil. Ganz oben auf ihrer Wunschliste stand eine eigene Yacht auf dem Northeimer See. Der Professor gab zu erkennen, dass Sport und vor allem Wassersport überhaupt nicht sein Ding sei. Er habe sich mal verleiten lassen, mit Kollegen auf den Golfplatz nach Levershausen zu gehen, habe aber die Begeisterung für dieses Umsichschlagen nicht verstehen können.

„Was sind denn Ihre Hobbys?", will Leineweber wissen. „Womit beschäftigen Sie sich in Ihrer Freizeit". Er ahnt, dass es nach fünf Jahren um die Ehe der Kaltenbrunners nicht ganz so gut mehr bestellt ist.

Der Professor lacht gequält auf: „Mein Beruf ist mein Hobby. Liliane sagt immer, ich müsste ständig irgendwie die Welt retten. Wenn ich mich nicht jeden Tag darum kümmern würde, wäre sie wohl schon längst verloren".

Der Oberkommissar nickt gedankenverloren und sinniert: Ein Gutmensch. Wer immer nur Gutes will, schafft manchmal genau das Gegenteil.

Es klopft und Sekunden später steckt Bracht den Kopf durch die Tür und fragt: „Darf ich stören?"

„Herein", sagt Leineweber nach einer kleinen Ewigkeit. „Was gibt es?"

Bracht tritt einen Schritt ins Zimmer und hält mit einer Hand die Tür weit geöffnet. „Bitte um Erlaubnis, mich noch einmal diskret am Übergabeort umsehen zu dürfen. Möchte gern zwei Kollegen mitnehmen". Es fehlt nur noch, dass Bracht stramm steht und salutiert.

„Erlaubnis erteilt", schallt es ihm entgegen. Leineweber blickt auf seine Armbanduhr. Es ist kurz vor 21 Uhr. „Aber um 10 seid ihr wieder hier. Und um 11 ist Abmarsch".

Als Bracht mit seinen beiden Kollegen, die etwa im selben Alter wie er sind, die Treppen von der Villa zur Falkenstraße hinuntergeht,

34

steigen unten in der Stadt die ersten verfrühten Silvesterraketen in den wolkenverhangenen Himmel, daneben ein Rattern, das an ein fernes Maschinengewehrfeuer erinnert. Es fängt wieder an zu regnen. Wie auf Kommando ziehen die drei die Kragen ihrer warmen Jacken hoch und rücken die Schilde ihrer Baseballkappen tiefer ins Gesicht. Sekunden später springen sie in den Dienst-Passat. Bracht fährt. Über den Friedrich-Ebert-Wall, dann rechts die Mühlenstraße hoch, um Hinter dem Klostergarten zu parken. Der Regen wird stärker, es sind nur wenig Menschen unterwegs um diese Zeit. Wenig Autos und noch weniger Fußgänger.

Bracht überlegt: Es wird alles gut. In vier Stunden sitzen wir im ICE, Frühstück gibt's in Wien. Lilly wird pünktlich am Bahnhof sein. Und er wird es auch sein. Mit der Geldtasche, der Garantie für eine Zukunft ohne Sorgen.

Er stellt den Passat auf einem Behindertenparkplatz ab, den um diese Uhrzeit kaum noch ein Behinderter in Anspruch nimmt. Eine Sturmbö rüttelt am Auto, ein schwerer Regenschauer prasselt auf die Windschutzscheibe und raubt den drei Beamten die letzte Sicht in die nur trübe beleuchtete Nacht. Der Schauer ist schneller vorüber als die trüben Gedanken, denen Brachts Begleiter nachhängen. Aber Dienst ist Dienst. Da kann man nichts machen.

Nur widerwillig verlassen die drei ihr warmes und trockenes Plätzchen im Passat. „Wir bleiben zusammen", schlägt Bracht vor und übernimmt die Führung, ohne abzuwarten, ob seine Kollegen ihm folgen. „Halt, Halt", ruft ihn einer zurück. „Wenn wir uns teilen, sind wir mit unserer Beobachtungsrunde schneller fertig". Sein Göttinger Kollege nickt eilfertig.

„Meinetwegen", brummt Bracht. „Schaut ihr euch den Markt an. Ich sehe mich hier an der Alten Wache um".

Es ist ihm sogar ganz recht, dass er hier ganz allein ist, wo gleich der Showdown stattfinden wird und er sich endgültig von seinem mies bezahlten Polizistenjob verabschieden kann und Northeim auf Nimmerwiedersehen verlassen wird.

Der Platz hinter der St.-Florian- und St.-Fabian-Kapelle ist bestens gewählt. Zwischen den alten Mauern und der hässlichen Seitenfassade des Hauses am Markt ist es stockfinster, keine Straßenlaterne kommt hier mit ihrem Licht hin. Bracht grinst bei der Vorstellung, dass Chef Leineweber nur zwei Stockwerke über dem Übergabeort wohnt, auch wenn er im entscheidenden Augenblick nicht in seiner Wohnung sein wird. Aber er hätte von seiner Wohnung sowieso keinen Einblick auf den Standort des Kaltenbrunner-Benz.

Als die drei Männer zurück in der Falkenstraße sind, finden sie Leineweber und den Rest der SOKO mit dem Professor über einen Straßenplan der Altstadt gebeugt. Sie lassen ihre nassen Jacken in der Eingangshalle auf die Fliesen vor der Garderobe fallen. Jeder von ihnen erstattet kurz einen Bericht von der Lage vor Ort. Gemeinsam beraten sie, wo die Beamten unauffällig Beobachtungsstandorte beziehen können.

Leineweber, der die Funkgeräte für alle seine Männer hat bereitlegen lassen, rekapituliert: „Die Lösegeldübergabe erfolgt um Mitternacht. Der Wagen mit dem Professor und Kollege Bracht bezieht bereits um 23.30 Uhr Position. Wir anderen kommen zu Fuß über die Breite Straße, vom Parkplatz Braunschweiger Gasse und über die Mühlenstraße einzeln auf unsere Posten, die um 23.45 Uhr besetzt sein müssen. Wenn ihre eure Positionen erreicht habt, Vollzugsmeldung an mich. Dann Funkstille. Kein Zugriff! Noch Fragen?"

Die Beamten haben keine Fragen. Jeder weiß, was er zu tun hat. Viel ist es nicht. Kaltenbrunner meldet sich zu Wort: „Wie erkenne ich den Verbrecher? Und wie kann ich wissen, dass ich dem Richtigen die Tasche aushändige? Kann ich sicher sein, dass Liliane dann freigelassen wird?"

Der Oberkommissar beruhigt den Professor: „Der Erpresser kommt zum Auto und wird sich zu erkennen geben. Und er wird es sehr eilig haben. Fragen Sie ihn nach dem Vornamen und dem Geburtstag Ihrer Frau". Dann schärft Leineweber dem besorgten Ehemann ein: „Bleiben Sie besonnen! Tun Sie nichts Unüberlegtes. Kommissar Bracht sitzt hinter Ihnen und wacht über Sie. Und wir alle sind ganz in der Nähe. Bald haben Sie Ihre Frau wieder. Alles wird gut".

Bracht lauscht den Worten seines Chefs mit stoischer Gelassenheit. Sicher, denkt er, wird alles gut. Aber ganz bestimmt nicht so, wie Leineweber und Kaltenbrunner sich das vorstellen.

Dann erfolgt der Abmarsch. Der Professor holt die Tasche mit der Million aus dem Tresor und übergibt sie Georg Bracht. Die SOKO fährt mit vier Fahrzeugen zum Polizeirevier, um sich zur festgesetzten Zeit zu Fuß auf den Weg zu machen. Bracht und Kaltenbrunner gehen durchs Haus zwei Etagen tiefer zur Großraumgarage, wo neben dem schwarzen Mercedes-Coupé des Professors der weinrote Mini-Cooper von Liliane steht. Kaltenbrunner ist so nervös, dass ihm auf dem Weg hinunter in die Garage zwei Mal der Autoschlüssel aus der Hand fällt.

Als die beiden Männer vor dem Benz stehen, sagt Bracht: „Ich fahre. Geben Sie mir den Schlüssel. Bitte!" Er bellt das „Bitte!" wie einen strengen Befehl.

Der Professor zuckt zusammen und stammelt: „Aber ich sollte doch ..."

„Der Plan wurde gerade geändert", sagt Bracht jetzt wieder in aller Liebenswürdigkeit und nimmt Kaltenbrunner den Schlüssel aus der Hand. Der Chefarzt ist nicht ganz überzeugt, steigt jedoch widerspruchslos auf der Beifahrerseite ein. Bracht lässt den Motor an, das breite Garagentor schwingt lautlos auf, langsam rollt die schwere Limousine nach rechts auf die menschenleere Falkenstraße, um wenig später die Wieterallee hinunter zum Übergabeort zu rollen.

Von dem Wagen mit seiner Millionenfracht nimmt in diesem Augenblick in Northeim niemand Notiz. Wieder sind nur wenige Fahrzeuge und noch weniger Fußgänger unterwegs. In den Häusern warten die Menschen mit Spannung auf das neue Jahrtausend. Was wird es ihnen bringen? Die meisten Menschen wünschen sich eine friedliche Welt. Und natürlich Gesundheit. Und dass die computergesteuerte Infrastruktur nicht um Mitternacht zusammenbricht und gleichzeitig die Lichter ausgehen. Kaum jemand weiß von den Krisenstäben bei den Stadtwerken, in der Kreisverwaltung und bei der Feuerwehr, die hoffen, auf alle Eventualitäten vorbereitet zu sein.

Bracht weiß, dass er jetzt eiskalt sein muss. Er hat nichts zu verlieren, aber alles zu gewinnen. Es gibt kein Zurück. Das hat er spätestens gewusst, als er Heinz Schlosser erschoss. Als Kriminalist ist ihm bewusst, dass das glatter Mord war. Da kommt es auf einen weiteren Toten nicht an. Vor allem dann nicht, wenn man nicht belangt werden kann. Und das wird er auf jeden Fall zu verhindern wissen.

Der Wind peitscht einen nächsten schweren Schauer durch die Nacht, als der schwarze Benz leise die Wieterstraße hinuntergleitet, vorbei an den Wallteichen und hinein in die menschenleere Fußgängerzone, über den Markt und am altehrwürdigen Gemäuer der Heimatzeitung scharf links zur Kapelle und zur Alten Wache. Unter den Säulen der Schauburg steht eine Gruppe Halbwüchsiger, die Böller und Kracher hinter dem Fahrzeug her werfen. Kaltenbrunner duckt sich, als ein Feuerwerkskörper direkt neben dem Fenster der Beifahrertür explodiert. Ungerührt fährt Bracht weiter und steuert den Wagen so dicht in den tiefen Schatten des früheren Gotteshauses, dass er gerade noch die Fahrertür so weit öffnen kann, um aussteigen zu können. Die digitale Uhr im Benz springt auf 23.30 Uhr. Sie sind pünktlich. Leineweber dringt auf Pünktlichkeit, er wäre zufrieden mit mir, denkt der Gesetzeshüter, der längst die Seite gewechselt hat, als er erfahren musste, dass viel zu selten in diesem ungleichen Kampf die Guten gewinnen und viel zu oft die Bösen mit gutem Gewinn davonkommen.

Bracht schaltet Motor und Scheinwerfer aus. Schweigend sitzen die beiden Männer im Auto. Bracht wartet darauf, dass sich seine Augen an die Dunkelheit gewöhnen. Dafür braucht es nicht lange. Vor dem Kino der Schauburg wird die Knallerei heftiger und lauter. Der ideale Hintergrund für das, was nun kommt: Bracht zieht mit einer schnellen Bewegung seine Dienstwaffe aus dem Schulterholster, presst sie Kaltenbrunner unter die linke Achsel und drückt zwei Mal schnell hintereinander ab. Der doppelte Knall wird übertönt von einer Serie von Kanonenschlägen am Markt. Der Professor bäumt sich auf und sackt tot zusammen.

Der eiskalte Mörder weiß, dass jetzt alles ganz schnell gehen muss. Bracht lehnt den Toten im Sitz zurück, den Kopf an die Nackenstütze, damit es so aussieht, als ob der Mann ganz entspannt im Auto sitzt. Er greift sich die Lösegeldtasche, holt den Peilsender aus seinem Versteck und lässt ihn achtlos hinter die Sitze fallen. Mit einer gleitenden Bewegung ist er aus dem Auto, leise fällt die Tür zu. Wie ein Schatten eilt er mit seiner Beute die Straße hinunter. Den Autoschlüssel lässt er dabei in einen Gully fallen. Nur 30 Meter weiter, links unter der dunklen Wand des City Centers, steht der dunkelgraue Golf mit Göttinger Kennzeichen, den er bei Avis gemietet hat. Ganz offiziell unter dem Namen Georg Bracht. Den Wagen hat er bereits gestern hier geparkt. Deshalb steckt auch die Blaue Karte hinter dem Scheibenwischer als Hinweis darauf, dass ihn ein Ticket erwartet wegen Überschreiten der Parkzeit. Er nimmt sich nicht die Zeit, die Karte zu entfernen.

Die Geldtasche fliegt auf den Beifahrersitz, Bracht startet das Fahrzeug. Der Motor springt sofort an. Sehr beruhigend. Er setzt vorsichtig zurück. Langsam fährt er ein Stück im Schatten des Kaufhauses, dann erst schaltet er beim Golf die Scheinwerfer an und schnallt sich an. Über die Göttinger Straße verlässt er Northeim und steht auf der B 3 vor der Ampel bei Sudheim, als in der Altstadt seine ehemaligen Kollegen ihre Positionen besetzen, um eingreifen zu können, wenn bei der Lösegeldübergabe etwas schief gehen sollte. Rund um die Alte Wache wird mit Spannung auf etwas gewartet, was längst stattgefunden hat.

Bracht zwingt sich, besonnen und nicht zu schnell zu fahren. Auf der Bundesstraße sind wenige Fahrzeuge unterwegs. Nur die Blaue Karte an der Windschutzscheibe, die vom Scheibenwischer vor seinen Augen hin und her bewegt wird, irritiert ihn. Aber Anhalten kommt jetzt nicht in Frage. Weiter geht die Fahrt.

Seine Gedanken gehen zurück. Es war eine verdammte Schnapsidee von Lily, Kaltenbrunner den Eisenhut in den Whisky zu schütten. Es sollte wie Selbstmord aussehen. Den Abschiedsbrief hatte sie bereits formuliert, den sollte die Polizei auf seinem Computer finden. Alles viel zu durchsichtig. Damit kommt niemand durch, hatte er Lilly gescholten. „Vielleicht damit"?, hatte sie gefragt und ihm die SIG Sauer ihres Mannes hingehalten. Ein wirklich schönes Stück war das, diese Automatik. Mit hoher Durchschlagskraft. Er hatte Lilly gebeten, die Waffe mit einem Geschirrtuch sauber und sorgfältig abzuwischen. Er selbst hatte seine dünnen, weichen Kalbsleder-Handschuhe getragen, als er die Pistole übernahm und in den Tiefen seiner Jackentasche verschwinden ließ. Drei Tage war es jetzt schon her, dass sie den vergifteten Scotch verschwin-

den lassen wollten, bevor der Professor von seinem Kongress zurückkam. Da hatten sie diesen blöden Einbrecher ertappt.
Laufen lassen ging nicht. Er hätte sich später an sie erinnert. Der Polizei übergeben schon gar nicht. Also musste er stumm gemacht werden. Und Bracht hatte nicht gezögert, Kaltenbrunners Waffe zu benutzen. Ein Giftanschlag, ein Mord, Entführung und Erpressung: Das würde einen hoffentlich ungenießbaren Cocktail für sein Kommissariat ergeben. Wenn sie feststellten, wer hinter all dem steckte, dann würde das ein Schock für Kollegen und Vorgesetzte sein.

Als er am Lokschuppen nach links auf den Parkplatz des hell erleuchteten Göttinger Bahnhofes einbiegt, sind es noch elf Minuten bis zur Abfahrt des ICE, in dem zwei Plätze Erster Klasse für ihn und Lilly gebucht waren. Auf den Namen Bellamy Kruse und Alex Meibaum. Über dem Lokschuppen und rund um den Bahnhof steigen Dutzende Leuchtraketen in den Himmel, mit denen die Menschen das neue Zeitalter begrüßen. Es ist wenige Minuten nach Mitternacht. Und die Lichter sind nicht ausgegangen. Die Ampeln und die Signale der Bahn versehen ihren Dienst wie immer. Der Gau hat nicht stattgefunden. Bracht hat nichts anderes erwartet. Er stellt den Golf ordentlich ab, steckt alle seine Ausweispapiere in das Handschuhfach, lässt den Schlüssel stecken, greift die Geldtasche und verlässt das Auto. Drei Minuten später steht er auf dem Bahnsteig, auf dem Liliane Kaltenbrunner alias Bellamy Kruse ihn ungeduldig erwartet. Auf dem langen Bahnsteig warten außer Lilly noch drei andere Fahrgäste in dieser frühen Morgenstunde auf den Nachtzug ins neue Jahrtausend.
Für eine liebevoll-zärtliche Begrüßung hat das Paar auf der Flucht keine Zeit. Bella hat zwei Rollkoffer bei sich. Einen kleinen als Handgepäck und einen großen Reisekoffer. Mit wenigen Griffen verstaut Alex die Geldtasche im kleinen Koffer, Bella hängt sich bei Alex ein und leise tuschelnd berichtet er ihr, wie es gelaufen ist, und dass sie nun leider Witwe ist, weil Kaltenbrunner die Geldübergabe nicht überlebt hat. Dann schweigen die beiden, bis ihr Zug einläuft. Sie haben kaum ihre Plätze eingenommen und den kleinen Koffer mit der Millionenbeute im Gepäckfach

über ihren Köpfen verschlossen, als der ICE unmerklich anfährt, immer schneller wird und wenige Minuten später über die Werrabrücke donnert und das Land Niedersachsen verlässt.

Knapp 50 Kilometer weiter nördlich haben die Mitglieder der SOKO Liliane ebenfalls pünktlich ihre Posten bezogen und sich bei Chef Leineweber über Funk gemeldet. Er erfährt, dass der schwarze Benz mit Kaltenbrunner und Bracht wie verabredet hinter der Kapelle wartet. Dann ist es Mitternacht, die Türen der Gaststätten rund um den Markt und überall in der Innenstadt öffnen sich und eine fröhliche Menschenmenge strömt ins Freie, um mit Böllern und Raketen das Jahr 2000 und damit das neue Jahrtausend zu begrüßen. Auf dem Markt herrscht ein babylonisches Stimmengewirr. Immer neue Gruppen von meist jungen Menschen tauchen auf. Der Himmel über Northeim ist ein einziges Farbenmeer. Immer neue Sterne erscheinen hell glühend am Firmament, um ebenso schnell zu verlöschen, wie sie erstrahlt sind. Dazu eine Knallerei und Ballerei, als fliege gerade eine Feuerwerksfabrik in die Luft. Es zischt und heult, als seien tausend Teufel unterwegs. Die Northeimer lassen sich den Sprung ins neue Jahrtausend wahrhaftig etwas kosten.

Die Beamten der SOKO mischen sich unauffällig unter die Feiernden, die sich am Markt zwischenzeitlich in zwei Gruppen geteilt haben, die sich johlend mit Böllern bewerfen. Es ist ein chaotisches Durcheinander. Der größte Teil der Menschen flüchtet zurück in die schützenden Räume der Gaststätten und Kneipen, während rund um den Markt das bürgerkriegsähnliche Chaos seinen Fortgang nimmt. Nur hinter der Kapelle bleibt es relativ ruhig. Zwei Liebespaare drücken sich in die dunklen Ecken. Die Beamten sind elektrisiert, doch nichts passiert. Nach geraumer Zeit tauchen die Liebenden wieder auf.

Der neue Tag ist bereits 15 Minuten alt und der Erpresser noch nicht aufgetaucht. Leineweber durchbricht die Funkstille und ruft seinen Partner Bracht im Kaltenbrunner-Auto. Keine Antwort. Brachts Funkgerät ist ausgeschaltet.

Der Oberkommissar wird unruhig. Niemand seiner Leute hat etwas bemerkt. Weitere zehn Minuten später ist er sicher, dass die

Geldübergabe gescheitert ist. Und weitere drei Minuten später entdecken seine Männer den toten Kaltenbrunner in seinem verschlossenen Wagen, der von einem Spezialisten im Team im Handumdrehen geöffnet ist. Und der auch die Alarmanlage kurzschließen kann, die schaurig heulend durch die Nacht klingt, weil sie es übel nimmt, dass jemand ohne Schlüssel die Tür geöffnet hat. Von Bracht und dem Lösegeld fehlt jede Spur. Die SOKO steht vor einem Rätsel. Wo ist Bracht? Den schlimmen Verdacht mag niemand aussprechen. Leineweber graut davor, Kriminaldirektor Dieter Dachs die Silvesterparty mit der Nachricht vom Verschwinden seines Kommissars mit der Million restlos zu versauen. Er macht sich auf ein gewaltiges Donnerwetter gefasst.

Über Funk veranlasst er eine Suche nach Georg. Er vermeidet ausdrücklich das Wort Fahndung. Die Göttinger Kollegen sind auf dem Weg zu Brachts Wohnung in der Roten Straße.

Der Rest ist Routine: Spurensicherung, Gerichtsmediziner. Leineweber schickt seine Männer ins Bett. Ab morgen Mittag geht's weiter. Müde und frustriert macht sich Reinhold Leineweber zu Fuß auf den Rückweg ins Kommissariat.

Bellamy und Alex kommen über Würzburg und München am Neujahrsmorgen unbehelligt als Neu-Millionäre in Wien an. In einer diskreten Privatbank fragt am Montag niemand nach dem woher und wohin. Gegen eine diskrete fünfstellige Gebühr werden die Wertpapiere verkauft und der Erlös, der höher als erwartet ist, diskret nach Liechtenstein transferiert. Legal oder illegal. Wer weiß das schon? Am Abend geht ein Flieger von Schwechat nach Montevideo. Mit an Bord: Bellamy Kruse und Alex Meibaum. In Uruguay erwartet sie ein neues Leben.

Ein halbes Jahr später. Northeim stöhnt unter einer frühsommerlichen Hitze. Oberkommissar Reinhold Leineweber schwitzt in seinem Büro im Kommissariat in der Teichstraße. Ihm gegenüber sitzt sein neuer Partner, eine Partnerin: Kommissarin Lara Lenz, scharfsinnig, attraktiv, ehrgeizig. Sie ist zwar erst seit drei Monaten dem Northeimer Kommissariat zugeteilt, aber sie hat die Akten im Fall Schlosser/Kaltenbrunner, der weiter ungelöst ist, immer wieder studiert. Dringend tatverdächtig der Ermordung und Erpressung Prof. Carl Kaltenbrunners ist Georg Bracht. Doch der ist ebenso verschwunden wie Liliane Kaltenbrunner.

Die SOKO wurde nach vier Wochen aufgelöst. Sie hat immerhin herausgefunden, dass sich Bracht und Frau Kaltenbrunner aus dem Segelclub kannten, dass Liliane gelegentlich auf Brachts Yacht mitgesegelt war. Aber über eine mögliche Affäre der beiden konnte niemand etwas Bestimmtes und Genaues sagen. Der Fall wurde in Northeim als Skandal angesehen. Als gesellschaftlicher Skandal ebenso wie als Skandal innerhalb der Polizei. Für Polizeireporterin Theuerkauf war es der Fall ihres Lebens. Sie wurde ihres Spitznamens Cora Kolumne mindestens ein Dutzend Mal gerecht. Und sie wurde nicht müde, bei Leineweber immer wieder nach Fahndungsergebnissen zu fragen.

Ein mordender Kriminalbeamter und eine Millionenbeute war für das Landeskriminalamt Anlass, Zielfahnder auf die Spur von Georg Bracht zu setzen. Diese Spürnasen waren jetzt seit fünf Monaten an der Arbeit. Leineweber hatte einen Bericht von ihnen vor sich auf dem Schreibtisch. Es gab vage Hinweise auf eine Spur zu Bracht, der möglicherweise in Montevideo untergetaucht sein könnte. Montevideo, überlegt Leineweber, ist sicher eine schöne Hafenstadt mit vielen kulturellen Highlights. Da sollte man vielleicht mal Urlaub machen.

Ein perfekter Sommer

von Gabriele Kahn

Damals – es muss 1968 gewesen sein – ging eines Abends die Northeimer Rhumemühle in Flammen auf und brannte lichterloh die ganze Nacht hindurch. Wir spürten die unglaubliche Hitze noch im Harztor und mussten wegen des Rauchs und des Funkenflugs die Fenster schließen. Das Osterfeuer auf dem Sultmer war nichts dagegen. Aber ein bisschen Angst hatten wir schon. Und schade war es auch. Wir konnten in dieser Nacht lange nicht schlafen.

Ansonsten war es ein perfekter Sommer. Die Mauersegler schrien um die Türme von St. Sixti, es gab hitzefrei, und die Kugel Zitroneneis kostete zehn Pfennig. Mit meinem Bruder Ulrich und seinen Kumpels machte ich die Anlagen am Bleichewall unsicher. Wir spielten Indianer, Räuber und Schandi, A-Zerlatschen und Leute ärgern. Wir verbrachten viele Nachmittage im Bergbad, aßen halb geschmolzene Butterbrote, spielten Autoquartett und kauften Texasgürtel aus Lakritz und spiralförmige Cola-Lutscher. Zwischendurch jagten wir uns im Wasser, tauchten nach dicken Hagebutten und sprangen todesmutig vom Fünfmeterbrett.

Oder wir waren mit den Fahrrädern unterwegs, fuhren am Fluss entlang bis zum Segelflugplatz oder nach Hammenstedt. Oft überquerten wir auch die Fußgängerbrücke zum Auewald, wo wir Schneckenhäuser sammelten, den Bisamratten zuschauten und Höhlen bauten.

So auch an einem warmen Tag im Juni. Wir radelten gerade an der Gustav-Wegener-Kampfbahn vorbei, als uns eine mir wohlbekannte, durchaus ungeliebte Figur entgegenstolzierte, groß, breit und rothaarig, und wie immer die Hände auf dem Rücken verschränkt: mein Geschichtslehrer, Hanno Dörfler. Ich grüßte artig, während die Jungs bloß grinsten (Ulrich und Thomas) beziehungsweise die Zunge rausstreckten (Walter, na klar). War ja auch nicht ihr Lehrer – sie gingen aufs Corvinianum, während für mich nur die Richenza-Schule in Frage kam. Mit Handarbeitsunterricht und allem Drum und Dran. Und umgeben von nichts als Mädchen.

Hoheitsvoll nickte er mir zu und spazierte weiter. Ich zählte nicht zu seinen Lieblingsschülerinnen – mindestens einmal pro Woche trug er mich ins Klassenbuch ein, mit den stets gleich lautenden Worten: „M. Seiffert liest im Unterricht fachfremde Lektüre." Grzimeks Werke waren eben allemal interessanter als Dörflers lahme Ausführungen, und ich wollte ja meine Jugend nicht verplempern.

„Sag mal, war das nicht der Dörfler?", wollte Thomas wissen, als wir außer Hörweite waren. „Der, der im Unterricht mit dem Brillenbügel nach Ohrenschmalz bohrt?"

„Nee", kicherte ich, „das ist doch Frau Zucker. Der Dörfler knackt bloß mit den Fingern. Und er sagt, wir sollen keine Comic-Hefte lesen, weil die nur aus Blubber-Blubber-Blasen bestehen."

Wir erreichten die Brücke in gehobener Stimmung, schoben unsere Fahrräder die Rampe hoch und auf der anderen Seite wieder hinunter. Dann stiegen wir wieder in den Sattel und hielten uns links, um erst mal in unserer derzeitigen Höhle nach dem Rechten zu sehen. Der Weg führte dicht am Wasser entlang, auch wenn man das Ufer vor lauter Pestwurz stellenweise gar nicht sehen konnte. Die riesigen Blätter gaben gute Sonnenhüte ab, aber ansonsten waren uns diese feuchten Dickichte nicht recht geheuer. Von den vielen Stechmücken ganz abgesehen.

Walter radelte munter pfeifend voraus – nicht auf der trockenen Seite des Weges wie wir anderen, sondern mitten durch die matschige Rinne auf der Uferseite, so dass der Schlamm nur so spritzte. Plötzlich stieß er einen Schrei aus, das Fahrrad überschlug sich und er landete bäuchlings in der Pampe, alle Viere von sich gestreckt. Wir anderen konnten gerade noch bremsen. Wir sprangen von den Rädern, und Ulrich half Walter auf die Beine.

Dem war zum Glück nicht viel passiert, er war ja auch schon vorher nicht sehr sauber gewesen. „Köpper übst du besser im Bergbad!", bemerkte ich herzlos.

„Da war was auf dem Weg!", schimpfte Walter. „Ich bin dagegengefahren!" „Ich schau mal nach", meinte Thomas, der inzwischen Walters Fahrrad aufgehoben hatte. „Da, siehst du? Da liegt so ein dicker Stock im Weg. Nein, zwei."

„Mann, stinkt das hier!", bemerkte Ulrich. „Ist das die Pestwurz? Und die ganzen Fliegen! Kommt, wir fahren weiter, hier will ich nicht bleiben."

„Moment!", rief Thomas. „Ich will noch mal gucken, da stimmt doch was nicht!" Er bückte sich und betrachtete die Stelle genauer. „Das sieht ja beinahe aus wie ...!" Plötzlich richtete er sich auf, sah uns aus weit aufgerissenen Augen an, beugte sich dann vor und erbrach sich in hohem Bogen auf den Weg.

„Mann, Tommy, was soll das? Ist das eklig, ich kotz gleich mit!", beschwerte sich Ulrich.

„Riecht ihr denn nichts?", japste Thomas. „Das sind Beine. Da liegt einer!"

Woraufhin nicht nur Ulrich ebenfalls übel wurde, als uns schlagartig aufging, was wir da rochen.

Ich gebe zu, wir waren alle ziemlich mitgenommen. Aber wenigstens wussten wir genau, an wen wir uns zu wenden hatten. Wir stürzten uns auf die Räder und jagten wie gehetzt zurück über die Brücke, an den Kleingärten vorbei, die Fluth hoch und über den Schaupenstiel zur Polizeiwache am Entenmarkt. Zum Glück prallten wir schon in der Tür auf den dicken Bauch von Inspektor Seiffert, der gerade seine Schicht beenden wollte.

„Papa, Papa!", schrien Ulrich und ich durcheinander. „Wir haben eine Leiche gefunden! Im Rhumewäldchen! Wirklich!"

Wir guckten wohl alle noch reichlich entsetzt aus der Wäsche; jedenfalls schenkte er uns Glauben und schickte umgehend ein Polizeiteam los, das die Stelle nach unseren Angaben leicht identifizieren konnte und tatsächlich einen Toten dort vorfand. Das war alles, was wir von unserem Vater erfuhren. Als Polizistenkinder hatten wir es ohnehin nicht leicht, und wir fanden es ziemlich gemein, dass er uns nicht ins Vertrauen zog. Stattdessen wurden wir alle vier gründlich vernommen, erst zusammen, dann einzeln im Beisein unserer jeweiligen Eltern (Papa überließ bei uns die eigentliche Befragung seinem Kollegen Hoffmann). Wir schilderten den Fund in allen Einzelheiten, und ich vergaß auch nicht, die Begegnung mit Herrn Dörfler zu erwähnen. Konnte ja nicht schaden, wenn ihm die Polizei auch mal ein bisschen zusetzte.

In der Schule wollten natürlich alle Genaueres über den Leichenfund wissen, aber leider konnten wir wenig mehr tun als Walters Sturz, den Gestank und die Fliegen zu beschreiben. Und wie es uns den Magen umgedreht hatte. Erst aus der Zeitung erfuhren wir wie alle anderen, dass es sich um eine erwachsene männliche Leiche mittleren Alters handelte, die wohl schon seit Wochen dort gelegen hatte, und zwar auf dem Bauch, mit dem Oberkörper im Wasser. Ansonsten räumte die Polizei vorerst nur ein, dass ein Fremdverschulden nicht auszuschließen sei.

„Das heißt auf jeden Fall Mord!", stellte Ulrich fest, und wir anderen nickten andächtig. Das Rhumewäldchen war uns – wie allen anderen Kindern – bis auf weiteres verboten worden, und wir hockten jetzt einträchtig in einer kleinen Höhle im Gebüsch auf dem Wall beim Ententeich. Das war zwar auch nicht erlaubt, aber der Anlagenwächter war Rentner; er schnaufte und hinkte, so dass wir ihn erstens schon von weitem herannahen hörten und zweitens allemal schneller laufen konnten als er.

„Am liebsten möchte ich ja noch mal hin", sinnierte Ulrich. „Der Polizei bei den Ermittlungen helfen." Mein Bruder hatte noch nie einen anderen Berufswunsch gehegt, als in die Fußstapfen unseres Vaters zu treten. Auch wenn dieser Größe 48 trug.

„Bloß nicht!" Thomas winkte ab, schon wieder grün im Gesicht. „Da kriegen mich so bald keine zehn Pferde mehr hin. Ihr habt ja diese Beine nicht aus der Nähe gesehen! Die Maden ..."

Auch Walter tippte sich an die Stirn. „Spinnt ihr?", meinte er. „Vielleicht läuft der Mörder da immer noch rum und lauert auf sein nächstes Opfer. Und auf uns ist der jetzt bestimmt total sauer!"

„Na, dann eben nicht." Ulrich war merkwürdig leicht von seinem Vorhaben abzubringen, das sah ihm so gar nicht ähnlich. Er führte eindeutig etwas im Schilde. Und es war nicht schwer zu erraten, was.

„Sag mal, Papa, was hat die Spurensicherung an der Rhume eigentlich ergeben?", fragte er unschuldig beim Abendbrot.

„Das werd ich dir gerade auf die Nase binden", brummte Papa. „Ich darf dir so was nicht sagen, selbst wenn ich es wollte. Als ob du das nicht wüsstest."

„Ist sie denn noch gar nicht abgeschlossen?"

„Doch, vorläufig schon. Aber ins Rhumewäldchen geht mir trotzdem keiner von euch, verstanden?"

„Ja, Papa". Ulrich biss herzhaft in sein Mettwurstbrot. Er hatte erfahren, was er wissen wollte: Die Polizei hatte sich vorerst vom Schauplatz des Verbrechens zurückgezogen.

Am nächsten Nachmittag holten wir die Räder aus dem Keller und sagten unserer Mutter, dass wir zu Walter wollten, der am Friedrich-Ebert-Wall wohnte. Das stimmte auch, aber bei Walter ließen wir die Räder stehen und machten uns zu zweit auf in Richtung Rhumewäldchen. Ohne Räder würden wir uns leichter verstecken können, falls da wirklich noch der eine oder andere Mörder frei herumlief. Mich hatte Ulrich gar nicht erst gefragt; er wusste ja, dass ich alles tun würde, um nur nicht vor meinem Bruder als Feigling dazustehen, auch wenn ich ihn insgeheim manchmal dafür verwünschte. Aber ich wollte schließlich auf keinen Fall fortan als Mädchen gelten.

Wir hatten noch nicht die Kanalstraße erreicht, als wir hinter uns jemanden rennen hörten. „Wartet!", rief Walter, völlig außer Puste. „Ich lass euch da doch nicht allein hingehen! Zu dritt ist es sicherer!" Ulrich klopfte ihm erfreut auf die Schulter, als er uns erreichte. Das war mal ein echter Freund! Bei Thomas war das was anderes, der war eben zarteren Gemüts und hatte immer noch Albträume. War ja auch von uns allen am nächsten dran gewesen.

Als die Brücke in Sicht kam, bemerkten wir, dass am gegenüberliegenden Ufer jemand aus derselben Richtung wie wir auf die Brücke zustrebte. Wir duckten uns hinter einen geparkten Lieferwagen – das einzige Versteck weit und breit – und warteten, bis der andere aus dem Wald auftauchte und die Brücke überquerte.

„Dörfler schon wieder!", zischte ich. „Der darf mich nicht sehen, er hat in der Klasse noch mal extra verkündet, dass er sofort die

Eltern benachrichtigt, wenn er in nächster Zeit einen von uns auch nur in der Nähe des Wäldchens erwischt. Er sagte, er geht dort regelmäßig spazieren." Wir blieben in Deckung, bis er vorbeigeschritten und außer Sichtweite war. Dann blickten wir uns vorsichtig um. Die Luft war augenscheinlich rein; wir rannten los zur Brücke, die sechs Stufen hinauf, und duckten uns dann hinter das Geländer, um ohne großes Gepolter hinüberzuschleichen.

„Was suchen wir hier eigentlich?", wollte Walter wissen.

„Na, Hinweise. Bestimmt hat die Polizei das eine oder andere übersehen", erklärte Ulrich. „Wir kennen uns doch hier viel besser aus als die, wir merken eher, ob irgendwas anders ist als sonst." Das leuchtete uns ein, und so näherten wir uns vorsichtig dem Fundort der Leiche. Der Boden war von schweren Polizeistiefeln zertrampelt, der Uferbewuchs teilweise herausgerissen; hier und da flatterten noch Reste der Absperrbänder. „Hier gibt es nicht mehr viel zu sehen", meinte Ulrich. „Suchen wir lieber die nähere Umgebung ab. Irgendwie und irgendwo muss das Opfer ja hergekommen sein. Und der Täter auch. Die sind doch nicht vom Himmel gefallen."

„Meinst du nicht, Papa und seine Kollegen waren auch so schlau?" Ulrich überhörte meinen Einwand geflissentlich.

„Los, du suchst da drüben!"

Halbherzig machte ich mich daran, das Gebüsch zu durchkämmen, als ich einen kleinen, wimmernden Laut zu vernehmen meinte. Ich hielt ruckartig inne und blieb ganz still. Da war es wieder. Oder? Hinter dem Strauch vor mir ein winziges Rascheln, dann wieder nichts. Ich hielt den Atem an, schob ein paar Zweige beiseite ... und hörte ein ganz leises, zaghaftes Knurren. Und dann zeichnete sich etwas auf dem modrigen Boden ab, schlammverkrustet und erbärmlich zitternd, zu schwach, um wegzulaufen...

„Kommt her, schnell, ich hab was gefunden!", rief ich halblaut, um das Tier nicht noch mehr zu verschrecken.

„Was denn?" Ulrich und Walter eilten aufgeregt herbei.

„Ich bin nicht ganz sicher – aber ich glaube, es ist ein Hund!"

Und das war es in der Tat – offensichtlich noch ganz jung, schmutzig, verängstigt und völlig entkräftet. Der Kleine hatte den Schwanz bis unter den Bauch eingezogen, die Ohren ganz fest nach hinten an den Kopf gedrückt und blickte uns aus matten schwarzen Augen entgegen. Ich hockte mich hin, streckte langsam meine Hand nach ihm aus und sprach beruhigend auf ihn ein. Unser alter Schäferhund Bark, ein früherer Polizeihund, war erst vor zwei Monaten gestorben, und ich hatte keine Angst. Er schnappte auch nicht nach meiner Hand, sondern leckte ganz kurz mit seiner rauen, ausgedörrten Zunge darüber. Da wagte ich es, ihn in meine Arme zu heben und mich aufzurichten. Er wehrte sich nicht, sondern ließ sich mit einem großen Seufzer gegen meine Brust sinken, vergrub seine heiße, trockene Nase an meinem Hals und blieb dann ganz still.

„Leute, der ist völlig fertig! Wir müssen ihn nach Hause bringen, schnell!" Ulrich übernahm wie gewohnt sogleich wieder das Kommando. Sicher wurmte es ihn, dass ich den Kleinen gefunden hatte und nicht er, aber mich freute das natürlich. Im Laufschritt ging es zurück zur Brücke, dann, als niemand in Sicht war, mit Affenzahn hinüber und weiter zu Walter, um unsere Fahrräder zu holen. So abgemagert der Hund auch war, wurden mir doch bald die Arme lang, und so trugen wir ihn abwechselnd. Seinen großen Pfoten nach zu urteilen hatte er gerade erst richtig angefangen zu wachsen, auch wenn er sich jetzt so klein wie möglich machte und versuchte auszusehen, als sei er gar nicht da.

Zu Hause am Harztor klingelten wir Sturm; Mama war zum Glück da und machte uns auf. Als wir ihr unser jämmerliches Bündel unter die Nase hielten, stellte sie keine großen Fragen, sondern unternahm sofort das Nötigste. Er hatte einen schmutzigen Strick so fest um den Hals geknotet, dass er bereits einschnitt; den entfernte sie zuerst mit der Nagelschere. Dann sorgte sie dafür, dass der Kleine etwas in den Bauch bekam. Zunächst eine Schüssel mit Wasser, das er erst zaghaft, dann gierig aufschlappte, und eine Scheibe eingeweichtes Weißbrot. Dann erhielt er ein gründliches Bad, das er leise jammernd über sich ergehen ließ, und anschließend noch ein wenig Rinderbrühe mit gekochtem Reis. Sie erklärte uns, dass er zunächst eine Reihe von kleineren Mahlzeiten brauchte, um seinen ausgehungerten Magen nicht zu sehr zu belasten. An unserer Mama ist wirklich ein Tierarzt verlorengegangen.

Dann machte sie ihm aus einem Pappkarton und einer alten Decke von Bark ein Bett zurecht, in das er sich verkroch, auf die Seite fiel und sogleich erschöpft einschlief.

Und dann kam der Moment der Wahrheit. Au wacka.

„So, jetzt kann sich das arme Ding erst mal ausruhen. Es ist eine Hündin, wie ich beim Baden feststellen konnte. Und nun erzählt mir doch mal, wo genau ihr sie gefunden habt."

Wir hatten solche Angst gehabt, dass der Hund uns unter den Händen wegsterben würde, dass wir völlig vergessen hatten, uns eine Geschichte zurechtzulegen. Deshalb musste ich jetzt schnell improvisieren, bevor die Jungen den Mund aufmachten. „Am Wieter!", erklärte ich mit möglichst fester Stimme.

„Ja", nickte Ulrich eifrig, „Bei der Bürgermeister-Peters-Linde. Da lag sie im Gebüsch, ganz allein!"

„Was hattet ihr denn da oben zu suchen?" Mama war nicht überzeugt.

Walter blickte sie treuherzig an und erklärte: „Na ja, wir dürfen doch nicht mehr in den Rhumewald, und um der Versuchung zu widerstehen, sind wir eben in die entgegengesetzte Richtung gegangen."

Inständig hoffte ich, dass sie nicht aus dem Fenster gesehen hatte, aus welcher Richtung wir nach Hause kamen. Aber sie machte nur „hm" und bohrte einstweilen nicht weiter nach.

Die Kleine blieb erst einmal bei uns und wurde von unserer Mutter mit Hingabe aufgepäppelt. Als ihre Ohren sich erst einmal aufrichteten und ihr Schwanz wieder zum Vorschein kam, stellten wir mit Erstaunen fest, dass es sich offensichtlich um eine reinrassige Schäferhündin handelte, nicht älter als drei bis vier Monate. Wir nannten sie Vita, weil wir sie doch, nun ja, am Wieter gefunden hatten (ein Vorschlag von Ulrich, den ich reichlich dreist fand). Sobald es ihr besser ging, wollte mein Vater sich erkundigen, wem sie denn wohl gehören möge. Aber er ließ sich reichlich Zeit damit, was wohl nicht zuletzt mit dem Strick um ihren Hals zusammenhing. Und vielleicht auch mit ihrem warmen, inzwischen wieder prall gefüllten Bäuchlein, das sie ihm bereits am zweiten Tag zum Kraulen präsentierte.

Inzwischen schienen die Ermittlungen um den Mord im Auewäldchen nicht so recht voranzuschreiten. Aus der Zeitung erfuhren wir nur, dass der Tote noch nicht identifiziert werden konnte und es bisher auch keine passende Vermisstenmeldung gab. Aus der Bevölkerung gingen wie immer zahlreiche Hinweise ein, die der Reihe nach überprüft werden mussten. Das nahm natürlich einige Zeit in Anspruch, was Ulrich dazu bewog, weiter auf eigene Faust nachzuforschen. Das wichtigste Thema war zunächst: Wem hatte der Hund gehört, und in welchem Zusammenhang stand das Tier mit dem Mordfall? Ich fragte mich das immer wieder, wenn ich Vitas Ohren kraulte, aber sie konnte mir natürlich keine Antwort geben. Oder vielleicht am Ende doch?

Nach heftigen Diskussionen waren wir übereingekommen, dass wir unserem Vater auf keinen Fall offenbaren durften, wo wir die Hündin tatsächlich entdeckt hatten. Zum einen hätte er uns den Kopf abgerissen, wenn wir ihm gebeichtet hätten, dass wir uns trotz aller Verbote über die Brücke gewagt hatten. Und außerdem wollten wir natürlich alles daran setzen, Vita zu behalten, und deshalb durfte sie um Himmelswillen nicht mit dem Toten in Verbindung gebracht werden. Da wir aber durch diese Täuschung die Ermittlungen sicher erheblich behinderten, mussten wir es eben dadurch wiedergutmachen, dass wir andere Hinweise aufspürten. So hatte Ulrich es ausgedrückt.

Wir saßen im Kreis auf dem Fußboden in Thomas' Zimmer im Seldeweg und schlürften Limonade. Draußen tobte ein Sommergewitter; jeder von uns hatte ein paar Karten in der Hand, denn ab und zu schaute Thomas' Mutter herein und freute sich, wenn sie uns mit Begeisterung Mau-Mau spielen sah. Sie machte sich nämlich Sorgen, wie wir wohl die schreckliche Entdeckung verkraftet hatten. Thomas tat es inzwischen natürlich leid, dass er unseren letzten Ausflug verpasst hatte, und er hatte versprochen, von jetzt an auf jeden Fall wieder bei allem mitzumachen. Vielleicht hoffte er ja insgeheim, auch für sich einen Hund zu finden. Obwohl seine Mutter das niemals erlaubt hätte.

„Vita ist der Schlüssel zu allem!", dozierte Ulrich. „Sie muss dem Opfer gehört haben, denn der Täter hätte sie wohl kaum zurückgelassen. Seither hat das arme Ding versucht, allein im Rhumewald zu überleben. Wollte einfach nicht weg von ihrem Herrn, das soll es geben. Sicher hat sie den Mord mit angesehen – und auch,

53

wie wir die Leiche gefunden haben. Jetzt müssen wir nur überlegen, wie wir sie zum Reden kriegen." Allgemeines Gekicher. Ulrich guckte erst böse, grinste dann aber mit. „Na ja, ich meine, wenn sie dabei war, würde sie dann den Mörder nicht wiedererkennen? Und vielleicht Krach schlagen? Wenn sie zu Kräften gekommen ist, sollten wir öfter mal mit ihr spazieren gehen ... am besten an der Rhume."

Am nächsten Tag saßen wir beim Mittagessen; es gab Kohlrouladen. Vita, die wie selbstverständlich ihren Platz in der Familie eingenommen hatte, lag dabei unter dem Tisch auf meinen Füßen, ganz so wie früher Bark.

„Das war wirklich merkwürdig gestern Abend", erzählte Mama. „Ich war doch noch mal mit dem Hund draußen, Papa hatte ja Spätdienst und ich dachte mir, da kann ich ihn gleich abholen. Ich geh also am Schaupenstiel an der Kneipe vorbei, da geht die Tür auf – und ihr ratet nicht, wer da rauskommt." Sie grinste und wandte sich mir zu. „Der gute Herr Dörfler. Das ist doch dein Erdkundelehrer, oder?"

„Nee, Geschichte."

„Na ja, egal. Jedenfalls hat Vita plötzlich einen Koller gekriegt, als sie ihn sah, hab sie gar nicht wiedererkannt. Sie hat geknurrt und gequiemt und sich ganz merkwürdig aufgeführt. Nicht, dass sie auf ihn losgehen wollte – ich hatte eher das Gefühl, sie hat Angst vor ihm. Richtig peinlich war das. Zum Glück war er wohl nicht mehr ganz nüchtern und hat es gar nicht so mitgekriegt. Ich hab Vita gut zugeredet und bin schnell mit ihr weitergegangen."

Ulrich bekam den Mund nicht mehr zu. Ich ließ die Gabel auf den Teller fallen; es schepperte tüchtig.

„Keine Sorge, Marion", meinte Mama fröhlich, „ich glaube nicht, dass er mich erkannt hat. War ja dunkel."

„War das ganz bestimmt Herr Dörfler?", fragte ich vorsichtig.

„Aber sicher. Der ist ja wohl kaum zu verwechseln."

Gleich nach dem Essen riefen wir Thomas und Walter an und beraumten eine dringende Sitzung auf dem Wall in den Anlagen an. „Lasst alles stehen und liegen. Das hier ist wichtiger!", fügte Ulrich noch hinzu. Das fanden die anderen allerdings auch, nachdem wir uns versammelt hatten und Ulrich ihnen darlegte, wie Vita auf meinen Lehrer reagiert hatte. „Da hätten wir längst drauf kommen müssen! Der treibt sich doch dauernd im Wäldchen herum. Der Mörder kehrt eben immer wieder an den Tatort zurück. Der Dörfler war's, und Vita hat ihn erkannt!"

Ich war zwar nicht besonders versessen darauf, Hanno Dörfler in Schutz zu nehmen, aber ich wies Ulrich trotzdem darauf hin, dass ich Vitas Verhalten zwar auch verdächtig fand, aber dass immer noch niemand wusste, wer der Tote eigentlich war, ob ihm der Hund tatsächlich gehörte und ob Herr Dörfler in irgendeiner Beziehung zu ihm stand und einen Grund hatte, ihn umzubringen. Außerdem hatten wir ja nach wie vor keine Ahnung, woran der Mann überhaupt gestorben war.

Mein Bruder war ziemlich baff, als ich das alles vorbrachte, aber ich bin ja erstens nicht auf den Kopf gefallen, und zweitens genau wie er in einem Polizistenhaushalt aufgewachsen. Er fing sich aber schnell wieder und meinte anerkennend: „Marion hat Recht, in allen Punkten. Und deshalb werden wir jetzt Nägel mit Köpfen machen. Ihr drei knöpft euch den Tatverdächtigen vor, also Dörfler. Spioniert ihm nach, durchsucht seine Sachen, wenn ihr könnt, von mir aus überwacht seine Wohnung. Wir müssen Beweise finden, egal welcher Art. Marion, du kannst versuchen, an seinen Krempel zu kommen, im Unterricht oder im Lehrerzimmer. Denk dir was aus." Himmel, wie stellte er sich das vor? Ich sah schon den nächsten Klassenbucheintrag vor mir: „M. Seiffert durchwühlt im Unterricht fachfremde Hosentaschen."

„In der Zwischenzeit", fuhr Ulrich fort, „werde ich mir alle Mühe geben, herauszufinden, was die Polizei über den Fall weiß. Ich werde bei Inspektor Seiffert ansetzen, auch wenn der Mann eine harte Nuss ist." Na, wenn du dir da mal nicht die Zähne ausbeißt, dachte ich im Stillen, aber ich war jedenfalls froh, dass er mir diesen Job nicht auch noch zugedacht hatte.

Bald würden die großen Ferien beginnen, mir blieb also nicht viel Zeit. Bereits am nächsten Tag lungerte ich in der Pause vor dem Lehrerzimmer herum, auch wenn ich kein klares Konzept hatte, wie ich eigentlich an Dörflers Sachen kommen sollte. Schließlich war der Raum um diese Zeit voll mit Paukern, hatte Ulrich das vergessen? Und außerdem trug Herr Dörfler seine Aktentasche

55

immer bei sich. Jetzt im Sommer hatte er sicher auch keinen Mantel dort hängen. Blieb sein Fach im Regal ... aber da würde er vermutlich keine Beweise für irgendwelche Missetaten öffentlich herumliegen lassen. Oder doch? Während ich noch überlegte, stand er auch schon vor mir und legte mir nahe, dass Schüler der Unter- und Mittelstufe die große Pause auf dem eigens dafür eingerichteten Schulhof zu verbringen hätten. So ein Reinfall.

In der nächsten Stunde – Englisch, mein Lieblingsfach – gab ich vor, dringend aufs Klo zu müssen. Dr. Michels sagte zwar was von Sextanerblase, ließ mich aber trotzdem gehen.

Wieder schlich ich zum Lehrerzimmer, horchte kurz an der Tür, öffnete sie vorsichtig einen Spalt breit und spähte in den Raum. Am Fenster saß meine Biolehrerin, Frau Täuschner, hatte bequem die Füße auf den Tisch gelegt und kippelte mit dem Stuhl. Auf dem Tisch stand eine Thermosflasche, und sie ließ sich ein Käsebrötchen schmecken, ohne den Blick von ihrem Lesestoff zu wenden. Ich konnte den Titel auf die Entfernung nicht erkennen, aber es sah genau aus wie eines der Jerry-Cotton-Hefte, die mein Vater immer griffbereit auf dem Nachttisch liegen hatte.

Enttäuscht knallte ich die Tür zu und rannte zurück zu meinem Klassenzimmer. Dr. Michels entging leider nicht, dass ich ein bisschen außer Puste war, und er bemerkte: „Muss ja anstrengend gewesen sein." Die Klasse lachte sich schief. Es war nicht mein Tag.

Missmutig lief ich am Nachmittag mit Ulrich durch die Anlagen. Wir wollten uns bei Walter zur „Berichterstattung" treffen. Mein Bruder konnte es manchmal wirklich übertreiben! Thomas war schon da; er und Walter waren bester Laune, als wir eintrafen. Sie grienten und stießen sich mit den Ellenbogen an. Auch Ulrich grinste breit; sie schienen allesamt sehr zufrieden mit sich zu sein.

Thomas berichtete zuerst. „Wir haben im Telefonbuch nachgeschaut und festgestellt, dass der gute Herr Dörfler ganz in meiner Nähe wohnt. Vorne in der Seldestraße. Die sechste Stunde ist heute ausgefallen, und Walter wollte noch mit zu mir kommen. Na ja, und dann haben wir uns das Haus mal angeschaut."

Walter übernahm. „Ich bin zur Haustür und hab so getan, als würde ich nach der richtigen Klingel suchen. Thomas hat hinter der Hecke Schmiere gestanden, falls der Dörfler auch nur fünf Stunden hatte, man weiß ja nie." Wir wussten alle, dass Thomas etwas ängstlicher war als wir anderen, wollten es aber nicht reinreiben. Ansonsten war er ja ein prima Kumpel. „Na ja, und da seh ich die Klappe von seinem Briefkasten. Und ein kleines braunes Eckchen Papier, das da rauslugt. Da hab ich eben mal hingegriffen und dran gezogen. Also, ich musste ganz schön ruckeln und fummeln, aber es hat ja keiner gesehen. Hier!" Und voller Stolz überreichte er Ulrich einen dicken hellbraunen Umschlag im DIN-A4-Format. Es stand nichts darauf außer Hanno Dörflers Adresse. Kein Absender. Aber Thomas wies uns auf die Briefmarke und den Poststempel hin: Offensichtlich stammte die Sendung aus Dänemark!

„Mensch, Walter, du traust dich aber! Das darf man doch nicht!" Ich war einerseits entsetzt, andererseits aber auch mächtig neugierig. Ulrich zuckte nur mit den Achseln und meinte: „Wenn es darum geht, einen Mörder zu überführen, darf man alles!"

Zum Glück war bei Walter sonst keiner zu Hause, wir hatten freie Bahn. Wir gingen in die Küche, wo Walter gekonnt den Gasherd anzündete und den Kessel mit etwas Wasser aufsetzte. Wir alle hatten von diesem Trick gelesen, aber ihn noch nie ausprobiert. Umso mehr freuten wir uns, als sich mit Hilfe des Wasserdampfs der Umschlag wirklich ganz leicht öffnen ließ. Er enthielt ein paar bunte Magazine. „Nicht zu fassen, dein Hanno liest heimlich Comics! Mit Blubber-Blubber-Blasen!" Ulrich lachte laut auf, aber als Thomas die drei dänischen Hefte auf dem Tisch ausbreitete, wurde es mit einem Schlag ganz still. Wir sahen uns entgeistert an. Diese Titelbilder ... Schließlich fasste Walter Mut, schlug eines der Hefte auf und blätterte ein wenig darin. Viel Text gab es nicht. Stattdessen reichlich Fotos und Zeichnungen. Ja, und auch Sprechblasen, die aber fast nur Vokale enthielten. Alle Jungs bekamen knallrote Köpfe.

Mann, war das peinlich. Ich handelte entschlossen, klappte das Heft zu und nahm es Walter fort. Ich sammelte alle Magazine ein, steckte sie wieder in den Umschlag und klemmte ihn unter den Arm. „Ich glaube, wir haben genug gesehen. Die sind beschlagnahmt. Es ist mein Lehrer, also werde ich mich darum kümmern.

Am besten schmeiße ich den Mist einfach weg." Keiner der anderen wagte zu protestieren. Von dem genialen Plan, der gerade in meinem Kopf Gestalt annahm, sagte ich ihnen lieber nichts ...

Nach einer Weile räusperte sich Ulrich. „Hm, ja, das hat wohl jetzt nicht direkt was mit unserem Mordfall zu tun. Auch wenn Hanno Dörfler nach wie vor verdächtig bleibt. Aber ich war inzwischen auch nicht untätig. Es ist mir nämlich gelungen ...", hier legte er eine kleine Pause ein, die wohl einen Trommelwirbel ersetzen sollte, „also, ich habe Einblick in die den Fall betreffende polizeiliche Akte nehmen können."

„Musst du deshalb so geschwollen daherreden?", murrte ich. Anscheinend hatten alle mehr Erfolg gehabt als ich. Dann fiel mir wieder ein, wer von uns den Hund gefunden und gerettet hatte. Das zählte auf jeden Fall viel mehr.

Ulrich ließ sich nicht beirren. „Inspektor Seiffert ..."

„Unser Papa!", warf ich ein.

„Inspektor Seiffert", wiederholte Ulrich, „bewahrt einen Teil der Unterlagen in seiner Aktentasche auf, weil er derzeit Tag und Nacht mit dem Fall beschäftigt ist. Die Aktentasche stellt er zu Hause in seinem Arbeitszimmer unter den Schreibtisch. Und das Zimmer schließt er nachts ab. Den Schlüssel steckt er in seine Hosentasche. Und die Hose hängt er dann im Schlafzimmer über einen Stuhl."

„Meine Güte!", rief ich. „Du hast allen Ernstes den Schlüssel aus Papas Hosentasche gezogen? Aber er hat doch so einen leichten Schlaf!"

„Ja, der wacht sofort auf. Aber Mama nicht, die ratzt wie ein Bär! Und Papa geht doch nachts immer noch mal an den Kühlschrank. Ich bin so lange wach geblieben, und sobald ich hörte, wie er in die Küche tappt, hab ich mich ins Schlafzimmer geschlichen und mir den Schlüssel besorgt. Ich hab das Arbeitszimmer leise aufgeschlossen und dann bei geöffneter Tür wieder herumgeschlossen, so dass es aussah, als wäre die Tür einfach nicht richtig zu gewesen. Anschließend bin ich wieder ins Schlafzimmer, während Papa noch mit den kalten Bratkartoffeln zugange war, und hab den Schlüssel zurück in die Hosentasche bugsiert. Dann musste ich nur noch warten, bis er endlich eingeschlafen war. Und dann hab ich mir seine Akten vorgeknöpft."

Alle Achtung. Darauf wäre ich nie gekommen. Ulrich war schon eine Nummer für sich – kein Wunder, dass er sich gelegentlich für Old Shatterhand hielt.

„Aber was stand denn nun da drin?", wollte Thomas wissen.

Und Ulrich fasste zusammen: „Es handelt sich um einen Mann Mitte vierzig, der Kleidung und dem Zustand nach vermutlich aus dem Obdachlosenmilieu. Muss etwas zottelig ausgesehen haben. Er hatte keine Papiere bei sich; man weiß immer noch nicht, wie er hieß und wo er herkam. Die Obduktion hat Tod durch Ertrinken ergeben. Aber auch Zeichen äußerer Gewalteinwirkung. Er hatte Prellungen, Schürf- und Schnittwunden. Sein rechter Unterarm war gebrochen und der rechte Knöchel angebrochen. Außerdem hatte er Verbrennungen zweiten Grades an den Händen, und seine Hose war angesengt. Und dazu kamen noch Anzeichen für eine Rauchvergiftung."

„Du meine Fresse!", meinte Walter. „Den haben sie aber schön zugerichtet. Angekokelt haben sie ihn auch! Und zum Schluss noch ertränkt?"

Ulrich schüttelte den Kopf. „Nein, es gibt bisher keinen Hinweis darauf, dass jemand bei ihm war, als er starb. Die Polizei untersucht zurzeit, ob es wohl einen Zusammenhang mit dem Brand in der Rhumemühle geben könnte."

„Und?", fragte ich. „Ist das alles, was da stand?"

„Ja, mehr habe ich leider nicht rausgefunden." Ulrich zuckte mit den Schultern. „Nur eins noch: wusstet ihr, dass die Brücke zum Auewäldchen einen Namen hat?"

„Nein, wie heißt sie denn?"

„Streitföhrbrücke. Wer kommt denn auf so was?"

Die Rhumemühle war jedenfalls ein handfester Anhaltspunkt. Wir beschlossen, uns dort ein wenig umzusehen. Vita nahmen wir auch mit. Wenn sie dem Toten gehört hatte, kannte sie vermutlich den Tatort und würde uns vielleicht mit der Nase auf etwas stoßen – man konnte ja nie wissen. Sie hatte sich inzwischen schon weitgehend erholt und trottete vergnügt an der Leine neben uns her.

Leider gab es nicht viel zu sehen; die Brandruine war abgesperrt, und es kamen auch ständig Leute vorbei, so dass wir das Herumstöbern vergessen konnten. Deshalb standen wir ein bisschen verloren herum. Nicht weit entfernt lehnte ein älterer Mann an einem Baum. Er nickte uns zu, kam dann herüber und stellte sich neben uns. Vita knurrte leise. Wir stupsten uns an.

Der Fremde hatte offensichtlich bessere Zeiten gesehen, seine Kleidung war abgerissen und schmutzig, seine Nase und seine Augen waren gerötet, er war unrasiert und roch ein bisschen nach Schnaps. Vita knurrte immer noch. Er bückte sich und wollte sie streicheln, aber sie wich zurück. Kannte sie ihn am Ende – oder war ihr bloß seine Alkoholfahne zuwider?

„Schönen Hund habt ihr da", murmelte er. Dann musterte er uns der Reihe nach und fragte: „Ihr seid Freunde?"

Wir nickten.

„Gute Freunde, ja. Das seh ich." Und dann, nach einer kleinen Pause: „Ich hatte auch mal 'nen Freund. Einen richtig guten Kumpel."

Der Mann war alles andere als nüchtern, und wir wären normalerweise nicht scharf darauf gewesen, uns mit ihm zu unterhalten. Aber unter den gegebenen Umständen sahen wir ihn erwartungsvoll an, bis er weitersprach.

„Ihr könnt doch die Klappe halten, ja?" Wieder nickten wir alle gleichzeitig. „Ich such ihn nämlich. Meinen Kumpel. Ich glaube, ihm geht's nicht gut. Vielleicht könnt ihr mir ja helfen, ihn zu finden. Mit eurem Hund."

Und dann erzählte er. Von seinem Freund Günter. Sie waren ein halbes Jahr lang zusammen herumgezogen. Günter wusste, wie man sich nach Anbruch der Dunkelheit in die Rhumemühle schleichen konnte. Das war im Sommer kein schlechter Platz zum Übernachten. Man hatte ein Dach über dem Kopf und war völlig ungestört, solange man sich frühmorgens rechtzeitig wieder aus dem Staub machte. „Wenn Günter nur nicht geraucht hätte. Ich hab ja nie geraucht, aber er konnte es nicht lassen. Er hatte wohl auch ein bisschen viel getrunken. Und da lagen diese Zeitungen, mit denen wir uns zugedeckt hatten. Als alles anfing zu brennen, hab ich mir gedacht, nichts wie raus. Aber Günter ist noch geblieben. Der hat versucht, das zu löschen, der Idiot ...

Ich hab draußen auf ihn gewartet. Und dann schlugen schon die Flammen aus allen Ritzen. Ich hab mich nicht wieder reingetraut.

Und plötzlich ist er oben aus dem Fenster gesprungen, mitten durch die Scheibe. Er ist wohl auch ziemlich hart aufgekommen. Trotzdem sah ich, wie er anfing wegzukriechen. Und dann kamen all diese Leute gerannt und ich hörte die Sirene und bin abgehauen. Wollte nicht eingelocht werden. Ich hab ja nichts gemacht!"

Wir sahen uns betreten an. Es gab also gar keinen Mord. Nur einen schrecklichen Unfall und einen schlimm verwundeten Pechvogel, der sich mit letzter Kraft am Wasser entlanggeschleppt hatte, bis er beim Versuch, seine schmerzenden Brandwunden zu kühlen, wegen des Rauchs in seinen Lungen das Bewusstsein verloren hatte und ertrunken war. Und unseren Hund schien der gute Mann, der uns angesprochen hatte, auch noch nie gesehen zu haben.

Ulrich fand als Erster seine Sprache wieder. „Ihr Freund ist tot", sagte er leise. „Und Sie sollten wohl lieber erst mal nicht in Northeim bleiben."

„Ja, das hatte ich befürchtet." Dem Mann liefen die Tränen übers Gesicht. „Ich hab noch eine Schwester in Braunschweig. Die will ich bald mal wieder besuchen." Wir drückten ihm der Reihe nach die Hand. „Danke, Kinder", schniefte er. „Und verratet mich nicht, sonst sperren sie mich ein." Das versprachen wir hoch und heilig.

Offiziell wurden weder der Brand der Rhumemühle noch der Fall des unbekannten Toten im Auewäldchen jemals aufgeklärt.

Mein Vater rang sich schließlich dazu durch, beim Schäferhundverein auf dem Hundeplatz am Auewäldchen unverbindlich nachzufragen, ob dort vielleicht jemand einen Hund vermisste. Er erfuhr, dass ein gewisser Karlheinz Mewes seine junge Hündin windelweich prügeln wollte, weil sie ihn jedes Mal anknurrte, wenn er eine Schnapsfahne hatte – was beinahe täglich vorkam. Der Hund war ihm entkommen und seither nicht mehr gesehen worden. Mewes war fuchsteufelswild, denn es handelte sich um ein wertvolles Tier mit ellenlangem Stammbaum. Papa stellte ohne Gewissensbisse unverzüglich die Ermittlungen ein.

Hanno Dörfler erhielt seine Hefte unter vier Augen von mir zurück. Ich behauptete, den Umschlag mit seiner Adresse auf der Straße gefunden zu haben, und fügte hinzu, dass es sich augenscheinlich um fachfremde Lektüre handelte. Das Papier hatte ich geschickt ein wenig zerrissen, so dass ein besonders neckischer Körperteil vom Titelbild aus dem sorgfältig wieder zugeklebten Umschlag hervorblitzte.

Ulrich beschloss, nach seinem großen kriminalistischen Erfolg als Nächstes den Fall der beiden Rentner aufzuklären, die auf dem Heimweg vom Gesundbrunnen in der Selde ertrunken waren. Es hieß, sie hätten versucht, den Bach mit ihren Körpern aufzustauen, um ihre Kleingärten zu bewässern. Mein Bruder bezweifelte das stark: „So besoffen kann man doch gar nicht sein!" Und dann zitierte er die Northeimer Neuesten Nachrichten: „Panda erlebt noch ganz and're Geschichten – wartet nur ab, was wir weiter berichten!"

So begannen die Ferien. Ich hatte den besten Hund der Welt und eine Eins in Geschichte. Und um die lästigen Tadel im Klassenbuch brauchte ich mir nie wieder Sorgen zu machen. Es war wirklich ein perfekter Sommer!

Geschwisterliebe

Yvonne Stöckemann-Paare

Esther lehnte sich zurück. In ihrem Kopf kreisten die Zahlen der vergangenen Stunden, die sie in den Rechner getippt hatte. Ab morgen hätten Henry und sie endlich vier Wochen Urlaub! Sie setzte ihre Brille ab, strich sich durch ihre roten langen Haare und legte die Brille neben die Tastatur auf ihren Arbeitsplatz. Es war spät geworden. Mit überanstrengten Augen schaute sie von ihrem Bürostuhl aus dem Fenster des Gutshauses in den alten Schlossgarten. Es war in diesem Frühjahr viel zu trocken gewesen, und die Ernte des Guts stand auf dem Spiel. Gerade hatte sie die Zahlen des letzten Jahres abgeglichen. Die Maschinen waren für die Ernte im Sommer bereits gewartet. Herr von Brunkhorst war der einzige Gutsbesitzer im Umkreis, der sich noch eine Verwalterin wie sie leisten konnte. Esther hatte letztes Jahr sogar ein Cabrio als Firmenwagen von ihm erhalten. Selbstverständlich nutzte sie das ebenfalls privat – und zeigte das auch großzügig.

Esther war eine intelligente, äußerst attraktive und erfolgreiche Frau mit Sinn für das Besondere. Seit elf Jahren war sie mit ihrem Mann Henry verheiratet, Betriebsleiter der renommierten Northeimer Bekleidungsfabrik Wilvorst. Beide zusammen ergaben nicht nur wirtschaftlich gesehen ein gutes Team. Ihre Ehe funktionierte deshalb so hervorragend, weil jeder dem anderen seinen Freiraum ließ. Vor sechs Jahren hatten sie ein altes Haus gekauft, damals ein kleines heruntergekommenes Häuschen, und sie hätten es niemals gekauft, wenn die Lage und das Grundstück sie nicht derart überzeugt hätten. Ihre gemeinsamen finanziellen Mittel hatten es ihnen erlaubt, das alte Häuschen in ein echtes Immobilienschmuckstück zu verwandeln. Zum Neid der Nachbarn. Bei ihnen galten Esther und Henry als „Zugereiste", und Esther bestärkte sie durch ihr arrogantes Verhalten in dieser Meinung nur noch. Die Rentner und Arbeitslosen in der Straße wussten stets genau, wann, wie und mit wem Esther und Henry ihr Anwesen verließen oder es wieder betraten. Der schlaksige Langweiler von nebenan hatte sie neulich sogar auf ihre neue durchgestufte Frisur angesprochen. Zu Esthers innerer Empörung wusste er sogar den genauen Tag dieser optischen Veränderung. Sie empfand das fast so, als hätte sie vor ihm ihre Kleidung abgelegt. Esther wusste schon ganz genau, warum sie dieser Dorf-Borniertheit, wie sie es nannte, aus dem Weg ging. Auch die Vereinsmeierei war ihr so was von zuwider.

Umso mehr erzürnte es die Leute im Dorf, dass Esther einen so wichtigen und gut bezahlten Posten am Gut innehatte. Die Leute im Ort zerrissen sich gern das Maul über sie. Warum war sie nur so anders als ihre Schwester Agda? Die passte hierher. Doch Agda, die sich jeder ehrenamtlichen Aufgabe im Ort annahm, war für Esther ein Mauerblümchen erster Kategorie. Liebenswert, gewiss, aber mehr auch nicht. Esther amüsierte sich stets königlich, wenn sich ihre Schwester ihr aschblondes, mittellanges Haar vom Dorffrisör im Nachbarort zu einer Pudeldauerwelle wickeln ließ.

Agda bewohnte das alte, heruntergekommene Haus ihrer verstorbenen Großmutter gegenüber dem Schloss an der Hauptstraße und kümmerte sich gerade um das Blumenbeet auf der Verkehrsinsel vor ihrer Haustür, als Esther mit langen Gazellenbeinen aus ihrem Büro in den frühsommerlichen Feierabend und in ihren wohlverdienten Urlaub schritt. Schon in fünf Tagen würde sie mit Henry am Strand auf den Seychellen liegen. Esther traute ihren Augen nicht: „Agda?" Sie ging, ihre Handtasche auf der linken Schulter zurechtrückend, mit schräg geneigtem Kopf auf ihre Schwester zu: „Was tust du hier? Sag bloß, Northeim kann sich seit der Stromersparnis durch das abgeschaltete Straßenlicht endlich eine eigene Verkehrsinselgärtnerin für die neue Ortsduchfahrt Imbshausen leisten?"

Agda sah, mit dreckverschmierten Händen an der Straße hockend, zu ihrer großen Schwester auf, die direkt vor der Sonne stand.

Die Strahlen umgaben Esther wie eine göttliche Aura. Natürlich, dachte Agda: Die strahlende, große Esther!

„Hallo Esther! Hast du Feierabend? Wie war dein Tag?", versuchte sich Agda der schnippischen Frage ihrer Schwester zu entziehen.

„Agda! Was soll das hier?"

Agda fühlte sich immer, wenn sie von ihrer Schwester kritisiert wurde, klein und schlecht und minderwertig. Und wütend.

„Ich konnte nicht nein sagen. Ilse hat bei der letzten Ortsratssitzung gefragt, ob es Freiwillige gibt, die sich der neuen Blumenbeete an der Hauptstraße annehmen. Ich konnte einfach nicht anders..."

„Wer, um Himmels Willen ist denn Ilse?", frotzelte Esther und verdrehte die Augen. „Kannst du vielleicht einmal was tun, was für dich und nicht für andere gut ist? Aber naja, A-gda wie A-schenputtel." Dabei spitzte Esther die Finger und tat so, als ob sie sich einen lästigen Fussel von der Bluse zupfte.

Agda brauchte Esthers Frage, wer Ilse denn sei, gar nicht zu beantworten, da es Esther ohnehin nicht interessierte, dass es sich dabei um die Ortsbürgermeisterin Ilse Oldenburg handelte. Agda war stolz darauf, mit Ilse per du zu sein. Manchmal schrieb sie sich sogar E-Mails mit ihr.

Esther drehte sich von ihrer Schwester weg und stichelte im Davongehen weiter: „Weißt du, warum jeder was von dir will? Weißt du das, Agda? Du wirst ständig gefragt, weil auf deiner Stirn steht: Ich mach das schon! So richtig ernst nimmt dich doch hier keiner! Kommst du nachher noch den Schlüssel abholen, Süße?"

Agda stand da mit dem üblichen Kloß im Hals, wenn ihre Schwester sie maßregelte und alles, was sie tat, ins Lächerliche zog. Aber deren Mistvieh von Katze zu füttern, wenn sie im Urlaub war, dafür war sie selbstverständlich gut genug.

Sie war damals so voller Hoffnung gewesen, als sie ihre Schwester hierher geholt hatte. Sie brauchte doch jemand, nachdem ihre letzte Beziehung so furchtbar gescheitert war. Gescheitert bei dem Versuch, Kinder zu bekommen. Das war doch ihr ein und alles. Drei Fehlgeburten hatte Agda hinter sich – und war jetzt gebärunfähig. Ihr letzter Freund war ein richtiger Drecskerl gewesen und hatte sie mit den Worten verlassen: „Einen Krüppel wie dich will

65

ich nicht!" Agda hatte ihn geliebt. Und nun war zum Schmerz um die verlorenen Kinder auch noch der um den verlorenen Mann gekommen.

Agda arbeitete als ungelernte Verkäuferin in dem Fischladen in Edesheim an der B3. Es war für sie keine große Herausforderung, ihren Kunden frische Forellen und widerliche geräucherte Aale einzupacken und dann abzukassieren. Aber so musste sie sich niemals Gedanken um ihr Äußeres machen, das in ihrer Ausbildung zur Bürokauffrau eine weitaus größere Rolle gespielt hatte. Schon zu Beginn ihrer Ausbildung hatte Agda festgestellt, dass ihr das richtige Händchen für die adrette Gestaltung ihres äußeren Erscheinungsbildes fehlte. Jetzt reichte ein weißer Kittel. Und lackierte, lange Fingernägel waren Gott sei Dank auch nicht erlaubt. Haare gehörten zusammengebunden. Ihr zartes, feines Gesicht versank förmlich unter der lächerlichen Haube, die sie vor Dienstbeginn mit schnöden Haarnadeln in ihrer Pudeldauerwelle feststecken musste. Ihr war das recht so. Sie war dort die einzige Angestellte im Verkauf und brauchte sich somit nicht über die Stutenbissigkeit und Hackordnung – wie sie in Großraumbüros üblich ist – Gedanken zu machen. Jetzt war sie die Fischladenqueen an der B3! Jeder Brummifahrer liebte ihre Rollmopsbrötchen!

Hoffnung auf das von ihr erhoffte Familienleben bekam Agda ab dem Augenblick, der den Hauskauf ihrer Schwester im Ort ankündigte. Sie wusste schon lange, dass Esther und Henry auf der Suche nach einer passenden Immobilie hier in der Gegend waren, weil Henry eine neue Herausforderung bei Wilvorst gefunden hatte, und hatte ihnen das heruntergekommene Haus mit dem prächtigen Grundstück am Ortsrand vorgeschlagen. Doch niemals hätte sie gedacht, dass ihre große Schwester nach Imbshausen ziehen würde. Esther hatte die Besuche bei der Großmutter zu Kindeszeiten hier in Imbshausen schon „langweilig" und „das Kaff total dröge" gefunden.

Agda hatte als Kind ihre sieben Jahre ältere Schwester vergöttert. Esther war bei allem, was sie anfing, erfolgreich. Sie war hübsch und die Jungen standen bei ihr Schlange. Wie gern sah Agda ihrer großen Schwester damals im Elternhaus zu, wenn sie sich schminkte oder passende Klamotten aus dem Schrank aussuchte

– abends für die Disco oder den Club. Heimlich war sie in Esthers Klamotten geschlüpft und hatte sogar mal eine ihrer Antibabypillen geschluckt. Wenn Esther das bemerkt hätte, würde sie Agda dafür mit tagelanger Nichtachtung gestraft haben. Esther wusste nur zu genau, wie sie ihrer Schwester wehtun konnte. Und Agda kroch förmlich, um Verzeihung bittend, vor Esther auf dem Boden. Die Aufmerksamkeit jedoch, die Agda von ihrer Schwester erbettelte, bestand aus nichts anderem als Spott und Hohn. Zu unterschiedlich waren die beiden Mädchen ...

Nach dem Abi war Esther für ihr Landwirtschaftsstudium nach Göttingen gezogen. Agda vermisste sie damals zu Hause in Holzminden sehr. Als kurz nach Esthers Auszug die Eltern auch noch bei einem schweren Verkehrsunfall ums Leben kamen, begann für Agda die traurigste Zeit ihres Lebens, seitdem hatte sie das Glück vollends verlassen. Esther studierte und konnte – und wollte – sich unmöglich als Vormund um ihre kleine Schwester kümmern. Die von einem schweren Schlaganfall gezeichnete Großmutter aus Imbshausen erkämpfte sich das Sorgerecht für das Kind. Agda zog mit elf Jahren zu ihr. Das Elternhaus in Holzminden wurde verkauft. Viel Geld blieb nicht übrig, da es noch verschuldet war. Aber die Ausbildung der beiden Mädchen war zumindest gesichert. Das Leben bei der Großmutter war für Agda kein Ersatz für das einstige unbeschwerte Leben unter den Fittichen der Eltern in Holzminden. Die Großmutter wurde zunehmend kränker und musste rund um die Uhr betreut werden. Agda durchlebte ihre Pubertät in einem furchtbaren emotionalen Durcheinander voller Pflichten, die ein Mädchen in dem Alter gar nicht bewerkstelligen konnte. Ihre Schwester hingegen interessierte dieses Problem überhaupt nicht. Andere Teenager im Ort verabredeten sich mit Jungs und gingen aus. Heimliche Knutschereien und Feten auf dem Windmühlenberg blieben Agda versagt. Ohne ihr Zutun geriet sie in eine Außenseiterrolle. Mit Hängen und Würgen schaffte das Mädchen den Realschulabschluss in Northeim. Danach begann sie die Lehre zur Bürokauffrau im Großraumbüro der Firma Thimm, schloss diese ab und wurde dort übernommen. Als sie das Büro aus den bekannten Gründen satt hatte, ging sie toten Fisch verkaufen. Mit Imbshausen arrangierte sie sich, als die Großmutter gestorben war. Ilse Oldenburg hatte sich für Agda eingesetzt, als es um die Beerdigungskosten der Großmutter ging. Seither fühlte sich Agda Ilse verbunden und fand somit den Einstieg ins Dorfleben. Sie blieb im Haus der Großmutter wohnen und trauerte. Mit dem Eintritt ins Rote Kreuz und den Heimatverein bekam ihre Freizeit bald einen Sinn – sie ging darin auf. Sie galt nicht mehr als Außenseiterin. Sie war diejenige im Ort, die sich jeder Arbeit annahm, auch wenn sie noch so banal war. Dieses verschlafene Nest hatte ihr ein klein wenig Halt gegeben und – sie erntete Anerkennung.

Und nun steht wieder einmal ihre großherrliche Schwester vor ihr und beschimpft sie als Aschenputtel! Diesmal hat sie das noch geschluckt! Aber nicht mehr lange!

Nicht mehr lange, du Aas!

Vor zwei Jahren hatte Agda Klaus kennengelernt. Für Agda war es eine rein platonische Beziehung, die die beiden verband. Zu mehr war sie noch nicht bereit. Klaus jedoch hatte ein sehr tiefes Empfinden für Agda entwickelt und hätte sein Leben für sie geopfert. Er wollte für die zerbrechliche Agda da sein. Wann immer er von Agda gebraucht wurde, schenkte er ihr bereitwillig seine Zeit und bot ihr die Schulter, die sie zum Anlehnen so dringend benötigte. Kennengelernt hatten sich Agda und Klaus im Fischladen. Klaus arbeitete als Fleischergeselle in der kleinen Dorffleischerei Bornstrat in Langenholtensen. Zum Angebot dieses Geschäfts gehörte auch ein sehr gut gehender und exzellenter Partyservice. Fischplatten bestellte die Fleischerei dafür jedoch immer bei Agda in Edesheim. Klaus holte die Platten dort im Laden bei ihr ab. So war diese Freundschaft entstanden.

Oft weinte sich Agda bei Klaus über Esther aus, das heißt, Klaus wusste Bescheid. Und er wusste auch, dass aus der Enttäuschung Agdas erst Verzweiflung und schließlich abgrundtiefer Hass geworden war. Agda verwünschte und verfluchte ihre Schwester. Doch auch Klaus erfuhr Esthers herablassende Art und Weise. Aus Spaß an der Sache arbeitete er nebenbei auf dem Gut in Imbshausen als Erntehelfer, und das Geld, das er dabei verdiente, war nicht zu verachten. Er konnte Trecker fahren und kannte sich in der Landwirtschaft aus, weil seine Pflegeeltern, bei denen er in Eboldshausen aufgewachsen war, einen Milchbetrieb bewirtschaftet hatten. Esther war auf dem Gut bei keinem der Angestellten beliebt, aber Herr von Brunkhorst schwor auf sie. Ihr Fachwissen, ihr Erfolg bei Verkaufsgesprächen und ihre bundesweiten Auszeichnungen waren ihm wichtiger als ihre Art im Umgang mit seinem Personal. Vor einiger Zeit hatte Klaus Agda zum Essen in das Hotel Schere in Northeim eingeladen. Dort hatten beide ein bisschen zu tief ins Glas geschaut. Zum Nachtisch gab es nicht nur hervorragendes Himbeerparfait, sondern auch das Thema Esther im Allgemeinen und Speziellen. Ironisch stellten sie fest, dass sie Esther eigentlich mochten, aber eine Ganze würden sie nicht schaffen. Deine Gedanken werden zu Taten werden!, schoss es Agda durch den Kopf und in ihr wuchs ein diabolischer Plan.

Wie eine Verrückte durchwühlte ich nach dem Abend in der Schere die alten Schränke und Kommoden. Längst hätte ich mir einen vernünftigen Arzneischrank kaufen sollen. Meine Tabletten und alles, was ich sonst in den letzten Jahren vom Arzt verschrieben bekommen hatte, diffundierte in alle Richtungen meiner kleinen Wohnung. Es war schon etwas her, dass ich mir die gesuchten Dinger hatte verschreiben lassen. Schlaflose Nächte trieben mich damals in den Wahnsinn. Meinen Hausarzt hatte ich förmlich um diese Pillen angebettelt. Meine Vorgeschichte und die ständige psychische Belastung in meinem Leben stimmten ihn mild, und er verschrieb mir, was ich so nötig zu besitzen glaubte. Und dann hielt ich sie in der Hand. Als ich sie einwarf, konnte ich schlafen. Der Schlaf war immer traumlos gewesen und mein Körper konnte sich von dem seelischen Durcheinander etwas erholen. Man hätte mich mit Bett wegschleppen können. Einige Zeit brauchte ich diese kleinen runden Dinger, aber als ich Klaus kennengelernt hatte und somit einen Verbündeten, dem ich mein Herz über meine kaltherzige Schwester und meine völlig desolate psychische Verfassung ausschütten konnte, gerieten sie mehr und mehr in Vergessenheit, sodass ich sie schließlich – zu meiner Überraschung – gar nicht mehr benötigte. Nun aber war die Zeit gekommen, da sie zu einem letzten Einsatz herangezogen werden sollten. Ich würde mit der Do-

sis nicht zimperlich sein. Für mein Vorhaben nahm ich mir Zeit und durchdachte alles sehr gut. Die Umstände müssten genau passen, und vielleicht spielte der Zufall ja auch eine Rolle. Plötzlich zwischen alten Fotos fand ich sie. Die Pappschachtel fehlte, aber ich erkannte das Pillenblättchen sofort an seiner Form und an der Farbe. Ich hatte sie gefunden! Nun würde ich die Spielregeln bestimmen! Wart's nur ab, liebe Esther, meine Zeit kommt.

Als Esther in die Hofeinfahrt bog, freute sie sich, vom schlaksigen Nachbarn beobachtet, dass Henrys Volvo schon auf dem Hof parkte. Sie ging über die Terrasse zum Haus und klopfte an die große Glasfront des Esszimmers. Henry hatte schon auf sie gewartet. Er öffnete die Terrassentür:
„Schön, dass du da bist, mein Engel. Wie war dein Tag?", fragte er sie.
„Zu lang!", erwiderte Esther gähnend knapp und rieb sich die müden Augen.
Henry tänzelte übertrieben gut gelaunt zum Kühlschrank und holte eine Flasche Champagner hervor. Er umfasste Esther zärtlich von hinten und gab ihr einen Kuss in den Nacken. Wie er diese Frau begehrte und liebte!
„Was meinst du? Den Champagner jetzt gleich hier unten, oder doch lieber oben im Schlafzimmer?" Dabei wanderten seine Hände von Esthers Hüfte weiter ihren Körper hinauf. „Henry, lass das!", kicherte Esther und schob seine Hände wieder herunter. „Lass mich doch erst einmal hier sein!"
„Du bist jetzt hier, und wir werden in gut 30 Stunden im Flieger Richtung Seychellen sitzen, mein Herzchen! Drei Wochen nur du und ich!", neckte er sie und kniff sie sanft in den Po. Esther zog die Augenbraue hoch und kickte ihre Pumps weg:
„Richtig! Dann werden wir genug Zeit haben, mein Schatz. Aber jetzt habe ich zuerst einmal furchtbaren Hunger und außerdem kommt Agda nachher noch vorbei, um den Schlüssel zu holen. Ich habe sie eben getroffen. Jetzt kümmert sie sich auch noch um die Blumenbeete der Verkehrsinseln, stell dir das mal vor – unentgeltlich!"
Henry merkte, dass dieser Abend wohl nicht so ganz nach seinen Vorstellungen laufen würde und seufzte: „Lass sie doch einfach

machen, Schatz. Du wirst sie nicht ändern können! Sei doch mal etwas netter zu ihr. Schließlich füttert sie Kasimir und gießt die Blumen, während wir weg sind."

„Sie langweilt mich zu Tode!", rief ihm Esther auf dem Weg zur Toilette zu.

Ich merkte, wie meine Wut auf Esther immer stärker gewachsen war. Nun hatte sie sich ins Unermessliche gesteigert. Ich konnte und wollte nicht länger warten. Jetzt oder nie! Zehntausendmal hatte ich mein Vorhaben gedanklich durchgespielt. Ich träumte nachts davon. Es erregte mich, wie ich zu meiner Schande gestehen muss. Der Augenblick, auf den ich schon so lange gewartet hatte, war gekommen.

Ich ging ins Haus, wusch mir die Hände und zog mir meine Laufklamotten an. Würde ich es wirklich tun? Doch da war etwas, das ich nicht genau abschätzen konnte. Dieser Faktor hieß Klaus. Ich sah aus dem Fenster. Sein Auto stand gegenüber an der Treckerscheune beim Gut. Ich holte meine Trinkflasche zum Joggen und ein Holzbrettchen aus dem alten Küchenschrank. Die Schlaftabletten bewahrte ich hinter dem Garderobenspiegel auf. Ich zerstieß mit einem Messergriff 12 von ihnen in feines Pulver. Das Haltbarkeitsdatum war erst acht Wochen drüber. Vorsichtig kratzte ich das Pulver vom Holzbrettchen ab und tat es in meine Trinkflasche, die ich immer zum Joggen mitnahm. Ich füllte etwas Wasser auf, schüttelte und verschloss die Flasche. Ich tat das mit einer Abgebrühtheit, dass ich vor mir Angst bekam. Wozu war ich fähig?

Klaus stieg aus seinem Kombi und ging auf die Treckerscheune zu. Er freute sich darauf, ein bisschen was um die Hand zu haben. Gammeln war nicht ständig sein Ding. Natürlich genoss er die momentanen Betriebsferien der Fleischerei. Jedes Frühjahr verbrachten Bornstrats vier Wochen in ihrer kleinen Finca auf Mallorca. Klaus' einzige Verpflichtung bestand in dieser Zeit darin, die Betriebsräume und Anlagen der Fleischerei dreimal wöchentlich zu inspizieren und nach dem Gefrierhaus zu schauen. Er bekam nur zehn Tage Urlaub für die vier Schließungs-Wochen vom Jahresurlaub abgezogen. Das war sehr großzügig. Um die Wohnung der Bornstrats kümmerte sich die polnische Putzfrau. Sie goss die

Blumen und fütterte die Fische in den Aquarien. Ein Hobby seines Chefs.

Klaus stieg auf den Trecker, drehte den Schlüssel und rangierte das Gefährt sicher aus der Halle. Er musste nur noch den Düngestreuer anhängen, diesen befüllen und dann los … Er fragte sich, ob er Agda heute noch sehen würde. Er meinte sich erinnern zu können, dass sie an diesem Abend nach dem Joggen von Esther den Schlüssel holen wollte. Danach standen die Sterne für einen Abend zu zweit vielleicht nicht schlecht. Denn Agda würde am Ende ihrer Tour an dem zu düngenden Feld vorbeikommen. Es grenzte direkt an Esthers und Henrys Grundstück. Klaus kannte die Laufstrecke von Agda gut. Eine Zeit lang waren sie mal zusammen gelaufen, aber Agda war einfach zu schnell für ihn. Er ging lieber in die Athletenschmiede. Während er den Düngestreuer anhängte wurde sein Name gerufen.

„Klaus! Klaus? Bist du hier?" Er trat aus der Gerätescheune und staunte nicht schlecht, als er Agda sah.

„Das muss Gedankenübertragung gewesen sein!", rief er freudig und breitete seine Arme aus, um Agda zu drücken. „Ich habe gerade an dich gedacht! Hast du nachher Lust auf einen Wein bei mir – oder dir?"

Ich bekam Herzklopfen. Was ich vorhatte, war nicht in Worte zu fassen. Und das Schlimmste war, dass ich den Menschen, der mir wirklich viel bedeutete und der immer ohne Ausnahme für mich da war, mit hineinziehen würde. Mir war klar, dass er mich liebte. Also würde er mich doch nicht verlieren wollen und bedingungslos mitspielen. So hoffte ich jedenfalls. Nun stand er mir gegenüber und fragte mich nach einem Treffen heut Abend. Er war so ahnungslos darüber, dass er in meinem teuflischen Plan die wichtigste Rolle spielen würde.

„Hey Klaus! Ich habe auch schon daran gedacht. Was denkst du, wie lange du für das Düngen brauchst?", fragte Agda, ohne sich anmerken zu lassen, was in ihr vorging.

„Ich denke so anderthalb Stunden", antwortete Klaus strahlend. Am liebsten hätte er sie jetzt gleich mit auf den Trecker genommen, um sie einfach nahe bei sich zu haben.

„Ja, das passt prima. Erst laufe ich und dann muss ich noch zu Esther wegen des Schlüssels. Bin ja dann quasi ganz in deiner Nähe. Wenn du fertig bist, dann nimm mich doch auf dem Trecker von dort mit zum Gut. Du machst die Scheunen dicht, während ich dusche und danach kommst du dann einfach zu mir rüber."

„Ich freu mich auf dich!", rief Klaus, der schon auf dem Trecker saß und ihn erneut startete, ihr hinterher. Dann fuhr er fröhlich winkend vom Gutshof und Agda fasste an ihre am Hüftgurt befestigte Trinkflasche. Sie joggte los. Ihr Zeitplan musste eingehalten werden.

Ich war zu aufgeregt, um auf meine Atmung und mein Tempo zu achten. Fast knickte ich um und kam ins Straucheln. Ich verlangsamte mein Tempo, bis ich schließlich nur noch schnell ging und so versuchte, meinen Puls und die Atmung zu drosseln. In meinen Ohren rauschte es. Noch hatte sich nichts entschieden. Noch könnte der Abend nach Klaus' Plan verlaufen. Noch war alles gut.

Ich dachte an Esthers und Henrys letzte Urlaube. Immer hatte ich das blöde Katzenvieh am Hacken gehabt. Der Charakter des Katers kam dem Esthers gleich – nur mit dem kleinen Unterschied, dass in dieser Beziehung ich die Stärkere war. Jede Gelegenheit nutze ich, um dem widerwärtigen Vieh zu zeigen, wer hier das Sagen hatte. Einmal trat ich auf seinen Schwanz und ein anderes Mal flog er durch meinen Tritt gegen die Wand, weil er mir beim Blumengießen um die Beine schnurrte. Er fing an, mich zu meiden. Wenn ich jedoch den Schrank öffnete, in dem sich sein Fresschen befand, war er schnurrend zur Stelle und hing mir an der Pelle, bis ich ihm die stinkende Dose öffnete und den Inhalt löffelweise in seinen Napf klatschen ließ. Es ekelte mich jedes Mal, wenn ich ihn schmatzend fressen sah. Aber bald schon verfeinerte ich meine Strategie. Ich öffnete den Schrank, entnahm das Katzenfresschen und setzte mich mit der geschlossenen Dose ins Wohnzimmer in den Sessel und rollte sie dem Kater zu. Zuerst blieb er irritiert stehen und sah mich an. Als ich es mir aber bequemer machte und er merkte, dass ich die Dose nicht öffnen würde, miaute er, spielte an der Dose herum und fing nach einiger Zeit wieder an, mir um die Beine zu schnurren. Dann hob ich die Dose auf und ging zurück in die Küche, gefolgt von ihm. An seinem Napf blieb er voller Hoffnung stehen. Ich jedoch nicht. Ich tat nichts anderes, als die Dose zurück in den Schrank zu stellen. Dann ging ich zur Haustür und ließ das miauende Vieh für sich allein. Da er ein reiner Stubentiger war, hatte er in der sterilen Wohnatmosphäre Esthers und Henrys nicht einmal die Möglichkeit, sich ein kleines graues Mäuschen zu fangen. Ich fühlte mich jedes Mal großartig, wenn ich die Haustür hinter mir zuzog.

Mit diesen Gedanken joggte ich die Apfelallee wieder entlang. Ich kam auf diesem Feldweg der A7 sehr nahe, das Geräusch der fahrenden Laster und Autos wurde lauter. Vor der Brücke, die unter der A7 hindurchführte, bog ich links ab. Ich sah das kleine Teichwäldchen schräg links vor mir liegen. Jetzt ging es bergab, und ich beschleunigte. Nun hatte ich mein Tempo gefunden. Ich lief direkt in die Hölle.

„Was denkst du, wann deine Schwester da sein wird? Wollen wir was beim Italiener bestellen, Esther?" Henry stand vor dem geöffneten Kühlschrank. Alles, was ihm ins Auge stach, war die zurückgestellte Flasche Champagner, Margarine, eine Tube Senf, saure Gurken, eine geöffnete Tüte Milch und ein Glas Erdbeermarmelade. „Im Kühlschrank befindet sich nichts mehr, aus dem man etwas zaubern könnte, und das Gefrierfach ist auch leer", stellte er mehr zu sich selbst sprechend fest.

„Die ist bestimmt schon unterwegs. Es wird langsam dunkel, und die joggt doch nur im Hellen. Ich wette, in fünf Minuten steht sie vor der Tür. Wegen mir bestell was beim Italiener. Ich nehme Pizza mit Mozzarella und frischen Tomaten. Und für Agda nimm einen gemischten Salat! Ich kann es nicht haben, wenn mir jemand beim Essen zuschaut", rief Esther aus dem Bad zurück.

Henry nickte und suchte aus dem Zettelkasten beim Telefon die Menükarte des Italieners aus Northeim. Er wählte die Nummer, gab seine Bestellung auf, seine Adresse durch und fragte wann er mit der Lieferung rechnen könne. „In einer Dreiviertelstunde erst? Ok, verstehe. Ja, ist in Ordnung. Vielen Dank und bis dahin!". Auf seine Armbanduhr schauend, legte er auf, als Esther in Wohlfühlklamotten zu ihm ins Esszimmer kam:

„Und? Dauert wohl etwas länger, hm? Kein Wunder, mein Schatz. Es ist Freitagabend. Wer hat da schon Lust, das Wochenende am Herd einzuläuten."

Da läutete es an ihrer Haustür. Agda war da…

Ich wusste noch immer nicht, ob ich es tun würde. Noch war alles gut…

Henry öffnete: „Hallo Agda! Komm rein, wir haben schon auf dich gewartet!"

„N'Abend, Henry." sagte Agda etwas außer Atem.

Esther saß mit einem hochgezogenen Bein auf einem ihrer feudalen Esszimmerstühle und massierte sich den Fuß, ohne Agda eines Blickes zu würdigen. „Na, dein Blumenbeet schon fertig?", stichelte sie erneut.

Henry wollte schlichten. „Esther hat erzählt, dass du die Blumeninsel vor deinem Haus bepflanzt hast. Finde ich gut, dass das in Bürgerhände abgegeben wird. Die Stadt muss sparen."

Agda bemerkte den kläglichen Versuch Henrys, Esther darauf aufmerksam zu machen, dass sie freundlicher mit Agda umgehen solle. Sie mochte Henry nicht wirklich. Sie wusste, dass sie ihm eigentlich völlig gleichgültig war und er sie auch nur für das kleine Mauerblümchen hielt.

„Ja, ich habe das gern getan!", lächelte Agda ihn gespielt schüchtern an.

Esther stand auf und schaute aus dem Fenster auf das angrenzende Feld. „Ah, Klaus düngt da hinten ja schon. Trefft ihr euch heute noch?", fragte sie.

„Wir sind verabredet, wenn er fertig ist. Wäre schön, wenn ich hier noch kurz auf ihn warten könnte". Agda fiel nichts Besseres ein.

„Wir haben Essen bestellt. Natürlich für dich mit. Wir sind davon ausgegangen, dass du uns noch ein bisschen deiner Zeit schenken würdest!", sagte Henry und rieb verlegen seine Hände. Er setzte sich. Nun saßen sie zu dritt um den runden Tisch und starrten sich an. Esther blickte trotzig zu Henry, der wiederum verlegen versuchte das Gespräch in Gang zu halten: „Wir haben die Koffer schon fertig gepackt und freuen uns wahnsinnig auf drei ruhige Wochen. Wenn nur der Flug nicht so lang wäre."

Esther gähnte gespielt. In Agda brodelte die Wut. Natürlich hätte Esther ihrer Schwester am liebsten den Schlüssel in die Hand gedrückt und sie gleich an der Tür abgefertigt. Aber diesmal nicht. Schluss mit Aschenputtel!, dachte sie.

Als Esther gähnte, schwappte etwas in mir über. Ich hatte das Gefühl, dass von nun an alles von allein laufen würde und ich mich dieser Situation einfach nur hingeben müsste. Intuitiv würde ich das Richtige tun. Ich durfte nur nicht darüber nachdenken.

„Esther, ich bin auch so kaputt und müde und Henry sieht auch abgespannt aus. Bleibt sitzen. Ich mache uns einen Kaffee. Darf ich?"

Meine Schwester und Henry sahen mich völlig verblüfft an, als ich aufstand und durch die Tür in die Küche zum Kaffeeautomaten ging, ohne ihre Antwort abzuwarten. Ich erlaubte es mir einfach. Meine Gedanken wirbelten durcheinander. Würde ich diese Maschine bedienen können? Bei mir im Fischladen hatte ich auch einen Kaffeevollautomaten stehen. Ich stand davor und schaltete ihn ein. Die Menüführung erschien mir logisch. Ich holte drei Tassen aus dem Schrank. JETZT ODER NIE! Ich drehte mich um. Die beiden saßen noch am Tisch im Nachbarzimmer und unterhielten sich gespielt. Wahrscheinlich warfen sie sich dabei fragende Blicke zu, was in mich gefahren war. Die Maschine piepte.
„Kommst du klar? Ich kann helfen!", meldete sich Henry.
„Alles gut! Ich schaffe das schon." Schnell nahm ich meine Flasche aus dem Hüftgurt und öffnete den Verschluss. Ich hielt inne. Was tat ich da? Zweifel kamen auf, bis ich Esther abschätzig sagen hörte. „Henry, nun lass sie doch. Sie ist doch schon groß!" Ich schüttete etwas von der weißlichen Flüssigkeit in zwei der Tassen. Ja, ich wollte es! Ich wollte genau das tun, wovon ich so lange geträumt hatte und es erregte mich plötzlich wieder. Nur war dieses Gefühl noch viel stärker als das, welches ich kannte, wenn ich den Kater ohne Fresschen sich selbst überließ...
Ich stellte die Tassen unter die Düsen und drückte „2 Tassen" auf dem Display des Automaten. Es rappelte, als das Gerät die frischen Bohnen mahlte. Es funktionierte. Allerdings wusste ich nicht, ob das, was ich da angemischt hatte, einigermaßen geschmacksneutral war, und steckte den Finger in eine der Tassen. Dabei verbrühte ich mich.

76

Hektisch zog ich meine Hand zurück und leckte den Finger ab. Fast wäre mir die Tasse umgefallen. Etwas bitter. Ich ließ den Kaffee fertig einlaufen. „Nehmt ihr Milch und Zucker?" rief ich, die Hand vor Schmerzen schüttelnd. „Nur Milch. Und für Esther auch!" Ich ging an den Kühlschrank, schüttete etwas Milch in beide Tassen und probierte vorsichtig. Nein, man schmeckte nichts. Der Kaffee war etwas „rau" auf der Zunge, aber das konnte auch von der kräftigen Bohnen-Sorte herrühren. Dann stellte ich meine Tasse unter den Automaten und drückte das Display erneut. Während mein Kaffee durchlief, brachte ich Henry und Esther ihre spezielle Mischung. Ab hier verselbständigte sich das Spiel. Jetzt gab es keinen Weg mehr zurück. Klaus war dem Grundstück von Esther und Henry schon sehr nahe gekommen, wie ich durch das Esszimmerfenster sehen konnte und mir blieb nicht mehr viel Zeit.

„Ach, danke, Agda! Das ist eine gute Idee gewesen!" Henry rührte in seiner Tasse und setzte zum Trinken an. Warum hatte er Esther auch heiraten müssen? Leider störte er in diesem Spiel, deswegen musste mit ihm das gleiche wie mit Esther geschehen. Er hatte einfach Pech. Agda schaute, während sie sich setzte, zu ihrer Schwester, die ihre Tasse langsam zum Mund führte. Sie schlürfte ihren Kaffee, was Agda schon immer gehasst hatte. Esther wusste das ganz genau und blickte ihrer Schwester dabei provozierend in die Augen. Diesmal war sie allerdings zutiefst verwundert darüber, dass Agda ihrem Blick standhielt. Normalerweise schaute Agda immer verlegen weg. Esther schlürfte lauter, aber Agda schaute weiterhin selbstbewusst zurück. Henry beobachtete die Szene mit Unbehagen. Da niemand etwas zu sagen wusste, hielten alle ihre Tassen wie Rettungsanker fest und nippten aus Verlegenheit daran. Minutenlang geschah nichts.
Plötzlich schaute Henry zu Esther: „Hast du diesmal eine andere Sorte Bohnen gekauft? Ich finde, der Kaffee hat so was wie einen pelzigen Abgang." Esther unterbrach ihr Blickspielchen und Agda rutschte nervös auf ihrem Stuhl umher. Jetzt würde sie auffliegen! „Ja, ich habe eine neue Sorte bestellt! Hat mir Herr von Brunkhorst empfohlen, aber so toll finde ich die auch nicht! Werde nächstes Mal wieder unsere Sorte bestellen."

„Und ihr habt wirklich schon alles gepackt?", fragte Agda dazwischen. Irgendwie hatte sie das Gefühl, dass die Zeit stehen geblieben war.

„Ja", sagte Henry und rieb sich die Augen: „Die ganze Woche über haben wir schon alles zusammengesucht und in die Koffer getan. Etliche Male mussten wir umpacken, weil das Gewicht nicht gestimmt hat. Mittlerweile verlangen die Fluggesellschaften ja horrende Preise für jedes Gramm an Gepäck zu viel. Morgen Abend müssen wir nur noch unsere Kulturbeutel einpacken und es kann losgehen. Das Taxi zum Flughafen ist auch schon bestellt. Es kommt um 24 Uhr. Der Flieger geht zwar erst morgens um 5:30 Uhr, aber sicher ist sicher."

Esther schaute Henry an. Sie hatte nicht nur dieses pelzige Gefühl auf der Zunge, sondern sie merkte, dass ihre Zunge ihr nicht mehr richtig gehorchen wollte. Klaus fuhr noch dichter am Grundstück vorbei. Die Zeit wurde knapper... Agda beobachtete, wie Henry der Arm absackte und er dabei fast Kaffee verschüttete. Er trank erneut einen Schluck und wollte etwas sagen, aber seine Gedanken kamen nicht im Mund an. Verstört schaute er zu seiner Frau. Er stellte die Tasse auf dem Tisch ab und versuchte erneut etwas zu sagen, aber er brachte außer einem Lallen nichts mehr hervor. Esthers Blick verriet Panik. Agda hatte mit einer so schnellen Wirkung ihres Cocktails nicht gerechnet. Sie tat nichts, außer dass sie das Geschehen weiter beobachtete. Esther versuchte ihren Kopf mit der Hand zu stützen. Agda stand auf. Stellte sich mit dem Rücken an die gegenüberliegende Wand der Szenerie und klemmte ihre Hände hinter sich. Was sie sah, gab ihr ein Gefühl von Macht, obwohl es sie auch sehr aufregte. Sie sah, wie Esther vom Stuhl rutschte und hart auf dem Parkett aufschlug. Dann rollten ihr die Augen nach hinten. Henry war nach vorn auf den Tisch gesackt. Speichel floss aus seinem Mund und bildete auf der polierten Holztischplatte einen kleinen See. Draußen wurde es immer dunkler.

Jetzt war der Zeitpunkt gekommen, dass Klaus in Agdas Plan eingeweiht werden musste. Er hatte höchstens noch zwei Reihen zu fahren.

Ich schritt auf meinen Schwager und meine Schwester zu und schaute sie an. Beide atmeten, waren aber geistig nicht mehr anwesend. Vor Henrys Speichelfaden, der aus dem Mund rann, ekelte ich mich sehr. Ich hatte es getan! Ob diese Dosis auch zum Töten gereicht hatte? Was würde passieren, wenn ich sie hier einfach liegen lassen würde? Aber darüber wollte ich eigentlich gar nicht nachdenken, denn man hätte mich sofort am Haken gehabt. Nein, mein Plan sah anders aus! Perfekt sollte es sein. Alles musste schön sauber und ordentlich ausgeführt werden. Nichts durfte übrig bleiben. Ich fühlte mich wie in einem Traum. Alles erschien mir unwirklich. Aber ich hatte es wirklich getan. Ich hatte ihnen die Schlaftabletten in den Kaffee geschüttet und sie hatten es getrunken. Wieder sah ich die beiden an. Esther zuckte, und zuerst glaubte ich, dass sie sich übergeben müsste. Aber dazu schien ihr Körper zu schwach zu sein. Der Spuckefleck unter Henrys Gesicht vergrößerte sich. Mein Herz raste. Nun stand mir der schwierigste Part meiner geplanten Tat bevor. Ich müsste Klaus bitten, die beiden wegzuschaffen. Ich trat ans Fenster und schaute zum angrenzenden Feld. Klaus war fast fertig. Ich öffnete die Terrassentür und ging über die Terrasse die Stufen hinunter über den Rasen und trat an den Zaun und winkte Klaus zu. Er war bei der letzten Reihe angekommen. Er rief etwas, aber ich konnte es nicht verstehen, denn der Trecker war zu laut. Er kam angefahren und hielt am Zaun mit noch laufendem Motor an. „Bin fast fertig!", freudig öffnete er die Treckertür. Mit einemmal tat er mir so Leid, weil ich ihn aus seiner heilen Welt reißen würde. Da vernahm ich vage ein entferntes Klingelgeräusch. Mir gefror das Blut in den Adern!

„Hallo? Ist da wer? Jemand da?" Wieder drückte der junge Mann den Messingknopf der Klingel. Das Essen hatte er auf den Stufen abgestellt. Seine Augen mit der Hand abschirmend, drückte er seine Nase an die Scheibe der Haustür und schaute ins Haus. Er hatte sich bestimmt nicht in der Adresse geirrt! Die Gerichtewahl war typisch für das Paar, welches zu seinen besten Stammkunden gehörte. Typisch bis auf den Salat.

Agda hetzte zurück ins Haus. Dort war es mittlerweile völlig dunkel. Sie stürmte durch das Esszimmer und riss den schwarzen Porzellansaxophonisten vom Buffett, der klirrend auf das Parkett krachte. In der Diele angekommen, sah sie den jungen Mann durch die Türscheibe schauen. „Ja, ich komme! Bin schon da!", rief sie aufgeregt.

„Alles in Ordnung bei ihnen?", vernahm sie seine Stimme.

Hektisch schloss sie die Esszimmertür, während sie den Lichtschalter für die Dielenbeleuchtung betätigte. Sie riss mit der anderen Hand die Tür auf und sagte völlig außer Atem: „Alles ok. Es geht hier heut ein wenig drunter und drüber. Wir räumen den Keller auf, wissen sie. Alles steht herum. Ich fürchte, das Parkett hat eben eine furchtbare Macke bekommen."

Der junge Mann schaute neugierig über Agdas Schultern hinweg ins Haus hinein. „Ich sah kein Licht und dachte schon, dass niemand da ist. Ähm..., ja..., hier haben Sie das Essen." Er bückte sich und reichte Agda das Paket. Womit um Himmels Willen sollte Agda das Essen bezahlen? Sie hatte kein Geld dabei und wusste auch nicht, wo Henry und Esther ihres liegen hatten. Agda streckte die Hände aus, um die Lieferung in Empfang zu nehmen. Krampfhaft suchte sie wegen der Bezahlung nach einer Notlüge, da zückte der Kurier einen Block und sagte: „Wollen wir es wie immer auf die Monatsrechnung setzen?"

So etwas konnte es nur bei ihrer Schwester geben! Nervös strich sie sich eine Strähne aus dem Gesicht und erwiderte: „Natürlich! Ja, auf die Monatsrechnung, bitte."

Er hielt ihr den Quittungsblock unter die Nase und tippte mit dem Stift auf die Stelle, an der sie unterschreiben musste. Agda kritzelte mit unsicherer Hand ihren Namen hin, der junge Mann riss das Blatt ab, legte es oben auf den Essensstapel und verabschiedete sich. Agda verschloss die Haustür und stellte das Essen ab. Sie lief zum Wohnzimmerfenster und beobachtete, wie sich der Pizzabote noch einmal argwöhnisch auf dem Weg zu seinem noch laufenden Pizzamobil umdrehte. Dann stieg er ein und fuhr weg.

Agda bemerkte, dass das Treckergeräusch verstummt war. Sie stürmte ins Esszimmer, das in diesem Augenblick auch Klaus durch die noch offen stehende Terrassentür betrat. Agda drängte ihn wieder hinaus.

„Hey!", rief er. „Was ist denn in dich gefahren. Warum bist du eben so schnell zurückgelaufen und wieso habt ihr kein Licht im Haus?"

Agda holte tief Luft. „Klaus, du musst mir helfen." Sie zog ihn langsam in das dunkle Esszimmer. Sofort spürte er, dass hier etwas nicht stimmte. Auch Agdas Stimme war ihm total fremd. „Ich werde jetzt das Licht anschalten. Ich kann dir alles erklären. Bleib ganz ruhig!"

Meine Gedanken wirbelten durcheinander. Der verdammte Pizzabote hatte mich völlig aus dem Konzept gebracht. Wie würde Klaus reagieren?

Agda schaltete das Esszimmerlicht an und Klaus blickte geblendet durch den Raum, bis seine Augen wie erstarrt an den beiden scheinbar leblosen Körpern hängen blieben. Er riss sich von Agda los. Ohne zu überlegen, stürzte er zu Henry und Esther und schien nicht zu wissen, um wen er sich zuerst kümmern sollte. Klaus erkannte, dass beide flach atmeten. Der Spuckesee war noch größer geworden und ein Teil des Speichels tropfte über die Tischkante auf den Boden. Er fühlte Esthers Puls. Er war ganz leicht und schwach zu spüren. Bei Henry verhielt es sich ähnlich. „Agda, wir müssen den Notarzt rufen! Was um Himmels Willen ist denn hier passiert?" Hektisch zog er sein Handy aus der Brusttasche und wollte gerade wählen, als Agda ihm das Handy aus der Hand riss. „Verstehst du denn nicht?", schrie sie hysterisch. „Ich habe das getan! Ich habe es satt, Tag für Tag von ihr gedemütigt zu werden! Ich bin ein Dreck für sie, ein Nichts, ein Versager. Ich habe es satt, immer nur das Aschenputtel zu sein. Auch ich habe Anspruch auf ein eigenes Leben... Ich habe ihnen Schlaftabletten in den Kaffee getan. Ich kann jetzt nicht mehr zurück. Wir können sie nicht retten. Mein Leben wäre dahin. Wahrscheinlich würden sie mich in eine geschlossene Anstalt stecken. Sie hat nur das bekommen, was sie verdient, verstehst du? Sie soll sterben und es soll nichts von ihr übrig bleiben. Sie hat in meinem Leben nichts mehr zu suchen!"
„Aber sie leben doch, Agda! Was zum Teufel hast du vor? Ich rufe jetzt den Notarzt!"

Acht Jahre später

Agda zog sich ihre schwarze Jacke über. Sie hatte so viel geweint, dass sie nun keine Tränen mehr hatte. Ihr Gesicht brannte, sie fühlte sich völlig ausgelaugt. Agda setzte sich auf den Bettrand und hielt ihr Gesicht in die Hände gestützt. Voller Schmerz wiegte sie sich vor und zurück, aber der Schmerz blieb, und sobald sie die Augen schloss, hatte sie das furchtbare Bild wieder vor sich. Vor fünf Tagen hatte sie ihn gefunden. Völlig unverhofft, als sie von der Arbeit gut gelaunt nach Hause gekommen war. Er hing direkt vor ihr im Treppenhaus. Ein Anblick so grausam, so fremd und verzerrt! So falsch! Sie hatte geschrien und war aus dem Haus gerannt. Auf dem Bürgersteig war sie zusammengebrochen.

„Hallo? Können Sie mich hören? Sind Sie wach?" Als Agda wieder zu sich kam, beugte sich ein Fremder über sie: „Ich bin der Notarzt. Sie haben einen Schock erlitten und befinden sich in einem Krankenwagen. Sie sind jetzt nicht allein. Wir sind bei Ihnen." Sie hatte noch weitere Stimmen gehört. „Klaus...", versuchte sie dem behandelnden Arzt zu erklären. Dieser hatte ihr zugenickt und zu verstehen gegeben, dass er wusste, was sie ihm sagen wollte.
„Wir haben ihn gefunden. Ein Nachbar hat uns informiert."
Agda riss sich von der Liege los. Sie wollte zu ihm! Sie wollte ihn retten, wiederbeleben! Sie musste irgendetwas tun, um ihn zurückzuholen! Der Arzt und der Rettungsassistent hatten sie festgehalten, gaben ihr ein stärkeres Beruhigungsmittel. Ihre Sinne vernebelten sich. Aus dem Augenwinkel sah sie durch die offene Tür des Krankenwagens, wie ein geschlossener Zinksarg von Männern in schwarzen Anzügen vorbeigetragen wurde. Auch einen Polizisten konnte sie sehen. Dann stieg vor ihrem inneren Auge wieder das furchtbare Bild auf, welches ihr sich im Treppenhaus dargeboten hatte. Tränen rannen aus ihren Augen. Nichts war besser geworden. Sie hatte damals alles nur noch schlimmer gemacht. Sie war schuld. Schuld an allem...

Agda suchte einen Eichensarg aus. Ein teures, lackiertes Modell. Irgendwie gab ihr das ein besseres Gefühl. Als ob sie damit etwas wiedergutmachen konnte. Ein Kissen hatte sie hineinlegen lassen und eine Decke. Als sie sich von ihm verabschiedet hatte, sah sie die Kratzspuren an seinem Hals. Von da ab hatte Agda es bereut, ihn noch einmal gesehen zu haben. Es hatte also nicht gleich funktioniert. Der Strick hatte Klaus nicht gleich das Genick gebrochen. Er war jämmerlich erstickt und hatte im Hängen versucht, die Schlinge um seinen Hals zu lösen. Ihre Gedanken kreisten ständig darum, wie lange er sich hatte quälen müssen. Sie gab ihm einen letzten Kuss auf die Stirn und streichelte ihn ein letztes Mal. Ein fremdes Gefühl. Er war kalt und fühlte sich ledrig an. Die Fingernägel waren bläulich unterlaufen und seine Haare lagen anders als zu Lebzeiten. Aber sein Gesicht sah aus, als ob er schliefe. Sie zog ihr Tuch vom Hals und legte es um den seinen. Dann drehte sie sich zu dem diskret wartenden Bestatter um und bedankte sich leise, als sie Klaus weinend verließ. Sie ging zu Fuß nach Hause. Nun hatte sie gar nichts mehr.

Agda fühlte sich mutterseelenallein. Völlig einsam. Die Stille im Haus drohte sie zu ersticken. Die Leere zog sich wie eine Giftschlange durch jede einzelne Ader in ihr. Als sie aufstand und sich im großen Spiegel des feudalen Kleiderschranks, den einst ihre Schwester ausgesucht und gekauft hatte, besah, bot sich ihr jenes jämmerliche Bild, das Esther immer belächelt hatte. Schminke hatte Agda selten benutzt, deswegen fehlte heute nicht unbedingt etwas in ihrem Gesicht. Die roten verquollenen Augen würde sie hinter einer Sonnenbrille verstecken. Der schwarze Rock labberte um ihre Beine und die flachen Schuhe ließen ihn dadurch nicht vorteilhafter erscheinen. Ihre Schultern hingen herab und in ihrem Gesicht stand die Angst. Gleich würde sie Klaus beerdigen. Alles, was ihr lieb und teuer war, würde sie in der schwarzen Erde versenken. An seinem Grab würde sie allein stehen. Denn es gab keinen Menschen mehr auf der Welt, der ihr noch wirklich nahestand und den Part der Begleitung und des Stützens hätte übernehmen können. Sie würde es einfach hinter sich bringen müssen. Im Dorfgemeinschaftshaus warteten Kuchen und Kaffee auf die Beerdigungsgäste, jedoch würde sie beim „Fell versaufen" nicht zugegen sein. Sollten doch die aus dem Dorf gehen. Seit sich

Agda aus dem Dorfgeschehen zurückgezogen hatte, war niemand mehr von den – ach so guten – Freunden übrig geblieben. Vielleicht hatte ihre Schwester damals doch Recht gehabt, als sie behauptete, dass Agda nur das Aschenputtel aller war...

Sie schloss die Tür hinter sich, drehte den Schlüssel um und ging zum nahe gelegenen Friedhof. Es war noch früh. Dort angekommen, saß sie allein vor dem verschlossenen Sarg. Der Geruch von Blumen erfüllte den Raum der kleinen Kapelle. Typisch für eine Beerdigung, dachte sie. Seit sie in ihrer Kindheit auf der Beerdigung ihrer Eltern gesessen hatte, verband sie mit diesem Geruch Traurigkeit und Düsternis. Langsam füllte sich die kleine Halle mit Menschen. Der Pastor kam wie zu jeder Veranstaltung, bei der er zugegen sein musste, zu spät. Er hatte sechs Gemeinden zu betreuen. Auch die Kirche musste sparen.

Als ich so allein vor Klaus' Grab stand und meine Blumen zu ihm hinabwarf, stiegen die alten Bilder in mir auf. Ich sah Klaus' schweißnasse Stirn und seinen mir zugewandten gequälten Blick. Im Hintergrund die weiß gefliesten, sterilen Wände. Er hatte alles nur für mich getan. Sein Handeln war die reinste Selbstaufgabe gewesen. Seit diesem Abend muss er einen ständigen Alptraum durchlebt haben. Die Gerüche und Geräusche, gepaart mit den dazugehörigen Bildern, kehrten immer wieder zu ihm zurück, während ich mich heute noch voller Erregung und Befriedigung gern daran zurückerinnere. Über die Jahre hatte es ihn in diese letzte Verzweiflungstat getrieben. Er hatte Höllenqualen gelitten. Ganz für sich allein, denn ich teilte seine Abscheu vor der von uns begangenen Tat nicht im Geringsten mit ihm. Letztendlich hatte er auch nicht mehr mit mir darüber gesprochen. Erst vor Kurzem hatte ich meine Angst, dass Klaus eines Tages nicht mehr dichthalten würde, wegen der Vorfreude über die bevorstehende Toderklärung meiner verschollen geglaubten Schwester und meines Schwagers verdrängt. Diese Angst hatte er mir nun genommen, doch zugleich legte sich eine andere Last auf meine Schultern, die ich nicht zu tragen vermochte. Diese Last bestand aus Klaus' Tod, den ich zu verantworten hatte. Der Friedhof war voller Menschen aus dem Dorf. Verschwommen nahm ich bekannte Gesichter wahr. Bornstrats waren gekommen, Ilse Oldenburg, ich erkannte Herrn von Brunkhorst. Ich hatte wohl viel zu lange am Grab gestanden und vielleicht hatte Herr von Brunkhorst Angst bekommen, ich könnte hinunterstürzen, denn er kam nun zu mir an das Grab und reichte mir seinen Arm. Ich stützte mich voller Dankbarkeit darauf. Er verließ zusammen mit mir diesen traurigen Ort. „Von Beileidsbekundungen am Grab bitte ich Abstand zu nehmen", hatte ich unter die Todesanzeige der HNA setzen lassen.

„Darf ich Sie nach Hause bringen?", *fragte der großgewachsene Gutsbesitzer taktvoll zurückhaltend.* „Nein, danke. Aber wenn Sie mir vielleicht ein Taxi bestellen könnten? Ich möchte jetzt nicht nach Hause und habe mein Handy vergessen." *Beim Blick in meine Handtasche hatte ich bemerkt, dass ich es zu Hause liegen gelassen haben musste. Wer hätte mich auch noch anrufen sollen? Außer Klaus hatte sich sonst selten jemand bei mir gemeldet.* „Selbstverständlich!", *antwortete er und zog sein Handy aus der Manteltasche. Jetzt erst bemerkte ich, wie kalt es eigentlich war. Ich war viel zu dünn angezogen.* „Das Taxi wird gleich hier sein. Kann ich sonst noch etwas für Sie tun? Wenn Sie Hilfe benötigen, bin ich gern für Sie da." *Diese Hilfe hatte er mir auch schon damals nach dem Verschwinden meiner Schwester angeboten. Jedoch habe ich mich dieser nie bedient. Es kam mir falsch vor, ihn mehr als nötig anlügen zu müssen. Jetzt aber dankte ich ihm für das Taxi und verabschiedete mich von ihm.*

Die ersten Leute verließen den Friedhof und nickten mir zu. Ihnen meinen Rücken zudrehend, stellte ich mir vor, wie sie die Hände über ihren Köpfen zusammenschlagen würden, wenn sie erfuhren, welches Geheimnis mich die letzten acht Jahre umgeben hatte. Das Taxi hielt und ich stieg entschlossen ein: „Bitte zur Polizeiwache nach Northeim."

„Ich möchte ein Geständnis ablegen. Es geht um das Verschwinden von Esther und Henry Gotthardt vor acht Jahren", sagte die schwarz gekleidete Frau zu dem Beamten hinter der Glasscheibe.

Mir gegenüber saß Polizeidirektor Rusteberg. Als wir soweit waren, drückte er den Knopf eines Aufzeichnungsgerätes und nickte mir zu, dass ich nun sprechen könne.

„Als ich meine Schwester und meinen Schwager mit Schlaftabletten betäubt hatte, kam Klaus herein. Er hatte auf dem Nachbaracker gedüngt. Bis zu diesem Zeitpunkt hatte er mit meiner Tat nichts zu tun und wusste auch nichts von meinem Plan. Ich überzeugte ihn irgendwie davon, dass wir die beiden verschwinden lassen mussten. Und dazu brauchte ich ihn. Anfangs sah es so aus, als ob er nicht mitspielen würde, aber ich machte ihm ein schlechtes Gewissen. Glauben Sie mir. Eigentlich wäre er niemals zu einer solchen Tat fähig gewesen."

Agda hatte ihre Hände vor sich auf der Tischplatte liegen und zupfte nervös an ihren Fingern. „Sprechen Sie einfach weiter. Ich werde Sie nicht unterbrechen", beruhigte sie der Polizeidirektor.

„Ich hoffte darauf, dass er mich nicht verlieren wollte. Denn ich wäre auf jeden Fall verhaftet worden. Sie können mir wirklich glauben, dass er es nur für mich tat. Ich hatte ihn schamlos ausgenutzt.

Nach längerem Hin und Her also zog ich Esther und Henry die Kleidung aus. Klaus half mir dabei, den nackten Körpern Mülltüten überzustülpen, die ich aus Esthers Keller geholt hatte. So verpackt, zerrten wir die beiden über die Terrasse und den Rasen bis zum Zaun. Ich erinnere mich, wie schwer sie waren. Wir hievten sie mit aller Gewalt hinüber aufs Feld. Klaus stieg auf den Trecker und fuhr den Düngestreuer etwas herunter, denn der sollte als Transportbehälter der leblosen Fracht dienen. Als wir die Körper dort verfrachtet hatten, fuhr Klaus den Behälter wieder hoch. Wir gingen zurück ins Haus, und ich schrubbte den Speichelfleck, den Henry auf der Tischplatte hinterlassen hatte, weg und übergab mich fast dabei. Klaus saß teilnahmslos am Tisch und schaute mir zu. Er stammelte immer wieder: Was tun wir hier nur? Seine Augen erinnerten mich an die eines gehetzten Tieres. Er atmete schnell. Ich versuchte ihn immer wieder zu beruhigen, aber die ganze Situation war viel zu abgefahren, als dass er darauf reagiert hätte. Klaus war entsetzt über meinen ausgeklügelten Plan, den ich über Monate vorbereitet hatte."

Agda setzte sich gerade hin und sah dem Direktor in die Augen. Dann sprach sie weiter, ihre Hände am schwarzen Rock reibend: „Ich ging durch das Haus und suchte die gepackten Koffer. Schnell sortierte ich noch Henrys und Esthers Kosmetik- und Waschartikel und packte sie hinzu. Dann nahm ich ihre bereitliegenden

Papiere und Reiseunterlagen vom Dielenschrank an mich und verstaute diese in Esthers Handtasche, die ich im Bad fand. Im Keller schloss ich den Wasserhaupthahn, oben wieder angekommen, stellte ich das gesamte Reisegepäck in der Diele ab. Ich ging zu Klaus ins Esszimmer und fragte ihn, ob er bereit wäre. Er schaute mich traurig an und nickte. Ich schaltete das Licht aus. Dann nahm ich den Haustürschlüssel an mich, ließ Klaus vorgehen, zog hinter mir die Tür zu und schloss ab. Wir gingen zum Feld und fuhren mit dem Trecker zum Gut. Niemand würde um diese Zeit noch in den Düngestreuer sehen. Außerdem – wer wäre schon darauf gekommen, dass wir in Säcken verpackt die Leiche meiner Schwester und Henrys, über dessen Zustand wir uns nicht im Klaren waren, durch die Gegend chauffierten.

Am Gut angekommen, fuhr Klaus den Trecker in die Halle. Der Düngestreuer musste nicht abgehängt werden, da er am nächsten Tag wieder gebraucht wurde. Wir hievten die Säcke wieder über den Rand und legten sie in den alten Kombi von Klaus. Er musste heute Abend noch seine Inspektion in der Fleischerei machen. Diesmal begleitete ich ihn dabei. Wir schlossen die Treckerscheune und machten uns auf den Weg nach Langenholtensen.

Die Fleischerei liegt mitten im Ort. Dort angekommen, öffnete Klaus das große Hoftor und fuhr mit seinem Auto direkt vor den Personaleingang. Nachbarn hatten durch eine hohe Mauer und durch das wieder verschlossene Hoftor keinen Einblick zu diesem Bereich des Betriebsgeländes, sodass es uns möglich war, die Säcke ungesehen aus dem Auto in das Gebäude zu schaffen. Wir legten die Körper auf Rollis und schoben sie in das Gefrierhaus. Wir schlossen die Gefrierhaustür, da rutschte Klaus stöhnend und mit der Faust gegen seine Stirn hämmernd an ihr hinab. Es dauerte längere Zeit, bis er sich gefangen hatte.

Wir fuhren nach Hause zu mir. Klaus blieb über Nacht und natürlich machten wir kein Auge zu. Sein Fachwissen war nötig und unser Zeitfenster war ziemlich schmal. Spätestens morgen Abend um 23 Uhr mussten wir wieder im Haus von Esther und Henry sein.

Der nächste Tag brach an und ich hatte furchtbare Angst, Klaus könnte mir einen Strich durch die Rechnung machen, indem er sich der Polizei stellte. Gegen 19:30 Uhr befanden wir uns wieder auf dem Weg zur Fleischerei. Nun sollte der grausamste Teil der ganzen Prozedur stattfinden. Hierbei konnte ich nur Handlanger spielen und musste mich auf Klaus verlassen, der auf dem Weg immer wieder sagte, dass er das nicht schaffen würde."

Der Polizeidirektor stand auf und wischte sich mit dem Handrücken über die Stirn. Er wollte nicht glauben, dass diese zerbrechlich wirkende Frau vor ihm zu solch einer Tat fähig gewesen war. Ihm dämmerte, was sie ihm gleich schildern würde.

„Hätten Sie ein Glas Wasser für mich?", fragte Agda höflich. Er zog einen Pappbecher aus dem Wasserspender und betätigte das Ventil. Er reichte ihr den Becher und setzte sich wieder. Agda trank einen Schluck und erzählte weiter. Das Tonband für die Aufzeichnung surrte: „Wir betraten das Gefrierhaus und schoben die Rollis mit ihrer Ladung in den Produktionsraum. Klaus übergab sich, als ich die Müllsäcke aufschnitt. Nun lagen sie vor mir. Henrys Augen waren geschlossen. Er sah so tiefgefroren ganz wächsern aus, und weil er mit dem Gesicht nach unten auf dem harten Rolliboden gelegen hatte, war seine Nase ganz schief. Eine groteske Fratze. Meine Schwester hatte ihre Haare über dem Gesicht. Ich wollte sie mir nicht genauer ansehen. Klaus schaltete den Hacker ein, und wir legten zuerst Esther auf die glatte Fläche der Maschine. Ihre Leiche wurde hineingezogen und auch der Rest ging automatisch. Klaus hatte an das andere Ende der Maschine einen Beschickungswagen gestellt. Ein lautes Knacken erfüllte den Raum. Klaus hielt sich die Ohren zu. Nach zirka zwei Minuten war die erste Leiche zerstückelt. Ich schob den metallischen Beschickungswagen an die Seite und sah vorsichtig hinein. Die Stücke waren ungefähr faustgroß und ich muss gestehen, dass sich auch mir der Magen hob. Ich stellte den zweiten Beschickungswagen hinter die Maschine. Klaus hatte bereits Henry auf den Hackertisch gehievt. Diesmal drückte ich den Knopf. Wieder entstand das knackende Geräusch. Mein Herz raste. Ich ging zu Klaus und vergrub mein Gesicht an seiner Brust. Er stand steif vor mir und rührte sich erst wieder, als er die Maschine ausstellen musste." Agda nahm wieder einen Schluck Wasser zu sich und sprach fast flüsternd weiter. „Ich sah, wie Klaus den Beschickungswagen an den Kutter schob. Dieser hob den Wagen an und kippte seinen Inhalt in einen Trichter. Unten erkannte ich eine große Schale. Klaus schraubte Messer in ihr fest. Er drückte einen Knopf und schloss den Deckel des Kutters, in dem sonst Wurstbrät hergestellt wird. Rotierende Messer zerkleinerten die Leichenstücke in der sich drehenden Schale. Wir füllten die entstandene Masse aus der Kutterschale in rote Fleischerkisten und deckten sie ab. Wir reinigten gründlich, luden die Kisten in Klaus Kombi und schütteten einen Teil ihres Inhalts in die Ruhme. Ich sah die noch leicht gefrorene und krümelige Masse wegschwimmen und fühlte mich frei. Den anderen Teil verfütterte ich an die Zuchtforellen im Kiessee. Genau diese Tiere lagen später in meiner Auslage in dem Fischladen, in dem ich arbeite. Ich fühlte mich befriedigt.

Wir lagen mit unserem Zeitplan etwas über dem Plan. Wir mussten uns beeilen. Es war schon nach 23 Uhr und das Taxi, das Henry und Esther bestellt hatten, um sich zum Flughafen nach Hannover bringen zu lassen, sollte um 24 Uhr vor der Tür stehen. Wir parkten Klaus' Auto mit den leeren Kisten im Laderaum vor meinem Haus, und ich lief schnell hinein, um die Tasche herauszuholen, in der sich eine rote Echthaarperücke befand. Umziehen wollten wir uns bei Esther und Henry. Wir konnten nicht auf direktem Weg durchs Dorf zum Haus meiner Schwester gehen. Zu neugierig sind die Leute in Imbshausen. Wir gingen über den Feldweg dorthin, den ich auch immer zum Joggen nutzte. Hier würde uns sicher niemand sehen. Wir beeilten uns. Klaus war sehr still geworden und sagte kein Wort. Ich fing aber erst später an, mir darüber Sorgen zu machen. Erst einmal musste mein Plan zu Ende gebracht werden. Niemand würde die nächsten drei Wochen meine Schwester und meinen Schwager vermissen. Familie hatten sie keine, außer mir. Und die Arbeitgeber würden sie erst vermissen, wenn sie nach ihrem Urlaub nicht zum Dienst erscheinen würden. Und auch ich würde sie in nächster Zeit nicht als vermisst melden, da sie mich noch nie während ihres Urlaubs kontaktiert hatten.

Wir hörten oben vom Windmühlenberg Musik zu uns herabschallen. Wahrscheinlich machten dort wieder ein paar Jugendliche eine Party. Wir beeilten uns. Fast liefen wir den Umweg zum Haus meiner Schwester entlang. Endlich am Haus angekommen, betraten wir es durch die Hintertür. Zuerst machte ich Licht im Schlafzimmer. Dabei trat ich auf das blöde Katzenvieh, welches ich mir als nächstes vorknöpfen würde. Klaus folgte mir wie ein Schatten. Die Vorhänge waren zugezogen. Wir zogen uns Kleidung von Esther und Henry an. Unsere Sachen packten wir zurück in den großen Beutel, in dem sich vorher die Perücke befunden hatte. Ich schminkte mich sogar notdürftig. Dann öffnete ich die Vorhänge und knipste das Licht aus. Klaus war vorangegangen und stand verlassen unten in der Diele. Ich sah ihm an, wie unwohl er sich in Henrys Anzug fühlte, obwohl er ihm gut passte. Henry und Klaus hatten die gleiche Statur und auch ähnliche Haare. Ich schaute auf meine Armbanduhr. Es war kurz vor zwölf und ich wurde langsam nervös. Ich ging ins Wohnzimmer und schaute durchs Fenster auf die Straße. Da sah ich das Taxi mit Fernlicht zu uns herunterfahren. Es wurde langsamer, bog in die Einfahrt des Hauses ein und wendete. Ich ging zu Klaus zurück in die Diele und schaute ihn flehend an. Er müsse noch etwas durchhalten. Klaus griff wie in Trance einen der Koffer, als es an der Tür klingelte. Ich rückte meine Perücke zurecht, bückte mich, nahm das Handgepäck und öffnete die Tür. Der Taxifahrer begrüßte uns, nahm uns das Gepäck ab und brachte es in den Kofferraum seines Wagens. Auf dem Weg zum Taxi wünschte uns der Nachbar, aus dem Fenster rufend, noch einen schönen Urlaub. Klaus zuckte vor Schreck zusammen und auch ich wagte nicht Danke zurückzurufen. Zu viel Angst hatte ich, dass er meine Stimme erkennen würde. Also hob ich den Arm und winkte ihm zu. Wir stiegen ein und unsere Fahrt zum Flughafen begann. Klaus schwitzte und war sehr nervös. Der Taxifahrer schaute oft in den Rückspiegel. Ich bat ihn hinten das Fenster spaltbreit zu öffnen. Am Flughafen angekommen, nahmen wir erneut ein Taxi. Aber noch nicht nach Hause, sondern erst einmal zum Bahnhof. Dort entledigten wir uns der Koffer von Esther und Henry, indem wir sie ein paar Pennern schenkten. Sie freuten sich über neue Klamotten und stellten keine Fragen. Dann nahmen wir ein Taxi zurück nach Hause.

Die drei Wochen waren für uns die Ruhe vor dem Sturm. Klaus war ein anderer Mensch geworden. Er war nervös und blickte ständig wie ein verfolgtes Tier um sich.

Zuerst meldete sich die Firma Wilvorst bei mir und fragte mich, ob ich etwas über den Verbleib meines Schwagers wisse. Sie könnten ihn nicht erreichen. Ich gab an, dass ich ihn und meine Schwester auch schon vermisst hätte, aber mich erst mal damit beruhigt hätte, dass ich mich vielleicht in ihrem Rückreisetermin getäuscht haben könnte. Herr von Brunkhorst stand einen Tag später an meiner Tür und erkundigte sich nach meiner Schwester. Zusammen mit ihm gab ich hier in der Polizeistation die Vermisstenanzeige auf. Esthers und Henrys Spur verlief sich offiziell erst, nachdem sie ins Taxi gestiegen waren. Wie sich später herausstellte, hatte der Nachbar zu Protokoll gegeben, dass eindeutig Esther und Henry in das Taxi gestiegen waren, und auch der befragte Taxifahrer beschrieb sie genau. Die Suche blieb jedoch erfolglos; seitdem galten die beiden als verschollen. Seit einiger Zeit wohnten Klaus und ich im Haus von Esther und Henry, um es in Ordnung zu halten. Wir kümmerten uns auch um die Finanzen der beiden. In spätestens einem Jahr wollte ich eigentlich den Antrag stellen, der Esther und Henry für tot erklären sollte. Doch dazu soll es jetzt nicht mehr kommen. Mein Freund Klaus, der einzige Mensch, der jemals etwas für mich getan hat, konnte die Last unseres Verbrechens nicht ertragen und hat sich vor ein paar Tagen umgebracht. Ich kam direkt von seiner Beerdigung hierher zu Ihnen. Er hat sich umgebracht, weil ich ihn für meine grausame Tat benutzt habe. Mit dieser Schuld kann ich nicht leben! Reicht Ihnen meine Aussage, oder haben Sie noch Fragen, Herr Rusteberg...?"

Loretta trinkt Bier

Rolf P. Dix

Loretta setzte die Bierflasche an und nahm einen tiefen Zug. Schmeckte mal wieder verteufelt gut, das Zeug. Und niemand da, der sie anmachte oder ihr ein Gespräch aufdrängen wollte. Nicht dass Loretta kontaktscheu gewesen wäre, im Gegenteil, aber nach Feierabend brauchte sie ihre Ruhe. Und die fand sie an den meisten Abenden hier in diesem kleinen, schummrigen Schnellimbiss. Wobei die Bezeichnung Schnellimbiss in der Vergangenheit noch gegolten haben mochte, heute war das eher eine Bierhalle mit der Möglichkeit, auch einmal eine Currywurst oder ein zugegebenermaßen trockenes und zähes Schnitzel zwischen die Zähne zu schieben. Der Imbiss, wie die Stammkundschaft dieses höhlenartige, in eine Baulücke zwischen zwei Wohnhäuser hineingequetschte Etablissement nannte, wurde seit fast 25 Jahren von einem Griechen bewirtschaftet. Schon beim Betreten hatte man das Gefühl, in eine Welt außerhalb der normalen Zeitläufte zu gelangen. „Strom ist teuer", war die Devise des Wirtes, und diesem Kernsatz griechischer Sparsamkeit folgte er konsequent. Nur wenige Energiesparlampen kämpften mit ihrem unterwattigen Licht gegen die ewige Dämmerung, deren Ursache die auch am Tage zugezogenen vergilbten Vorhänge waren.
Loretta hob die Hand, zeigte auf ihre leere Bierflasche und sah den Griechen, der gerade mit zwei Stammgästen eine Runde ausknobelte, fragend an. Ein kurzes Nicken aus der schummrigen Knobelecke und Loretta ging hinter den Tresen, stellte ihre leere Flasche in den Bierkasten und entnahm eine volle. Tasso, so der Name des Wirtes, würde sich merken, wie viel sie trank. Er

machte seine komplette tägliche „Buchführung" im Kopf. Auf die Bierdeckel wurde nichts notiert, man konnte sie so einige Male benutzen.

Mit der Flasche in der Hand ging Loretta zu ihrem Platz zurück, setzte sich und strich, den italienischen Vorfahren sei Dank, ihr schwarzes Haar aus der Stirn und nahm einen tiefen Zug aus der Flasche. So langsam kam sie zur Ruhe. Nicht dass sie heute einen besonders hektischen Tag gehabt hätte, aber der tägliche Kleinkram ging einem auch ganz schön auf den Geist. Zufrieden sah sie sich in diesem kleinen Bierparadies um. Sie kannte fast alle der Stammgäste, duzte sich mit den meisten und kam hier eigentlich ganz gut klar. Auf jeden Fall war sie froh, eisern über ihren Beruf geschwiegen zu haben. Man hatte so mehr Ruhe und wurde nicht wegen jedem kleinen Einbruch vollgelabert. Demnächst würde sie durchsickern lassen, dass sie bei wechselnden Supermärkten als Aushilfe tätig sei. Dann dürften wohl auch die neugierigsten der Stammgäste ihre Fragerei einstellen. Den Leuten zu erzählen, dass sie Hauptkommissarin im Fachkommissariat 1 der Northeimer Kriminalpolizei war, würde ihr nie im Traum einfallen. Noch nicht mal im Suff. Insofern war es von Vorteil, außerhalb ihres Dienstortes zu wohnen. Hier auf dem Dorf war die Wahrscheinlichkeit, dienstlich mit den Einwohnern in Kontakt zu kommen, eher gering.

Aber im Moment gab es andere Probleme. Seit zwei Tagen arbeitete sie an einem Fall, ohne den geringsten Fortschritt zu erzielen. Mit gerunzelter Stirn dachte Loretta an das Opfer. Italiener, aus Verona, Geschichtsprofessor. Äußerst hässliche Verletzungen, wirklich unschön anzusehen, mit einem Spaten erschlagen. Nicht mit dem flachen Blatt, sondern mir der scharfen Kante. Der Schädel war förmlich gespalten worden. Der Hieb musste von einer kräftigen Person, die etwas oberhalb des Opfers stand, ausgeführt worden sein. Die Gerichtsmedizin war sich sicher, dass ein Klappspaten der Bundeswehr die Tatwaffe sein musste. Ein Raubmord schien nicht vorzuliegen. Geldbörse, Papiere und Fahrzeugschlüssel waren in der Innentasche der Tarnjacke des Toten. Der Alfa Romeo mit italienischem Kennzeichen stand unversehrt neben der Zufahrtstraße zum Harzhorn.

Was hatte ein italienischer Geschichtsprofessor in einem entlegenen Waldstück im Kreis Northeim zu suchen? Im Tarnanzug, mit durch den Spatenhieb verrutschter Stirnleuchte. Auf einem römisch-germanischen Schlachtfeld aus dem 3. Jahrhundert? Grabungsspuren an dem Steilhang deuteten darauf hin, dass das Opfer oder eine weitere Person verbotenerweise auf dem Gelände auf der Suche nach Resten der Schlacht gewesen sein musste. Hatte der Professor den Täter bei seiner illegalen Tätigkeit überrascht, wurde er vielleicht von einer weiteren anwesenden Person niedergeschlagen? Die Spurensuche hatte sich als äußerst unergiebig erwiesen. Der Tote musste bis zu seiner Entdeckung zwei Tage in diesem abgelegenen Waldstück gelegen haben. Zwei Tage mit starkem Regen, der auf dem Waldboden alle Spuren vernichtet, andernorts sogar zu Überschwemmungen geführt hatte.

Die Tatwaffe war bislang unauffindbar. Hatte der Professor gar selbst gegraben und war dabei vom Täter überrascht und erschlagen worden? Ein Raubmord schien unwahrscheinlich; Geld, Papiere, Auto, alles vorhanden. Etwas musste fehlen, aber was? Loretta setzte die Bierflasche an den Mund und genehmigte sich einen weiteren Schluck Gerstensaft.
Konnte es eine Beziehungstat gewesen sein? In den meisten Mordfällen waren Opfer und Täter in einer mehr oder weniger engen Beziehung zu sehen. Dagegen jedoch sprach die räumliche Entfernung zum Wohnort des Getöteten.
Die Kollegen in Verona würden hoffentlich bald die Ergebnisse der Wohnungsdurchsuchung übermitteln. Es wäre hilfreich zu wissen, auf welchem Gebiet der Professor gelehrt hatte, seine Lebensumstände, Hobbys, Neigungen, die finanziellen Verhältnisse und überhaupt das ganze private Umfeld galt es jetzt unter die Lupe zu nehmen. War vielleicht die Mafia im Spiel? Ging es um großangelegte Schatzräuberei, ausgeführt von „Fachpersonal"?
Die Suche nach einem Motiv beziehungsweise einem Nutznießer dieses Verbrechens stand noch bei Null. Null Ergebnis! Der Chef scharrte schon mit den Hufen. „Nu hab'm wir mal 'nen Mord und nüscht tut sich!" Originalton Amtsleiter Wiefelspütz. Aus dem Rheinland importierte Frohnatur ohne Humor.

Nach einem letzten Schluck ging Loretta zum Bierkasten, stellte die leere Flasche ab und legte die Zeche auf den Tresen, verabschiedete sich von Tasso und dessen Gästen und machte sich auf den Heimweg.

Der nächste Morgen brachte zunächst einen kleinen Lichtblick. Die Kollegen aus Verona hatten sich gemeldet. Ein mehrere Seiten umfassendes Fax. In Italienisch! Loretta setzte sich in ihrem kleinen Büro, mit Blick auf die Teichstraße und den Adolf-Hueg-Wall, hinter ihren Schreibtisch und blickte genervt auf das Fax. Konnten die Herren Carabinieri kein Englisch? Wer sollte hier im tiefsten Niedersachsen einen mehrseitigen italienischen Text übersetzen? Loretta selbst, obwohl väterlicherseits italienisch, konnte sich in der Sprache nur radebrechend unterhalten. Da half nur ein „Maxi, Kaffee!", rief Loretta in Richtung offener Tür, die zum Vorzimmer und hiermit zum Arbeitsplatz von Maximilie Wanders führte. „Kommt gleich", antwortete die fesche Endfünfzigerin aus dem Vorzimmer.

Maxi Wanders war für Loretta und zwei weitere Kommissariatsleiter Schreibkraft, Bürobote, Kaffeekocher, bei Gelegenheit auch Seelentröster, große Schwester, aber auch unerbittlicher Antreiber, wenn der Laden nicht so lief, wie sie es sich vorstellte. Nach einer Brustkrebsoperation mit anschließender Chemotherapie waren ihr sämtliche Kopfhaare ausgefallen. Dies kaschierte sie mit einer fesch frisierten Perücke. Mit ihrer stets modischen Kleidung und dem sportlich durchtrainierten Körper sah sie aus wie ein Model für Damenoberbekleidung der Zielgruppe ab 50.

„Hier ist dein Kaffee". Elegant platzierte Maxi die Tasse rechts von Loretta auf dem Schreibtisch. „Was guckst du denn so, als ob dir jemand dein Spielzeug weggenommen hätte?" Kommentarlos schob Loretta ihr das Fax zu.

„Die Signori könne aber gut Italienisch", feixte Maxi. „Soll ich es dir übersetzen?"

Überrascht und hoffnungsfroh sah die Kriminalistin auf." Du kannst das?"

„Ne, aber wir haben hier in Northeim ein Übersetzungsbüro. Das kannst du nicht wissen, bist ja erst seit drei Monaten hier. Ich rufe da mal an."

„Dann rufe doch bitte auch Bernd an. Ich brauche ihn. Wir sollten uns den Tatort noch einmal ansehen. In einer halben Stunde will ich los."

Loretta nahm ihre Tasse und trank sie fast in einem Zug aus. In Gedanken war sie bereits am Harzhorn. Der Leichnam hatte irgendwie in sich verdreht an dem Steilhang gelegen. Er war allem Anschein nach ein ganzes Stück den Hang herabgerutscht und dann von zwei Fichten gestoppt worden. Das Gelände, auf dem cirka 235 n. Chr. eine blutige Schlacht zwischen Germanen und Römern getobt hatte, fiel ungefähr 30 Meter steil ab.

Von dem am Fuße des Höhenzuges gelegenen Forstweg aus hatten Waldarbeiter die Leiche des Veronesen entdeckt, waren den Hang hinaufgeklettert und hatten Spuren, die den Regen eventuell überstanden hatten, total zerstört. Nachdem sie den Tod des Mannes festgestellt hatten, riefen sie über Handy die Polizeistation Bad Gandersheim an. Von dort aus war der Polizeieinsatz eingeleitet worden. Nur 50 Meter weiter nach Norden, und die Kollegen aus Seesen und Goslar wären mit den Ermittlungen betraut gewesen. So ist es halt mit den Kreisgrenzen, dachte Loretta, schaute auf ihre Armbanduhr und wollte sich gerade an Maxi wenden, um zu fragen, wodurch Bernd verhindert sein könnte. In diesem Moment stürmte der junge Kollege ins Vorzimmer. Knapp 1,75 Meter hoch, blond, blauäugig, breitschultrig, ein strahlendes Filmstarlächeln im Gesicht, Rollkragenpullover, Jeans, maßgefertigte Schuhe und schwul.

Schade, dachte Loretta, und schwul.

Bernd Eilsen, 28 Jahre alt, Kriminalkommissar, gut beurteilt und ein Typ, mit dem man die sprichwörtlichen Pferde stehlen konnte.

„War noch kurz im City-Center", sprudelte er los, „die haben da eine tolle Werbeaktion laufen. Der Laden ist gerammelt voll. Ich sollte für Wispütz nach Taschendieben Ausschau halten. War'n ödes Ding. Danke für die Anforderung."

„Wie kommt der Chef dazu, dich für solchen Schwachsinn einzuteilen, ist doch gar nicht unser Job."

Loretta nahm sich vor, den Wispütz, wie alle im Amt den Chef Wiefelspütz heimlich nannten, über abzusprechende Personaleinsätze aufzuklären. Der konnte ihr doch nicht einfach ihre Leute, auch wenn es nur einer war, wegdelegieren.

„Wir wollen uns den Tatort noch einmal in Ruhe ansehen. Irgendwie fehlt mir ein Detail, ich komme nur nicht darauf, was mich stört. Maxi, hast du die Sache mit dem Übersetzer klar gemacht? Es wäre hilfreich."

Mit stoischer Ruhe antwortete Maxi: „Ich habe Kopien gemacht und von Henner hinbringen lassen." Henner Breit, dienstbarer Geist und Hausmeister der Polizeistation. Kurz vor der Rente und immer froh, wenn er für Besorgungen in seine schöne Heimatstadt geschickt wurde.

„Danke, Maxi. Wir fahren jetzt zum Harzhorn. Zwei Stunden wird es wohl dauern", sagte Loretta im Hinausgehen, Bernd schlenderte hinter ihr her.

Die Fahrt im Dienstwagen durch die Stadt fand Loretta wegen der vielen alten Fachwerkhäuser immer wieder schön. Wer aus einer im Krieg zerbombten Großstadt kommt, weiß ein wenig Mittelalterromantik zu schätzen. Auch die Strecke über Imbshausen und Echte, Lorettas Wohnort, bis zum Vogelberg, dessen östlichster Ausläufer das Harzhorn ist, war landschaftlich reizvoll. Nicht zu vergleichen mit einer Fahrt durch Hannovers Nachkriegsbetonwüste.

Bernd blinkte links und bog von der B 248 auf den Feldweg ein, der zum Fundort der Leiche führte. Nach knapp 200 Metern hatte die Fahrt ihr jähes Ende. Die Schranke, die die Zufahrt in den Wald für Unbefugte versperrte, war geschlossen. Bei ihren vorherigen Tatortbesichtigungen hatte es keine Hindernisse gegeben. Loretta war noch nicht einmal die damals immer geöffnete Sperre aufgefallen.

„Mist! Das heißt mindestens einen Kilometer durch Matsch latschen." Bernd Eilsen nahm das Hindernis unwillig zur Kenntnis, stieg aus und öffnete den Kofferraum des Wagens. „Gummistiefel Fehlanzeige! Wo sind die Dinger denn? Die müssten hier doch irgendwo sein."

In Loretta stieg ein sanftes Unbehagen auf. Sollte sie die Stiefel bei sich zu Hause vergessen haben? Sie hatte sie nach einem Einsatz mitgenommen und reinigen wollen. Na gut, im Schuppen wurden sie wenigstens nicht wieder schmutzig.

„Gehen wir halt zu Fuß. Ich rufe Maxi an, dass es später als gedacht wird. Und nun Bewegung! Ach, fahr den Wagen besser an den Wegrand. Vielleicht kommt ja noch ein Holzlaster durch."
Der Weg den Berg hinauf war schlammig und von Pfützen durchsetzt. War eine Pfütze umgangen, landete der Fuß unweigerlich im Schlamm. Ein Ausweichen auf den Waldboden war wegen des dichten Bewuchses des Waldrandes nicht möglich.
Nachdem Lorettas und Bernds Schuhe vollends schmutzig geworden waren, gingen sie unbeschwerter voran. Dreckiger als dreckig konnten die Schuhe nun auch nicht mehr werden. Kurz vor dem höchsten Punkt der Anhöhe kamen ihnen drei ältere Männer in zünftiger Wanderkleidung entgegen. Nach einer kurzen, eher flüchtigen Begrüßung kamen sie ins Gespräch. Harzhorn, Römerschlacht und die Wetteraussichten für die kommenden Tage wurden angesprochen. Einer der Männer erwähnte einen rostigen Klappspaten, den sie in einiger Entfernung am Rand einer Schonung gesehen hatten. Loretta und Bernd warfen sich einen Blick zu. Sollte das die Tatwaffe sein? Eher unwahrscheinlich, denn die Spurensicherung hatte das Gelände weiträumig abgesucht. Und auf die Jungs war Verlass. Aber trotzdem wollten sich die beiden Kripobeamten das Gerät einmal ansehen. Sie ließen sich den Fundort genau beschreiben, verabschiedeten sich und gingen in die angegebene Richtung. Vorbei an der Mordstelle, die immer noch mit rot-weißen Flatterbändern abgesperrt war, entlang an einigen Waldstücken, in denen teilweise noch die Spuren der Grabungen der Archäologen zu sehen waren, bis zu der beschriebenen Schonung. Im halbhohen nassen Gras waren die Spuren der drei Wanderer zu sehen, von Ferne war auch schon die Stelle zu erkennen, an der sie stehengeblieben waren. Das Gras war dort niedergetreten. „Und wieder sind Spuren verwischt", sagte Bernd. Loretta nickte und ging mit ihm in den Trittspuren der Männer bis zu diesem Fleck und sah sich um. In etwa zwei Metern Entfernung lag, halb unter einer jungen Fichte verborgen, ein olivgrüner Klappspaten.
„Da muss die Spurensicherung noch einmal her. Ich glaube, an der linken Seite hängt ein Haarbüschel. Und Rost ist das auch nicht", sagte Loretta, während sie ihr Handy zückte und Maxi anwählte.

„Hallo, meine Liebe. Zwei dringende Sachen. Erstens müssen unsere Spürhunde hier wieder aktiv werden und zweitens ist da irgendwo jemand, der den Wald abgeschlossen hat. Hier gibt es so eine dämliche Schranke, die die Zufahrt in den Wald sperrt. Bernd und ich haben uns unsere Schuhe ruiniert. Nasse Füße habe ich auch schon. Sieh bitte zu, dass du den Schlüssel für das Ding bekommst. Aber pronto!"

„Hetzen kann ich mich selbst, meine Liebe. Und was den Schlüssel angeht, der liegt hier bei mir auf dem Schreibtisch, ich gebe ihn der Spurensicherung mit. So ein kleiner Waldspaziergang schadet euch Frischluftmuffeln bestimmt nicht. Sieh zu, dass du trockene Füße kriegst. Ich möchte heute Abend nicht neben einer schniefenden Tropfnase im Theater der Nacht sitzen! Bis dann."

Maxi trennte die Verbindung und organisierte den erneuten Einsatz der Spurensicherung am Harzhorn.

„Hier hätten wir mit einer Hundertschaft suchen können und den Spaten doch nur per Zufall gefunden. Das Gelände ist einfach zu weitläufig. Gehen wir zurück und sehen uns den Abhang nochmals an." Bernds Feststellung war nichts hinzuzusetzen, und so gingen sie wieder zurück zum Waldweg. Die Schuhe sahen nun halbwegs sauber aus, aber das sollte sich schnell wieder ändern.

„Stell dich bitte mal in das Loch", sagte Loretta als der Tatort erreicht war, „wir wollen den Tathergang nachspielen."

Bernd stieg in die Vertiefung am Hang und stand im Nu bis zu den Knöcheln im Matsch. „Danke für deine guten Einfälle", knurrte er, sich unsicher an einem Baumstamm abstützend. „Was soll nun werden?"

Loretta ging nachdenklich einige Schritte zurück und besah sich die Szenerie.

„Der kann nicht in dem Loch gestanden haben. In dem hat er ja etwas gesucht. Also ober- oder unterhalb. Und so wie er den Schlag erhalten hat, muss seine Stellung eher gebückt gewesen sein. So, als ob er etwas aus der Erde gezogen hätte. Damit ist ein großer Täter nicht ausgeschlossen, es könnte aber auch eine kleinere Person von hier oben zugeschlagen haben", spekulierte Loretta.

Es fehlte ihr immer noch ein Teil des Puzzles. Etwas war nicht da, aber was? Sie rekapitulierte, was sie über das Schlachtfeld und seine Entdeckung wusste. Maximinus Thrax, Soldatenkaiser, anno 235 n. Chr. auf Feldzug gegen die Germanen, auf dem Rückmarsch nach Mainz, von Norden kommend, Sperrung des Passes durch die Germanen, Gemetzel. Das waren die geschichtlichen Fakten. Entdeckt wurde dieser Platz von zwei Sondengängern. Sonden, Metalldetektoren? Wo war das Suchgerät des Professors? Kaum anzunehmen, dass er hier auf gut Glück im Erdboden herumgestochert hatte. Benutzte er ein eigenes Gerät oder lieh er es sich von ... Ja, von wem?

In diesem Moment klingelte Lorettas Handy. „Du, ganz kurz. Wir hatten vorhin einen Anruf vom Hotel Sonne. Die vermissen seit zwei Tagen einen Gast. Die Beschreibung passt auf unser Opfer. Laut Anmeldung Italiener aus Verona. Sein Gepäck ist noch auf dem Zimmer, deshalb haben sie sich nicht früher gemeldet. Hätte ja auch sein können, dass er sich eine lustige Nacht in Göttingen oder sonst wo gegönnt hatte. Ach ja, die Übersetzung des Schreibens haben wir auch schon. War ein interessanter Knabe, dieser Professor. Macht es hübsch ihr beiden." Ohne dass Loretta antworten konnte, hatte Maxi das Gespräch beendet.

„Wir weisen noch die Spurensicherung ein und fahren dann nach Northeim. Unser Kunde hat in der Sonne logiert." Der Zimmerschlüssel! Loretta überlegte, ob unter den Hinterlassenschaften des Italieners auch ein Schlüssel des Hotels Sonne gewesen war. Allem Anschein nach nicht. Nun waren es schon zwei Gegenstände, die in diesem Fall fehlten. Ein, zugegeben hypothetisches, Metallsuchgerät und ein Zimmerschlüssel. Wobei wenigstens die Tatwaffe möglicherweise aufgetaucht war.

Loretta und Bernd warteten auf die Kollegen und gaben sich wortkarg der Pflege ihres Schuhzeuges hin. Nach einiger Zeit hörten sie den Geländewagen für Spezialeinsätze den Waldweg emporkommen. Nach kurzer Begrüßung quetschten sie sich auf die vollgepackte Rückbank des Fahrzeuges und wiesen den Kollegen den Weg. Vom Rand der Forststraße aus zeigten sie ihnen den Fundplatz und bestanden dann darauf, zu ihrem Wagen gefahren zu werden. „Ein bisschen Bewegung täte euch aber auch gut", sagte grinsend der Fahrer und sah dabei auf ihr derangiertes Schuhwerk.

Auf der Rückfahrt nach Northeim hielten sie in Echte vor Lorettas kleinem Fachwerkhaus. Sie brauchte unbedingt trockene Schuhe und Strümpfe, ein Abend mit tropfender Nase musste nicht sein. Auch für Bernd fand sich ein Paar trockener Wollsocken.

„Hast du auch Hunger? Ich könnte eine Currywurst mit Pommes vertragen." Ihr Partner nickte, und so machten sie sich auf den kurzen Weg in den wenige Häuser entfernten Imbiss. Tasso saß allein in seinem Etablissement und vertrieb sich die Zeit mit einer Patience. Die Currywürste mit Fritten waren schnell zubereitet und fast ebenso schnell verspeist. Ob Tasso seinen Stammgästen von ihrem Begleiter erzählen würde? Loretta nahm sich vor, Bernd als festen Freund zu etablieren. Das hielt vielleicht andere ab, Interesse an ihr zu bekunden.

Der Aufenthalt hatte nur kurz gedauert, und eine Stunde nachdem sie das Harzhorn verlassen hatten, parkte Bernd den Wagen vor dem Hotel Sonne. An der Rezeption saß ein Mann mit markanten Gesichtszügen, sonnengebräunt und sehr modisch gekleidet. Bernd steuerte auf ihn zu, umarmte ihn und verteilte Wangenküsschen. „Alf, das ist meine Chefin, Hauptkommissarin Bertolucci, wir kommen wegen des Italieners. Loretta, das ist Alf." Das also war Alf, von dem ihr Bernd in stiller Stunde vorgeschwärmt hatte. Geschmack konnte den beiden nicht abgesprochen werden. Aber sie wollte jetzt keine Schönlinge bestaunen, sie war hier, um einen Fall zu lösen.

„Können wir den Schlüssel zu dem Zimmer Ihres Gastes haben? Aber zunächst sind da noch einige Fragen." Loretta wollte fortfahren, wurde aber von Alfs Entsetzensruf unterbrochen.

„Bernd, deine teuren Schuhe, was hast du getan? Und Wollsocken, wieso Wollsocken? Die passen doch gar nicht!"

Entschuldigend sah Bernd Loretta an und zuckte die Achseln. „So ist er nun mal." Dann, zu Alf gewandt: „Das klären wir heute Abend. Wir sind hier bei der Arbeit und nicht auf dem Laufsteg." Nach den letzten Worten drehte er sich wieder zu Loretta und nickte. Die nahm die Aufforderung, endlich ihre Fragen zu stellen, dankend an und betete Alf den üblichen Fragenkatalog vor. Wann angekommen, bedrückt, heiter oder was sonst, Besucher empfangen, Telefonate, Briefe, Nachrichten erhalten, für wie lange eingemietet? Gab es jemanden vom Personal, der Kontakt zu dem Italiener hatte? Unergiebiger konnten Antworten nicht ausfallen. Zu dem Gast gab es, außer dass er ausgeblieben war, keine auffälligen Beobachtungen. Eingemietet hatte er sich für eine Woche und hatte bereits bezahlt. Nach Erhalt des Generalschlüssels gingen die beiden Kriminalisten in den ersten Stock und öffneten die Zimmertür. Der unerwartete Anblick des total verwüsteten Raumes ließ sie im Eingang verharren. Die Bettwäsche lag abgezogen auf dem Fußboden, gleich neben der aufgeschlitzten Matratze. Sämtliche Gepäckstücke waren ausgeleert und deren Inhalt ebenfalls auf dem Fußboden, aber auch auf Tisch und Stühlen verteilt. Die Futter der Koffer aufgeschnitten und herausgerissen. Im Bad lag der Inhalt der Kulturtasche verstreut herum. Eine Zahnpastatube zertreten, der Inhalt seitlich herausgequollen.

Hier hatte kein Zimmermädchen aufgeräumt, also musste dieses Durcheinander nach dem morgendlichen Raumservice angerichtet worden sein. Die Spurensicherung würde Überstunden machen müssen. „Rufe bitte die Jungs am Harzhorn an. Wenn sie da fertig sind, können sie gleich im Hotelzimmer unseres Professors weitermachen. Sieht übel aus hier." Loretta konnte sich darauf verlassen, dass Maxi den Auftrag prompt ausführte. „Und hole bitte das Kleid aus meinem Wagen. Hier dauert es noch eine Weile. Ich ziehe mich im Büro um. Wir wollen doch heute Abend nicht die Regentrude verpassen. Tschüs."

Nun galt es erst einmal herauszufinden, wann der ungebetene Besucher das Zimmer verwüstet haben konnte, ob etwas fehlte und vor allem, wer sich hier Zugang verschafft hatte. Loretta versiegelte den Raum und ging zurück an die Rezeption. Bernd machte sich, nachdem er die Autoschlüssel abgegeben hatte, auf den Weg ins Büro. Er wollte die Hinterlassenschaften des Italieners, Bekleidung, Tascheninhalte und das Innere des Alfa, der in einer verschlossenen Garage auf dem Polizeigelände stand, noch einmal gründlich durchsehen. Auch das übersetzte Fax sollte nun endlich gelesen werden. Vom Hotel bis zum Amt war es ein kurzer Spaziergang von gut zehn Minuten. Durch die schöne, von Fachwerkhäusern gesäumte Breite Straße, vorbei an einem Fachwerkgebäude, dessen größten Teil das Museum mit seinem berühmten Höckelheimer Münzschatz einnahm. Die erste Erwähnung dieses Hauses erfolgte in einer Urkunde von 1478 als Hospital St. Spiritus. Dann weiter am alten Friedhof und Relikten der Stadtmauer entlang. Nach Überquerung der Bahnhofstraße, unter Umgehung des Katasteramtes, befand Bernd sich bereits auf dem Polizeigelände. Er ließ sich die Plastikbeutel mit dem Tascheninhalt des Tarnanzuges aushändigen, quittierte die Übernahme und ging in Lorettas Büro, um die Sachen durchzusehen. „Kaffee?", fragte Maxi, nachdem er die Tür zum Flur geschlossen hatte. Bernd nickte und setzte sich hinter den Schreibtisch. Der Inhalt der Asservatenbeutel entsprach dem, was Männer normalerweise in ihren Taschen beherbergen. Portemonnaie, Kamm, loses Kleingeld, Taschentuch (aus Tuch, keine Papiertücher!), Notizbuch, Kugelschreiber, Schlüsselbund. In Gedanken versunken hielt Bernd das Büchlein in der Hand. Alles hatten sie bereits untersucht, jede Seite des Notizbuches angesehen und keinen Hinweis auf Kontakte in Northeim und Umgebung gefunden. Einige Verweise auf in Italienisch erschienene Bücher, von denen sich zwei im Kofferraum des Wagens befunden hatten. Zunächst eine Biographie des Kaisers Maximinus Thrax und die zerlesene Paperbackausgabe der Texte des Geschichtsschreibers Herodian. In diesem Buch waren einige Zeilen mit Leuchtstift gekennzeichnet. Leider für niemanden im Kommissariat zu verstehen, da auf Italienisch. Türkisch wäre kein Problem gewesen, Kroatisch auch nicht, ebenso wenig wie Griechisch. Italienisch war ein weißer Fleck auf der Landkarte der Sprachen in der Polizeiinspektion. Während Bernd sich Gedanken über mangelnde Fremdsprachenkenntnisse machte, kam Loretta im Hotel der Andeutung einer Spur näher. Die Befragung Alfs ergab den Zeitrahmen, in dem der Zimmerservice die Räume herrichtete. Die Befragung des Personals brachte sie auch nicht weiter. Aber es fehlte ein Mann, der als Mädchen für alles im Hause tätig war, kleinere Reparaturen ausführte, Einkäufe und Besorgungen für die Gäste machte, zur Not auch die Wagen wusch oder die Blumenrabatten vor dem Gebäude in Ordnung hielt. Karsten Seuler, so sein Name, gerade 25 Jahre alt geworden, seit gut zwei Jahren für das Hotel beschäftigt. So wie Alf ihn beschrieb, war er ein fröhlicher, meist ausgeglichener

Typ. Nicht allzu kontaktfreudig, aber doch für Späße zu haben. Er hatte sich im Hotel selbst nichts zuschulden kommen lassen und galt als zuverlässig. Hatte allerdings schon eine mehrmonatige Gefängnisstrafe für eine Einbruchsserie abgesessen. Dies allein wäre natürlich kein Grund gewesen, ihn mit dem Fall in Verbindung zu bringen, aber sein Verschwinden lenkte den Verdacht doch in diese Richtung. Zumal er sich im Haus hatte frei bewegen können, Zugang zu allen Schlüsseln hatte und genau wusste, wann das Reinigungspersonal die Zimmer herrichtete.

Während Loretta ihre nächsten Schritte, die Fahndung nach Seuler, Durchsuchung seiner Wohnung, Ermittlungen im Umfeld, durchdachte, meldete sich Bernd auf ihrem Handy. „Du, ich habe hier eine Bezugsperson in Northeim, Karsten Seuler, der hat regen Email-Verkehr mit unserem Professor gehabt."

„Und ist abgehauen!", unterbrach Loretta seinen Redefluss. „Ich komme ins Büro. Du kannst schon einmal mit dem, was du hast, die Fahndung einleiten."

Auf der Dienststelle angekommen, blickte Loretta verwundert auf Maxis aufgeräumten Schreibtisch mit dem ausgeschalteten Computer. „Ist was mit ihr?", fragte sie Bernd. Der sah sie verwundert an und zeigte auf seine Armbanduhr. „Die ist seit einer Stunde weg. Normale Menschen kennen das Wort Feierabend, ganz im Gegensatz zu uns."

„Hast du die Fahndung herausgegeben? Mein Gott, ich muss noch Haare waschen, mich umziehen und zurechtmachen. Schaffe ich das noch? Ein Durchsuchungsbefehl für die Wohnung von Seuler wäre auch nicht schlecht. Das machen wir morgen. Wo ist meine Handtasche? Wie viel Zeit habe ich noch?"

„Fahndung ist raus, ich konnte sogar ein halbwegs klares Foto mitgeben. Ich hatte per Zufall ein Bild von Alf und dem Hotelpersonal dabei, da ist der Seuler mit abgebildet. Das schaffst du noch. Den Durchsuchungsbefehl habe ich schon angefordert, wo deine Tasche ist, weiß ich nicht, die Zeit reicht noch. Sind deine Fragen hiermit ausreichend beantwortet? Ich gehe jetzt nach Hause. Macht euch einen schönen Abend im Theater. Tschüss."

Ohne weitere Antworten oder Fragen abzuwarten, ging Bernd durch das Vorzimmer und machte sich auf den Heimweg. Loretta blickte auf ihre Uhr, seufzte und holte Haarwaschmittel und Föhn aus einer Schreibtischschublade. Nun aber schnell in den Waschraum und sich für den Abend schick gemacht! Seit Wochen schon hatte sie sich darauf gefreut, dieses ungewöhnliche Gebäude mit seinem wie eine Mütze schief aufgesetzten Turm und den an den Außenwänden angebrachten Nasen und Ohren auch einmal von innen zu sehen. Und auch die Vorstellungen mit ein oder zwei Akteuren und den großen Holzfiguren fanden augenscheinlich beim Publikum Anklang. Das Haus war auf Wochen hinaus ausverkauft. Maxi hatte sich so sehr um Karten bemüht, Loretta würde sie nicht enttäuschen und außerdem – irgendwann musste Feierabend sein. Den Bluthund aus Film und Fernsehen, der nicht ruhte, bis der Täter ins Netz ging, gab Loretta nicht. Einsatz, natürlich, viel Einsatz, selbstverständlich! Viel mehr Stunden als im Dienstplan vorgegeben, kein Thema. Aber es galt eine Grenze zu ziehen, zu viel Arbeit und zu wenig Ruhe waren auf Dauer nicht gesund. Wie hatte ihr Ausbilder immer gesagt? „Lass ruhig angehen. Ganz ruhig."

Ruhe konnte aber jetzt nicht einkehren. Das gewaschene Haar wollte getrocknet werden, und in ihr Abendkleid musste sie sich auch noch hineinzwängen. Während sie das Haar föhnte, machte Loretta sich Gedanken zum weiteren Vorgehen in dem Mordfall. Zunächst wollte sie das Schreiben der italienischen Kollegen durcharbeiten. Dann würde morgen der Bericht der Spurensicherung zu Klappspaten und verwüstetem Hotelzimmer vorliegen. Das Fax kann ich mir auch zu Hause durchlesen, so spät wird es heute nicht, dachte sie, während sie sich in ihr Kleid hineinzwängte. Mehr Sport oder weniger Pommes?, fragte sie sich, als das Kleid nach größten Anstrengungen endlich angezogen und zurechtgezupft war. Sie musste unbedingt einige Kilo abspecken. Aber wie und wann? Das Make-up war schnell aufgetragen, und sogar das Handtäschchen fand sich in der untersten Schreibtischschublade an.

Loretta stopfte die ausgezogenen Kleidungsstücke in eine Plastiktragetasche, nahm die Übersetzung aus der Aktenmappe und legte sie auf die Bekleidung, löschte das Licht und verließ das Büro. Sie würde die kurze Strecke von der Teichstraße bis zum Theater der Nacht mit ihrem Auto zurücklegen und zu Maxis Freude endlich einmal pünktlich sein. Gerade als ihre Hand im Flur zum Lichtschalter ging, flammte die Beleuchtung auf. Schritte hallten durch den Gang und unvermittelt stand Dr. Wiefelspütz vor ihr. Loretta verabschiedete sich innerlich bereits vom gemütlichen Theaterabend und wappnete sich, um den zu erwartenden Fragen des Chefs begegnen zu können. „Abend, Frau Bertolucci. Fein, fein. Ihr macht Fortschritte. Fahndung, Tatwerkzeug. Es geht voran. Weiter so! Hätte mich gerne mit Ihnen über den Fall unterhalten, leider keine Zeit. Verpflichtungen, Sie verstehen? Einen schönen Abend noch." Er reichte seiner Untergebenen die Hand und war, bevor das Licht im Flur wieder ausging, verschwunden. Lob vom Chef. Wofür? Loretta schaute verwundert in die Richtung, in die Wispütz verschwunden war. Bernd musste ihm einen mündlichen Bericht erstattet haben und hatte kein Wort davon erwähnt. Nicht gerade kollegial. Das kläre ich morgen, dachte sie und machte sich auf den Weg zu ihrem Wagen. Am Theater der Nacht angekommen, beanspruchte sie zunächst das leidige Thema der Parkplatzsuche. Vor dem Gebäude waren alle Plätze besetzt. Loretta umrundete die St. Sixti Kirche und parkte auf dem Platz vor dem Gotteshaus.

Maxi erwartete sie am Theatereingang, umarmte sie und zischelte ihr dabei ins Ohr: „Gerade noch geschafft, der Einlass hat schon begonnen. Knapper geht es nun wirklich nicht!" Sie betraten das Foyer, und Loretta konnte nun endlich den interessant dekorierten Vorraum bestaunen. Im ganzen Raum standen, hingen, schlängelten die Wände hinunter, kauerten sich die absonderlichsten, fantasievoll gestalteten Figuren.

Alles Darsteller vergangener Aufführungen. Meist kunstvoll aus Holz geschnitzt, teilweise aber auch aus Styropor oder Pappmaché gefertigt. Dazwischen, locker verteilt, einige Sitzgruppen. Eine Kaffeetheke gab es auch. Rechts davon der Eingang zum Theaterraum. Nachdem Loretta und Maxi Platz genommen hatten, erlosch auch schon das Licht, und die Vorstellung begann. Loretta versenkte sich in das Geschehen auf der Bühne und genoss die Aufführung. Der Harzhornfall trat in den Hintergrund. Viel zu schnell kam die Pause. Die beiden Frauen genehmigten sich im überfüllten Foyer ein Gläschen Sekt. „Aber nur eines. Ich muss

noch nach Echte fahren", musste Loretta Maxi bremsen, die scheinbar in Spendierlaune war. „Ich nehme aber noch 'nen Schluck",
sagte die Sekretärin und bestellte sich ein weiteres Glas. Dabei
plapperte sie fröhlich über das Stück, Mode, das Wetter und die
anderen Theaterbesucher. Über den Mordfall fiel kein Wort. Loretta war dankbar dafür. Abstand gewinnen, nicht immer die Nase
auf der Fährte haben; auch so ein Spruch aus ihrer Ausbildung.
Nach der Vorstellung hatten die beiden noch Hunger und gingen
die wenigen Meter in die Stadt. Auch beim Essen wurde nichts
Dienstliches besprochen. Loretta fühlte sich herrlich entspannt.
Nach einer gemütlichen Plauderstunde verabschiedeten sich die
Frauen, und die Hauptkommissarin fuhr nach Hause. Auf der
Fahrt schon stieg der Fall in ihren Gedanken wieder auf. Sie würde
sich die Übersetzung noch heute Abend durchlesen. Es könnte
sein, dass der Inhalt ihre morgigen Entscheidungen beeinflusste.
An ihrem Haus angekommen, nahm sie den Plastikbeutel vom
Rücksitz, schloss den Wagen ab und die Haustür auf. Eigentlich
hatte sie noch Appetit auf ein Bier. Unentschlossen stand sie im
Hausflur. Abnehmen kann ich auch ab morgen; sagte sie zu sich,
entnahm Fax und Alltagskleidung der Tragetasche und zog sich
nochmals um. Das Schreiben in der Hand, machte sie sich auf den
Weg in den Imbiss.
„Komm ich gleich!", rief Tasso in seinem gebrochenen Deutsch, als
Loretta sich an einen freien Tisch setzte. Er bediente am Tresen
zwei weitere Gäste. Und ging dann nach hinten, um einen neuen
Bierkasten zu holen. Viel los war nicht an diesem Abend. Ein
Mann stand am Spielautomaten, und vier, fünf andere verteilten
sich an den übrigen Tischen. Tasso brachte ihr eine Flasche Bier
und ging zurück an den Tresen. Loretta trank und genoss den
kühlen Gerstensaft. Dann begann sie mit der Lektüre.
Die Übersetzung war vier Seiten lang und begann mit den Worten
„Professor Giuliano Gemma war an einer privaten Hochschule
Dozent für römische Geschichte. Er erfreute sich ..." Aus dem
Text ging hervor, dass der Professor ein angesehenes Mitglied der
Veroneser Gesellschaft gewesen war, er sich speziell auf die Erfor-
schung der Geschichte der Soldatenkaiser Roms konzentriert hatte,
selbst Ausgrabungen finanzierte und anscheinend ein besonderes

Faible für den ersten Soldatenkaiser, Maximinus Thrax, entwickelt hatte. Ledig, lebte in geordneten finanziellen Verhältnissen und hatte keine bekannt gewordenen sexuellen Auffälligkeiten. Seine nächste Verwandte war eine in Turin lebende, mit einem Fabrikbesitzer verheiratete Schwester. Diese würde, da wohl kein anders lautendes Testament vorlag, die Alleinerbin sein. Ein Mord, der in der Familie begründet war, schien hiermit ausgeschlossen. Auf der Festplatte des Computers im Arbeitszimmer des Ermordeten gab es eine Datei, in der Berichte über die Schlacht am Harzhorn gesammelt waren. Ein Unterordner enthielt die E-Mail-Korrespondenz des Professors mit Karsten Seuler. Einige E-Mails waren wörtlich wiedergegeben. Der Professor beherrschte offensichtlich die deutsche Sprache. Er hatte sich genau über die Gegebenheiten am Harzhorn informiert. Die Internetanschriften von Sondengängerseiten wurden ausgetauscht und die Vorzüge und Nachteile einzelner Metalldetektoren diskutiert. Es schien, als habe der Veroneser Anschluss an die hiesige Sondengängerszene gesucht. In einem der letzten Schreiben erwähnte Seuler einen Bekannten, der Fundstücke vom Schlachtfeld besaß. Dass diese Stücke nur illegal beschafft sein konnten, musste dem Historiker klar gewesen sein. Auch in Italien darf nicht einfach auf einem Bodendenkmal gesucht und vor allen Dingen kein Gegenstand entfernt werden. Loretta nahm einen weiteren Schluck aus der Flasche. Ganz so ehrbar ging es also auch bei dem Herrn Professor nicht ab. Als Wissenschaftler an solchen Machenschaften teilzuhaben hätte, im Entdeckungsfalle, ein jähes Ende seiner Karriere bedeuten können. Aber vielleicht sah man das in Italien nicht so. Loretta dachte in diesem Zusammenhang an den derzeitigen italienischen Staatspräsidenten und seine Sexaffären.

Das Handy läutete, ein Blick auf das Display ließ sie erkennen, dass der Anruf von Bernd kam. „Na, Kleine, hast du einen schönen Abend gehabt? Ich kann dir hier etwas Schönes bieten. Eine frische Leiche, noch warm. Rate, wer es ist."

„Seuler", sagte sie „der Einzige, der Kontakt zu Gemma hatte. Oder wer sonst?"

„Hättest Hellseherin werden sollen", antwortete Bernd, „und nun rate bitte noch einmal, wo er gefunden wurde."

„Harzhorn?", kam die unsichere Aussage.

„Daneben! Wird wohl doch nichts mit der Karriere als Hellseherin. Im Gebüsch hinter dem Theater der Nacht. Ein Pärchen wollte es sich dort gemütlich machen und stolperte über den Toten. Sehen wir uns gleich?"

„Bin schon unterwegs", sagte Loretta, stand auf, winkte Tasso kurz zu und verließ, ohne zu bezahlen den Imbiss und ging zu ihrem Wagen. Der bisher so schöne Abend war ihr gründlich verdorben.

Die Strecke nach Northeim war in zehn Minuten bewältigt, die Fahrt durch die nächtliche Stadt bei ausgeschalteten Ampeln und geringem Verkehrsaufkommen schnell abgetan. Und knapp 15 Minuten nach dem Anruf parkte Loretta neben einem Polizeifahrzeug. Erhellt wurde die Szenerie durch aufgestellte Tiefstrahler. Hinter der Polizeiabsperrung standen, trotz der späten Stunde, etliche Schaulustige, die auch einmal „Polizeiruf 110" live miterleben wollten. Loretta ging an den Leuten vorbei, bückte sich unter dem Flatterband der Absperrung hindurch und trat zu Bernd. Im Hintergrund, außerhalb der Absperrung, stand ein Mann und machte Fotos. Presse! Mit dem Herrn würde später noch zu reden sein.

Ein Blick auf den Leichnam ließ erkennen, dass Fundort und Tatort nicht identisch sein konnten. Karsten Seuler lag auf dem Rücken, die Arme leicht abgewinkelt, so wie Kinder, die im Neuschnee einen Schneeengel ausformen wollten. Ausgehend von seinen Schuhen gab es auf dem Boden zwei Schleifspuren, die bis an den gepflasterten Weg reichten. Der Arzt hatte die Leiche bereits untersucht und konnte schon relativ genaue Aussagen treffen. „Der Tod muss etwa gegen 23:30 Uhr eingetreten sein. Ein betäubender Schlag mit einem stumpfen Gegenstand auf den Hinterkopf und anschließend Erdrosselung. Die Strangulationsmale am Hals sind eindeutig. Der Täter muss größer als das Opfer gewesen sein, der Schlag traf von oben auf den Hinterkopf. Die Obduktion werde ich heute gegen 10:00 Uhr vornehmen. Gute Nacht."

Loretta nickte und sah auf ihre Armbanduhr. „Schon nach Mitternacht. Bernd, was haben wir noch? Tascheninhalt, sonstige Spuren?"

„Die Spurensicherung ist fertig. Sie haben Abdrücke von Fußspuren genommen, weiter nichts Interessantes. Wir können die Leiche abtransportieren lassen. Die Wohnungsschlüssel habe ich. Ich denke, wir sehen uns einmal in seiner Bleibe um."

Im Hintergrund entdeckte Loretta den Reporter, der hektisch in sein Handy sprach, sie deutete Bernd an zu warten und ging auf den Pressemann zu. „Wir haben schon Redaktionsschluss, keine Bange, heute können wir den Fall nicht bringen", wehrte der Journalist die mit drohendem Blick auf ihn zukommende Kriminalistin ab. „Gibt es einen Zusammenhang mit dem Harzhorn-Mord? Frau Kommissarin, können Sie uns schon Näheres zu dieser Mordserie sagen?" „Wenn schon, dann Hauptkommissarin. Mordserie scheint mir doch weit hergeholt zu sein. Nein, wir stehen noch am Anfang der Ermittlungen. Falls wir Resultate erzielen, werden Sie natürlich der Erste sein, den wir informieren." „Ihr Wort in Gottes Ohr!" Mit diesen Worten drehte sich der Mann um und verschwand hinter den Zaungästen. „Und ihr, liebe Leute, könnt auch nach Hause gehen, die Vorstellung ist vorbei!" Gerade in diesem Moment traf der Leichenwagen ein, und es entstand eine gewisse Stille unter den Gaffern. Hinter als Sichtschutz vorgehaltenen Decken wurde der Tote zum Transport in die Praxis des Gerichtsarztes in den mitgebrachten Sarg gelegt. Der Leichenwagen fuhr ab.

„Nun zu uns", fauchte Loretta den verdutzten Bernd an, „wie kannst du es wagen, Wispütz einen Zwischenbericht zu geben, ohne mich zu informieren? Dann kannst du ja gleich den ganzen Fall übernehmen. Reife Leistung!" Ihr Kollege war sich keiner Schuld bewusst, spazierte doch Wiefelspütz, als Bernd bei der Lektüre der Übersetzung war, in das Büro und hatte Fragen zu dem Fall gestellt.

„Mensch, der Chef hat mich gefragt, da musste ich ihm doch antworten. Ich habe dir übrigens auf die letzte Seite der Übersetzung eine entsprechende Notiz geschrieben. Hast wieder einmal nicht alles gelesen, oder?", aggressiver als gewollt hatte Bernd den Satz ausgesprochen.

„Komm, wir sehen uns jetzt die Bude von dem Seuler an. Und dann ist Feierabend. Wo wohnte der Mann überhaupt?" Loretta

111

hatte sich wieder beruhigt und versuchte, ihre vorherige Bemerkung abzumildern.

„Gleich um die Ecke, in der Schillerstraße, muss so eine Villa aus der Gründerzeit sein. Da gab es früher unter dem Dach die Gesindestuben. Die Räume sind heutzutage meistens zu einer Wohnung zusammengelegt und vermietet."

Das Haus, in dem Seuler seine Wohnung hatte, entpuppte sich in der Tat als ein Gebäude vom Anfang des 20. Jahrhunderts. Zur Straße hin mit einem gepflegten Vorgarten. Bernd kramte das Schlüsselbund aus seiner Jackentasche und suchte nach einem passenden Schlüssel. Bewohnt wurde das Haus von vier Parteien. Seuler hatte den obersten Klingelknopf, es war zu erwarten, dass seine Wohnung unter dem Dach lag. „Der Berg ruft", sagte Bernd mit einem schiefen Grinsen und hielt Loretta die Tür auf. „Hoffentlich halten uns die Bewohner nicht für Einbrecher. Wenn doch, haben wir die Kollegen von der Wache am Hacken." Zügig stiegen die Beamten in das zweite Stockwerk hinauf. „Nur eine Tür. Hatte der etwa die ganze Etage für sich alleine? Soll ich klingeln? Falls jemand in der Wohnung ist, könnte es zu Missverständnissen kommen." Schon während er sprach, legte Bernd einen Finger auf den Klingelknopf und drückte ihn. Nach einer Weile wiederholte er den Vorgang. Hinter der Tür rührte sich niemand. Nachdem sie geöffnet war, überprüften Loretta und Bernd zunächst die links und rechts von dem mittig liegenden Flur abgehenden Räume. Keine Menschenseele, kein Hund, keine Katze und auch kein Wellensittich. Die Möblierung war einfach aber geschmackvoll zusammengestellt. In einem Raum, Bernd nannte ihn spontan Arbeitszimmer, fanden sie zwei Metalldetektoren, auf dem Schreibtisch einen Computer und einen Laptop. An den Wänden hingen großformatige Karten der näheren Umgebung. Darunter auch eine vom Vogelberg, auf der mit einem dicken roten Pin der Fundort am Harzhorn markiert war. An einer Wand ein Regal mit Büchern. Vorwiegend geschichtliche Literatur, darunter das Bernd bereits bekannte Buch des römischen Geschichtsschreibers Herodian. Die Durchsicht der Schreibtischschubladen und der auf einem Beistelltischchen liegenden Papiere brachte keine neuen Erkenntnisse.

„Nimm du dir den Computer vor, ich sehe mir den Laptop an. Hoffentlich hat Seuler keine Passwörter benutzt. Ich bin zu müde zum Rätselraten", sagte Loretta und startete den kleinen Rechner. Nachdem die Geräte hochgefahren waren, ging die Suche in den Dateien los. Es gab Ordner mit Bildern von Fundstücken, Sammlungen von Seiten aus dem Internet, die Fundstücke und Fundplätze beschrieben. Auch eine Sammlung von pornografischen Fotos nahm Loretta zur Kenntnis. Kerls, dachte sie nur und hatte damit ihren Unwillen kundgetan.

„Bingo!", rief Bernd, „ich habe es! Der hat Tagebuch geführt, und was denkst du wohl, was er am Mordtag notiert hat? Ach, lies es selbst."

Loretta setzte sich auf den von ihrem Kollegen freigemachten Bürostuhl und las:

Heute ist Scheiße passiert. Klaus und ich sind mit dem Italiener zum Harzhorn gefahren. Der mit seiner eigenen Karre, und wir mit dem Wagen von Klaus vorweg. Hatten uns mit dem Prof gezofft. Der wollte plötzlich nicht mehr löhnen. Haben uns schließlich aber doch geeinigt. Auszahlen wollte er uns aber erst, wenn ein guter Fund gemacht wurde. Er zeigte uns die Kohle. Dachte wohl, dass wir dann eifriger suchen würden. Auf'm Harzhorn war Klaus immer noch sauer auf den Prof. Wir suchten 'ne Weile und hatten am Hang ein super Signal. Kein Eisenschrott, Edelmetall. Das Gerät vom Prof ist ein Romano 350, das Beste was es gibt. Ganz neu das Teil. Der kann Schrott und Edelmetall unterscheiden, Gold sowieso und zeigt auch die Tiefe an.
Der Prof fing am Hang an zu buddeln. Ich war ein Stück weg. Da sehe ich, wie Klaus seinen Spaten hebt und dem Prof voll auf den Schädel knallt. Es knackte laut, und das war's dann. Wir nahmen dem Kerl die Kohle ab. Klaus schnappte sich den Romano, und dann sind wir weg. Den Klappspaten haben wir unterwegs weggeschmissen. War 'ne blöde Kiste. Klaus ist einfach zu nachtragend.

„Wie blöde muss man sein, um so etwas, egal ob auf Papier oder auf einer Festplatte zu dokumentieren. Ich denke, damit haben wir auch den Mörder von Seuler. Ich lese noch weiter, was ihm in den beiden vergangenen Tagen noch wert war zu notieren.

Versuche du doch bitte herauszubekommen, wer dieser ominöse Klaus ist. Es müsste sich ja um jemanden aus dem näheren Umkreis handeln." Loretta vertiefte sich wieder in den Text auf dem Bildschirm. Die letzten Einträge zeigten, dass Seuler nicht unbedingt Reue zeigte, aber doch gewaltige Angst vor der Aufdeckung des Mordes hatte. Er beschrieb, wie er das Hotelzimmer nach Hinweisen auf ihn oder Klaus durchsuchte und, als er hörte, dass die Kripo im Haus war, fluchtartig das Hotel verließ. Der letzte Eintrag war vom gestrigen Abend und lautete: Treffe mich gleich mit Klaus. Seuler war also noch in seiner Wohnung gewesen, als die Fahndung bereits lief. Warum er keinen Besuch der Kollegen der Wache erhielt, musste später im Amt geklärt werden. Auf jeden Fall hätte er bei rechtzeitigem Zugriff noch leben können.

„Holen wir uns den bösen Klaus!", sagte Bernd. „Die Adresse habe ich. Quer durch die Stadt, zum Schlachthausweg. Wir fahren mit meinem Wagen. Deinen können wir später abholen. Wir fordern Verstärkung an und schnappen uns den Kerl."

Loretta kam nach Hause, als es bereits hell wurde. Die Verhaftung war reibungslos verlaufen. Klaus Bremer legte ein volles Geständnis ab. Er war ein alter Bekannter auf den Gerichten in Südniedersachsen und kannte sich mit der Urteilslotterie aus. Frühzeitig Einlassungen zur Tat, möglichst ein reuiges Geständnis, und schon waren einige Jahre weniger abzubrummen. Eine gute Taktik, die aber auch den Ermittlern zugute kam. Knapp nach 6:00 Uhr hatte sich Loretta in ihr Bett gelegt. Jetzt war es schon kurz vor 17:00 Uhr. Zeit 'ne Currywurst mit Pommes zu essen und dazu ein kühles Bier zu trinken.

Wie eine Spinne im Netz

Katharina Rulff

„Ist er weg?"

Ich konnte sie in der Dunkelheit zwar nicht sehen, aber ihre Stimme verriet mir, dass sie am ganzen Leib zitterte.

Ich wollte ihr antworten, bekam jedoch keinen Laut heraus. Meine Kehle war wie zugeschnürt. Sogar das Atmen hatte ich vergessen, bis Annis verängstigtes Flüstern zu mir herüberdrang. Ich holte tief Luft, drehte mich um und versuchte aus meinem Versteck heraus etwas zu erkennen, doch die Nacht hatte den Wald tief umschlungen und ließ mich nur die Umrisse der nächsten Bäume erahnen.

Gerade wollte ich hinter dem Baum hervor- und zu Anni hinüberkriechen, sie in die Arme schließen und ihr versichern, dass wir in Sicherheit waren, da knackte ein Ast.

Wieder hielt ich den Atem an. Anni entfuhr ein Wimmern.

Es knackte noch einmal. Ich erstarrte vor Angst.

Er war immer noch hinter uns her.

Ich konnte seine Schritte hören...

Eigentlich hätte es der Sommer meines Lebens werden sollen.

Ich hatte gerade all meine Abschlussklausuren erfolgreich hinter mich gebracht und in meinem Kopf herrschte eine herrlich erfrischende Leere, da ich endlich wieder alles vergessen durfte, was ich mir in den letzten Monaten an Wissen angeeignet hatte.

Sobald ich meine letzte Klausur geschrieben hatte, radelte ich im Rekordtempo nach Hause, schnappte mir ein weißes Blatt Papier und einen Stift und setzte mich unter den großen Apfelbaum in unserem Garten. Voller Vorfreude auf die bevorstehende Zeit erstellte ich mir eine Liste meiner Sommerpläne, um ja nichts zu vergessen.

Entgegen meinem Motto „Carpe diem" würde ich in den nächsten Tagen erst einmal den Schlaf nachholen, der mir in mitternächtlichen Lernaktionen verloren gegangen war. In dieser Schlafanzugphase würde ich genug Kraft tanken für die anstehenden Partys, Shoppingtouren und Kinobesuche mit meinen Freunden, die das Leben jetzt genauso genießen wollten wie ich.

Bei dem Gedanken an den zweiwöchigen Italienurlaub mit meinem Freund, der auf jeden Fall der Höhepunkt meines Sommerplans werden würde, huschte ein Lächeln über mein Gesicht. Allerdings verflog dieses schnell wieder, da ich im gleichen Atemzug auch an den unangenehmen Teil meiner Ferien denken musste, und so schrieb ich widerwillig „arbeiten" mit auf meine Liste. Den Urlaub würde ich nämlich aus eigener Tasche bezahlen müssen.

Doch bis zu meinem Arbeitsbeginn im nahe gelegenen Edeka „Schnabel", hatte ich noch gut drei Wochen. In dieser Zeit würden das Abschlusszelten, die Zeugnisübergabe und der lang ersehnte Abi-Ball stattfinden, für den ich mir schon vor einigen Monaten ein wunderschönes rosenrotes Kleid gekauft hatte, das in meinem Schrank nur darauf wartete, getragen zu werden. Ich freute mich riesig auf die Feierlichkeiten, die meine Schullaufbahn gebührend beenden würden.

„Lauf Anni, lauf weiter!!!", schrie ich entsetzt, als die Schritte immer näher kamen und er nur noch wenige Meter von unserem Versteck entfernt sein konnte.

Ich sprang auf und schoss auf die Stelle zu, an der ich Anni vermutete. Ich wusste, dass sie es aus eigener Kraft nicht schaffen würde, und so umschlang ich ihren Oberkörper, um sie aufzurichten und gleichzeitig mit mir zu ziehen. Wir durften keine Sekunde länger hier verweilen.

Ich rannte und rannte, Annies Hand fest in der meinen. Das Blut rauschte mir in den Ohren, während ich versuchte, uns einen Weg durch das Laub und die umgekippten und stehenden Baumstämme zu bahnen. Ich hatte jede Orientierung verloren, doch solange ich den Atem unseres Verfolgers in meinem Nacken zu spüren meinte, war mir alles andere egal. Ich rannte so schnell ich konnte. So schnell, wie die Dunkelheit und der Wald es zuließen. Die Umgebung, die mir sonst immer so vertraut gewesen war, erschien mir auf einmal vollkommen fremd.

Wir liefen blind. Nicht einmal der Mond vermochte sich einen Weg durch die Baumkronen zu bahnen, um uns zur Hilfe zu kommen.

„Hilfst du mir bitte mal mit dem Zelt?", fragt ich Leon leicht genervt.

Nachdem ich ihm zu verstehen gegeben hatte, dass ich wohl mit dem Aufbau eines einfachen Zeltes allein zurechtkommen würde, hatte er sich auf seinen Campingstuhl zurückgezogen und die Füße hochgelegt.

Jetzt lachte er verschmitzt: „Ach? Ich dachte, das bekommst du alleine hin?!"

„Das dachte ich auch! Allerdings möchte das Zelt sich nicht von mir aufbauen lassen", erklärte ich ihm, ohne auch nur eine Miene zu verziehen.

Er legte den Kopf schief und lächelte mich an: „Wie heißt das Zauberwort?"

„Bitte, Leon!", bettelte ich.

Er stand auf, umschlang mich mit seinen Armen und gab mir einen Kuss. Währenddessen schob er mich langsam zu seinem Campingstuhl herüber und schubste mich sanft hinein.

„So, du setzt dich jetzt hier hin und schaust zu, wie der Meister das macht!"

„Pah, na dann mal los, du Meister.", erwiderte ich, während ich es mir in dem Stuhl gemütlich machte und meinen Blick über die Zelte der anderen schweifen ließ.

Die Stimmung war ausgelassen und allem Anschein nach wollte sich fast niemand aus unserem Jahrgang das Abschlusszelten entgehen lassen.

Getrieben von der Angst kämpften wir uns immer weiter durch den Wald. Meine Augen wollten sich einfach nicht an die Dunkelheit gewöhnen.

Äste schlugen mir ins Gesicht. Ich konnte das Blut auf meinen Lippen schmecken, spürte aber keinerlei Schmerzen.
Annie keuchte vor Anstrengung, hielt meine Hand aber mit aller Kraft umschlungen.

Der Campingstuhl, der mir soeben noch als wunderbarer Platz an der Sonne gedient hatte, kippte plötzlich nach hinten und ich verlor das Gleichgewicht. So gemein konnten nur zwei Menschen aus unserem Jahrgang zu mir sein, und da Leon vor meinen Augen immer noch mit dem Zelt beschäftigt war, konnte es nur Anni sein. Sie hatte ihre Arme um mich geschlungen und mich mitsamt dem Stuhl nach hinten gekippt.
„Da bist du ja, Fenja!", lachte sie zu mir herunter.
Doch bevor sie wusste, wie ihr geschah, zog ich ihr die Beine weg und sie verlor ebenso den Halt. So purzelten wir übereinander und konnten vor Lachen kaum noch Luft holen. Unsere Mitschüler warfen uns neugierige Blicke zu, doch störte uns das wenig. Wenn wir zusammen waren, war meine Welt einfach perfekt. So eine Freundin wie Anni gab es nur einmal auf der Welt.
Als wir uns wieder einigermaßen beruhigt hatten, blieben wir einfach im Gras liegen und spielten „Wolkenraten".
„Die Wolke da sieht aus wie ein Stern, findest du nicht?", fragte ich sie im fachmännischen Ton.

Wo waren die Sterne hin?
Meine Beine hatten sich schon so an das Rennen gewöhnt, dass ich mich nicht mehr allzu sehr auf meine Füße konzentrieren musste. Sie trugen mich wie von selbst. Ein Fuß jagte den anderen.
Ich konnte meine Gedanken einigermaßen sammeln, und so versuchte ich unsere Position auszumachen. Wir liefen bergab, was bedeutete, dass wir uns irgendwo im unteren Teil des Wieterwaldes befinden mussten. Aber mehr als diese Spekulation konnte ich mir nicht abringen. Wieso waren die Baumkronen so dicht? Könnte ich einen Blick auf die Sterne werfen, würde ich zumindest die Richtung ausmachen können, in die wir liefen.
Waren sogar die Sterne geflohen?

„Hey ihr beiden!"

Ein Schatten fiel auf mein Gesicht. Leon stand mit verschränkten Armen vor uns und blickte zu uns herab.

„Ihr liegt hier faul rum, während ich mich mit dem blöden Zelt abmühe. Findet ihr das gerecht?", fragte er.

Ich dachte, er wollte sich immer noch über mich lustig machen und antwortete sarkastisch: „Ach komm. Du bist doch der Fachmann. Das schaffst du ganz allein."

Anni, die von meinem gescheiterten Versuch das Zelt aufzubauen, nichts mitbekommen hatte, konnte sich einen Kommentar nicht verkneifen.

„Das ist doch nicht so schwer. Sogar ich habe mein Zelt schon alleine aufgebaut. Also los, junger Mann, wir müssen uns hier konzentrieren."

So wendeten wir uns wieder unseren Wolkenbildern zu und Leon stapfte wütend davon, was ich allerdings erst später mitbekommen sollte.

„Fenja!", schluchzte Anni hinter mir. „Mein Fuß! Ich kann nicht mehr. Es tut so weh."

Ich hatte gemerkt, wie sie fast hingefallen wäre und sich mit aller Kraft an meiner Hand festgehalten hatte.

Anscheinend war sie umgeknickt und hatte sich dabei den Fuß verknackst. Doch ich zog sie immer weiter mit mir.

„Wir können nicht stehen bleiben", flüsterte ich, mehr zu mir selbst, als zu ihr.

Wir durften jetzt einfach nicht stehen bleiben. Ich traute der Dunkelheit hinter uns nicht und hoffte jeden Augenblick, den Waldrand vor uns zu erblicken. Irgendwo da vorne musste er doch sein.

Das Lagerfeuer prasselte, die Musik schallte aus den Boxen und der laue Abendwind trug den Geruch von Würstchen zu uns herüber, die auf dem Grill brutzelten.

Der Tag neigte sich dem Ende und verabschiedete sich mit einem wunderschönen Sonnenuntergang.

Die gesamte Wilhelmswiese war in ein warmes Abendrot getaucht.

Anni und ich saßen etwas abseits von der Menge auf den großen Steinen, die uns schon des Öfteren in unserem Leben als Sitzgelegenheit gedient hatten.

Anni und ich waren in dieser Umgebung aufgewachsen und hatten schon so einiges im Verlaufe unserer Schulzeit in diesem Wald erlebt. So erschien uns die Wiese eine perfekte Wahl für unser Abschlusszelten, da unsere Wege in Zukunft seltener zu diesem Ort führen würden, an dem so viele Erinnerungen hingen und mit dem heutigen Tag noch eine weitere, schöne Erinnerung hinzukommen würde.

So klein unser Heimatort auch war, ich hatte Northeim, mit all den schönen Plätzen, die Anni und ich nach und nach entdeckt hatten, ins Herz geschlossen. Wahrscheinlich würde ich unsere Kleinstadt sogar vermissen, wenn ich in ein paar Monaten in einer Großstadt – voll von Autos, Straßenbahnen und Menschen – meinen Weg zur Universität nicht mehr finden würde.

„Wo sind wir denn bloß?", fragte Anni atemlos.

„Ich weiß es nicht. Wirklich nicht. Aber wir sind nicht in die Selde gefallen, also müssten wir doch Richtung Wohngebiet unterwegs sein, oder?"

Ohne es zu beabsichtigen hatte ich meine Schritte verlangsamt. Anni humpelte jetzt neben mir her. Das Rascheln der Blätter unter unseren Füßen und unsere schwere Atmung waren die einzigen Geräusche, die den Wald belebten.

„Ich werde mal kurz zu Leon gehen, okay?!", sagte ich zu Anni und hüpfte von den Steinen. „Stimmt, wo ist der überhaupt? Der hat sich ja den ganzen Abend noch nicht blicken lassen", sagte Anni. Anni und Leon hatten nie so richtig den Draht zueinander gefunden, was mir das Leben manchmal etwas erschwerte, da ich beide unendlich liebte. Anni behandelte ihn eigentlich nicht direkt von oben herab, aber ich wusste, dass Leon sie nicht wirklich mochte. Wahrscheinlich, weil sie bei mir oberste Priorität hatte und ich in seinen Augen viel zu viel Zeit mit ihr verbrachte. Meine tiefe Freundschaft zu ihr hätte schon fast einmal unsere Beziehung beendet. Doch das war jetzt zwei Jahre her, und er hatte endlich akzeptiert, dass ich nicht ohne sie leben konnte oder wollte. Ich dachte jedenfalls, er hätte es akzeptiert.

„Leon? Warum sitzt du hier denn ganz allein?"

Er saß vor unserem Zelt und starrte in den Himmel, an dem sich mittlerweile die Sterne versammelt hatten.

„Warum nicht?", antwortete er patzig. „Du hängst doch die ganze Zeit mit Anni rum. Das muss ich mir nicht antun. Ich hab einfach keine Lust mehr auf sie. Sie lässt dir keine Luft zum Atmen und du merkst es nicht einmal."

„Das stimmt doch gar nicht. Und das weißt du ganz genau, Leon", herrschte ich ihn an.

„Ach egal, geh doch einfach wieder zurück zu ihr und lass mich in Ruhe."

Er wandte seinen Blick wieder ab.

„Leon", flehte ich ihn mit weinerlicher Stimme an, „komm schon."

Ich wollte seine Hand nehmen, doch als er meine Berührung spürte, zog er seine Hand weg und umklammerte die Bierflasche, die er zwischen den Beinen gehalten hatte. Erst jetzt bemerkte ich die vielen Flaschen, die zu seinen Füßen im Gras lagen.

„Hör wenigstens auf zu trinken", sagte ich ausdruckslos, bevor ich ihm den Rücken zuwandte und mich wieder auf den Weg zurück zu Anni machte.

„Da bist du ja schon wieder!" Anni hatte sich auf den Steinen ausgestreckt, den Kopf auf ihre Jacke gelegt.

„Ja, da bin ich schon wieder", bestätigte ich ihr mit einem Unterton in der Stimme, der jede Erklärung überflüssig machte.

„Hm", war das Einzige, was ihr dazu noch einfiel.

„Ja. Gut... Also, ich muss mal!", sagte sie abrupt, wahrscheinlich um schnell das Thema zu wechseln und mich auf andere Gedanken zu bringen.

„Dann musst du wohl in den Wald gehen", antwortete ich abwesend.

„Aber nicht allein. Los komm mit. Du musst Wache stehen."

Sie packte mich am Ärmel und zog mich hinter ihr her.

„Pass ja auf, dass keiner kommt", gab sie Anweisung, während sie hinter einem Baum im Gestrüpp verschwand.

Ich drehte mich um, lehnte mich gegen einen Baum und schloss die Augen. Die Gedanken noch bei Leon und unserem Streit.

Plötzlich ein Knacken vor mir in der Dunkelheit. Ich öffnete die Augen und schaute mich um. Viel sehen konnte ich nicht. In der Ferne hörte ich das Stimmengewirr, das vom Zeltplatz zu uns herübergetragen wurde. Wieder ein Knacken. Dieses Mal lauter. Als käme jemand auf mich zu. Ich merkte, wie das Blut aus meinen Händen wich.
„Hallo? Ist da jemand?", fragte ich ins Ungewisse hinein. „Anni? Wenn du das bist, ist das ein schlechter Scherz!", sagte ich laut.
„Führst du Selbstgespräche?" Annis Stimme drang von hinten an mein Ohr, und ich bekam eine Gänsehaut, die sich von Kopf bis Fuß, über meinen ganzen Körper erstreckte. Ich wagte nicht mehr zu atmen. Wenn Anni immer noch hinter mir im Gestrüpp saß, wer stand dann dort? Direkt vor mir in der Dunkelheit? Ich konnte die Anwesenheit dieser Person förmlich spüren. Ich presste mich ganz fest gegen den Baum, als könnte er mich beschützen.
„Leon?", fragte ich vorsichtig.
In dem Moment trat Anni wieder neben mich – und dann ging alles ganz schnell.
Ich sah nur noch die Augen unseres Angreifers in der Dunkelheit aufblitzen, als er auf uns zugeschossen kam. Er schubste mich zur Seite, packte Anni und drückte sie zu Boden. Ein Schrei brachte den Wald zum Schweigen. Die Zeit stand still, und ich hatte das Gefühl, als könnte ich mich nur in Zeitlupe bewegen. Schließlich rappelte ich mich wieder hoch und stürzte mich auf den Mann, der Anni immer noch zu Boden drückte. Sie wehrte sich, doch konnte sie ihn nicht abschütteln. Erst in dem Augenblick, als ich ihm die Hände um den Hals legte und ihn nach hinten riss, hatte Anni die Chance, ihm einen Fußtritt in den Bauch zu versetzen und sich zu befreien. Sie schnappte nach Luft.
„Lauf Anni! Lauf!", meine Stimme überschlug sich und wir rannten los, unseren Verfolger im Nacken.

Sollten wir uns tatsächlich in Sicherheit befinden? Hatten wir ihn endlich abgeschüttelt? Noch immer starrten wir geradeaus,

um endlich den Waldrand zu erblicken. Dämmerte es bereits? Wie lange waren wir durch den Wald gerannt? Wollte der Tag uns endlich zu Hilfe kommen? Oder waren die gefühlten Stunden, die wir gerannt waren, nur einige Minuten gewesen und der Wald lichtete sich einfach nur? Ich hatte jedes Zeitgefühl verloren. Das Gefühl der Angst hatte alles andere vertrieben, außer dem Drang, nicht stehenzubleiben. Nicht. Stehen. Bleiben.
Meine Augen wurden müde.

Plötzlich ein Ruck an meiner Hand. Anni wurde nach hinten gerissen. Ein erstickter Schrei. Ich konnte sie nicht halten, ich wurde mitgerissen und verlor den Boden unter den Füßen. Mein Kopf schlug auf etwas Hartes.

Dunkelheit.

Sie war stark unterkühlt, doch sie atmete noch, als wir sie auf dem Waldboden fanden. An ihrem Kopf war eine tiefe Platzwunde. Sie hatte viel Blut verloren. Wie lange sie schon hier lag, wussten wir nicht.

Die Meldung erreichte mich am frühen Morgen.
Es war kurz nach fünf, als ich aus dem Bett geklingelt wurde.
„Kommissarin Torres? Wir brauchen Sie!"
Zwei Mädchen, beide 19 Jahre alt, waren spurlos bei einem Jahrgangszelten auf der Wilhelmswiese verschwunden. Ein Mitschüler hatte ihr Fehlen bemerkt und die Polizei alarmiert. Allerdings erst, nachdem die beiden auch nach Stunden nicht wieder aufgetaucht waren.
„Stellen Sie einen Suchtrupp zusammen! Ich bin in zwanzig Minuten auf dem Revier und möchte das Einsatzkommando versammelt antreffen. Wir rücken sofort aus. Die Morgendämmerung wird uns zur Hilfe kommen", antwortete ich, legte auf und schlüpfte im Eiltempo in meine Sachen.

Wir erreichten die Wilhelmswiese gegen sechs Uhr morgens.
Die Stimmung war bedrückt, keiner wagte laut zu reden. Der Großteil der Jugendlichen saß in kleinen Gruppen beisammen,

zusammengekauert unter ihren Decken. Einige schliefen, andere starrten abwesend vor sich hin oder fixierten den Waldrand. Ich konnte die Angst spüren, die sie umgab.

Anscheinend war die Anweisung meiner Kollegin, dass niemand den Ort des Geschehens verlassen durfte, befolgt worden.

Das Team der Rettungssanitäter, das wir im Schlepptau hatten, kümmerte sich sofort um die Gruppe. Von uns blieben ebenfalls einige Polizisten dort, um die Jugendlichen zu dem Vorfall zu befragen. Wir brauchten jede noch so kleine Information. Die Namen der Vermissten? Wann und mit wem wurden sie zuletzt gesehen? Was hatten sie an? Fragen über Fragen waren jetzt zu klären.

Auch die Eltern, die von ihren Kindern angerufen wurden, erreichten nach und nach die Lichtung und schlossen ihre Kinder in die Arme, erleichtert, dass es ihnen gut ging. Die Eltern der vermissten Mädchen wurden von meinen Kollegen und einigen Sanitätern betreut. Angst, Verzweiflung und die Hoffnung, dass ihre Kinder einfach nur irgendwo im Wald eingeschlafen waren, stand ihnen ins Gesicht geschrieben. Ich musste mich von ihrem Anblick losreißen. Ich konnte mir kaum vorstellen, was sie jetzt durchmachten.

Meine Gedanken kreisten um meine kleine Tochter, die zu Hause friedlich in ihrem Bettchen schlief. Wenn sie es wäre? Bei dem Gedanken wurde mir schlecht. Ich wischte mir die Tränen aus den Augen, atmete tief durch und setzte nun alles daran, das Einsatzkommando einzuweisen. Ich teilte den Trupp in zehn Sucheinheiten auf und wies ihnen abgesteckte Waldstücke zu, die sie bis auf das letzte Blatt umdrehen und durchsuchen sollten. Ich selber schloss mich ebenfalls einer Einheit an, da ich nicht tatenlos hier herumstehen konnte.

Unsere Suche nach den beiden Mädchen begann mit Anbruch der Morgendämmerung.

Sie waren zuletzt auf den großen Steinen in der Nähe des westlichen Waldrandes gesehen worden, doch konnten sie überall in diesem gottverdammten Wald sein.

„Verdammt! Überall nur Laub und Bäume und keine Spur von ihnen!", fluchte ich, als wir nach einer Stunde immer noch erfolglos durch den Wald streiften.

Die Sonne war inzwischen aufgegangen, und die Bäume warfen lange Schatten auf den Waldboden.

„Wir werden sie finden, Torres!", ermutigte mich mein Kollege, der den Kopf hob und mich fest anblickte. Er wusste, dass dies mein erster großer Einsatz nach meiner Mutterschutzzeit war und ich noch immer etwas von meinen Hormonen beherrscht wurde. Fast zeitgleich meldete sich mein Funkgerät.

„Torres! Wir haben ein Handy gefunden. Kommen Sie in den Sektor B."

Ein Blick auf meine Karte genügte, und ich stürmte los. Meine Hände zitterten vor Aufregung. Endlich eine Spur.

„Ja, das ist mein Handy!", sagte der Junge leise, der vor mir in seinem Campingstuhl saß. Sein Name war Leonard Dieke, und wie sich herausgestellt hatte, war er derjenige, der uns alarmiert hatte. „Was hattest du dort im Wald zu suchen?", fragte ich ihn, ohne ihn aus den Augen zu lassen. „Ich war pinkeln, okay? Sie glauben doch nicht wirklich, dass ich etwas mit dem Verschwinden meiner Freundin zu tun habe, oder?", fragte er fast ein bisschen weinerlich. „Sag du uns nicht, was wir glauben sollen, Bürschchen", warf mein Kollege Pollmann ein. „Wir haben Spuren auf dem Waldboden gefunden, die auf einen Kampf schließen lassen und in unmittelbarer Nähe lag dein Handy. Findest du nicht, dass der Verdacht begründet ist, dass du etwas mit der Sache zu tun hast?"

„Danke Pollmann, ich übernehme wieder", nahm ich ihm etwas den Wind aus den Segeln.

Irgendetwas sagte mir, dass der Junge die Wahrheit sagte. Oder war ich seit meiner Schwangerschaft einfach zu sensibel für diesen Job? Konnte ich in den Menschen nicht mehr das Schlechte sehen? Obwohl ich doch gerade durch meine Sensibilität das Gespür für Menschen hatte, oder?

„Leonard. Ich habe von einem deiner Mitschüler erfahren, dass du dich mit Fenja gestritten hast, bevor sie verschwunden ist. Ist das richtig?", fragte ich.

„Ja", antwortete er nur knapp.

„Und worum ging es?", hakte ich nach.

„Es ging um Anni", murmelte er.

„Um das Mädchen, das ebenfalls vermisst wird? Wieso?", fragte ich.

„Das wird sich jetzt anhören, als hätte ich wirklich einen Grund gehabt, die beiden in den Wald zu jagen, aber ich war es nicht. Ich habe nichts damit zu tun!", schluchzte er.

Ich wartete, bis er sich wieder beruhigt hatte.

„Ich war sauer auf Fenja, weil sie mehr Zeit mit Anni verbringt als mit mir, und da ich auch schon etwas getrunken hatte, habe ich sie deswegen etwas härter angefahren, als es meine Absicht war."

„Du hattest getrunken? Kannst dich aber noch an alles erinnern, was heute Nacht passiert ist?", fragte ich.

„Ja, kann ich. Nach unserem Streit hab ich aufgehört zu trinken und bin schlafen gegangen. Ich bin nach ungefähr zwei Stunden aufgewacht und habe festgestellt, dass Fenja immer noch nicht im Zelt war. Dann bin ich raus und habe nachgeschaut, ob sie bei Anni im Zelt schläft, doch auch da waren sie nicht. Ich habe die ganze Wiese nach ihnen abgesucht, doch weder ich, noch die anderen haben sie gefunden. Nach weiteren zwei Stunden ohne ein Zeichen von den beiden, habe ich dann die Polizei gerufen. Und hier sind Sie nun und verdächtigen mich."

„Also hast du dein Handy im Wald verloren, als du nach den beiden gesucht hast", schloss ich.

„Anscheinend", sagte er.

Ich musste mir eingestehen, dass ein Handy wirklich kein Beweis war. Die Geschichte des Jungen klang plausibel, doch war sie kein wasserdichtes Alibi. Allerdings hätte jeder auf diesem Platz mit dem Verschwinden der Mädchen zu tun gehabt haben können.

Wir tappten weiterhin im Dunkeln.

Die Suche erstreckte sich bereits bis in den frühen Nachmittag. Ich hatte mich wieder von der Lichtung entfernt und durchstreifte mit den anderen den Wald. Die Sonne stand hoch am Himmel und versuchte die Baumkronen zu durchdringen, als ob sie uns den Weg weisen wollte. Doch welcher Weg war der richtige? Bisher hatten wir ihn noch nicht gefunden, und mit jeder weiteren Minute schwand unsere Hoffnung ein bisschen mehr. Dennoch stapften wir weiter. Es war noch lange nicht Zeit aufzugeben.

„Torres!"

Ich drehte mich ruckartig um, den Blick auf den Mann geheftet, der mich soeben gerufen hatte. Er stand in ungefähr 30 Metern Entfernung und deutete auf den Waldboden.

„Haben Sie etwas gefunden?", rief ich aufgeregt und sprintete los.

Da lag sie. Zusammengekauert auf dem Waldboden. Eine Platzwunde an der Stirn. Der Stein auf dem Waldboden zeigte deutliche Blutspuren. Sie war nicht bei Bewusstsein, atmete aber flach. Der Rettungsdienst war schon alarmiert.

Da wir innere Verletzungen nicht ausschließen konnten, durften wir sie nicht anrühren. Ich musste mich beherrschen, um mich nicht zu ihr herunterzubeugen und sie in die Arme zu schließen. Sie sah so friedlich aus. Was war hier bloß passiert? Hatten die beiden Mädchen einfach nur eine Nachtwanderung gemacht und sich verlaufen? Doch auch wenn sie einfach nur hingefallen und sich den Kopf aufgeschlagen hatte, wo war dann ihre Freundin? Warum waren sie nicht mehr zusammen? Wollte die andere Hilfe holen und hatte sich ebenfalls verirrt?

Erleichtert, dass wir endlich eines der Mädchen gefunden hatten, setzten wir unsere Suche mit erneuter Hoffnung fort.

Erst in den Abendstunden sollte sich zeigen, dass unser Bemühen vergeblich blieb. Mittlerweile hatten sich einige der Schüler und Eltern unserer Suche angeschlossen. Wir hatten bald den ganzen Wald durchkämmt. Keine Spur von Anni.

In der darauffolgenden Nacht vermochten uns die Taschenlampen kaum genügend Licht zu spenden. Der leichte Nieselregen tropfte mir ins Gesicht und vermischte sich mit dem Schweiß und meinen Tränen, die mir über die Wangen liefen.

Seit ich selbst Mutter einer wunderbaren Tochter war, ging mir das Schicksal der Menschen, auf die ich in meinem Job traf, näher, als ich es zulassen sollte. Ich musste meine Gefühle unbedingt wieder in den Griff bekommen, sonst würde ich an meinem Job seelisch zu Grunde gehen.

Nach drei Tagen mussten wir die bis dahin ununterbrochene Suche einstellen. Keine Spur von Anni.

Fenja war sofort ins Krankenhaus gebracht worden, doch hatte sie noch immer nicht die Augen aufgemacht. Da sie immer schlechter selbstständig geatmet hatte, wurde sie nach einigen Stunden des Abwartens an die Beatmungsgeräte angeschlossen.

So sah es also aus.

Ein Mädchen immer noch vermisst, die andere nicht ansprechbar.

Die einzige Person, die uns hätte erzählen können, was in dieser Nacht geschehen war, lag im Koma. Ich hatte keinerlei Zeugen.

So viel Dunkelheit lag in diesem Fall. In meinem Fall.

Als ich das erste Mal nach drei Tagen die Tür zu meiner Wohnung aufschloss, kam mir meine Tochter freudig entgegen.

„Mami!", rief sie aus vollem Hals und stürmte auf mich zu. Ich schloss sie liebevoll in die Arme und ließ sie gefühlte Stunden nicht mehr los. Als mein Mann aus der Küche trat, weil er sich wunderte, wo wir abgeblieben waren, fand er uns im Flur kuschelnd auf dem Boden. Er setzte sich zu uns und schloss mich und Sophie in seine Arme. Er wusste, dass ich mich am Ende meiner Kräfte befand. Und er wusste ebenfalls, dass ich erst wieder ruhig schlafen könnte, wenn ich diesen „Fall" gelöst hatte.

Fall. Wie ich dieses Wort hasste. Es klang so sehr nach Akte. Ordner. Papier.

Es klang nicht nach Schmerzen, Verzweiflung oder Trauer. Doch genau das stand hinter diesem Wort. Fall. Es waren Menschen, die auf Hilfe warteten, die ich ihnen im Moment nicht geben konnte.

Als wir uns wieder vom Boden aufgerappelt hatten, lief meine Tochter ins Wohnzimmer und kehrte mit ihrer Puppe im Arm zurück.

„Sophie, mein Schatz, ich kann jetzt leider nicht mit dir spielen. Mami muss noch ganz viel arbeiten", versuchte ich ihr zu erklären. Sie machte ein Gesicht wie sieben Tage Regenwetter, ging aber ohne Widerspruch in ihr Zimmer.

„Dana", sagte mein Mann sanft, „sie hatte sich so auf dich gefreut. Ihr habt euch drei Tage lang nicht gesehen und jetzt hast du nicht einmal Zeit, mit ihr zu spielen?"

Er klang enttäuscht, was ich ihm auch nicht verdenken konnte. Dennoch antwortete ich niedergeschlagen: „Ich kann nicht" und verschwand in meinem Büro. Es musste doch irgendeine Lösung geben.

Niemand verschwindet einfach so.

Ich schaltete meinen Computer an und ließ mich in meinen Bürostuhl fallen. Die vergangenen Tage steckten mir in den Knochen, und die Versuchung war groß, mich einfach in mein Bett fallen zu lassen. Doch da ich eh nicht hätte schlafen können, loggte ich mich in unseren Revier-Server ein und scrollte durch die Meldungen der vergangenen Tage.

Auto im Graben, Auffahrunfall, Einbruch in Doppelhaushälfte, Brandstiftung in der Innenstadt, Alkohol am Steuer, ein verletztes Kind auf einem Spielplatz, zusammengeschlagen von vier Jugendlichen, ein Ausbruch aus dem LKH Moringen, Drogenhandel, Alkoholkonsum Minderjähriger.

Plötzlich hielt ich im Lesen inne und ließ meinen Blick noch einmal über die letzten Zeilen gleiten. Ein Ausbruch aus dem LKH? Davon hatte ich ja noch gar nichts mitbekommen. Gut, Moringen war nicht mein Einsatzgebiet, aber warum war mir diese Tatsache noch nicht zu Ohren gekommen? Ich klickte mich in den Artikel.

Moringen. Am Montagmorgen konnte sich ein 50-jähriger Mann, der wegen Schizophrenie und Wahnvorstellungen im LKH Moringen behandelt wird, von seinem Betreuer entfernen und unbemerkt absetzen. Die vermisste Person ist ca. 1,80 groß, schlank, hat kurze, dunkle Haare, trägt Jeans und ein graues Sweatshirt. Der Mann könnte gefährlich sein und muss dringend in ärztliche Behandlung. Zuletzt wurde er am Northeimer Bahnhof gesehen. Es ist unklar, ob er sich noch in Northeim befindet oder mit einem Zug die Stadt verlassen hat.

Ich seufzte.

Mit einem Klick schloss ich den Text wieder und legte den Kopf in die Hände. Mir brummte der Schädel. Dieser Mann könnte ebenfalls etwas mit dem Verschwinden des Mädchens zu tun haben, genauso wie mindestens fünfzig andere Mitschüler aus dem Jahrgang. Ausschließen konnten wir nur diejenigen, die zu dem Zeitpunkt in ihrem Zelt lagen und schliefen, was auch durch andere bestätigt werden konnte. Das größte Problem war, dass einfach jeder zum Wald Zugang hatte. Ich brauchte mehr Informationen. Ich beschloss, morgen noch einmal ins Krankenhaus zu fahren.

Fenjas Zustand war immer noch unverändert, als ich am nächsten Tag ihr Krankenzimmer betrat. Ihre Eltern saßen an ihrem Bett und hatten dunkle Ringe unter den Augen. Sie hatten seit vier Tagen nicht richtig geschlafen und wachten jede Minute am Bett ihrer Tochter, stets in der Hoffnung, dass diese jeden Augenblick die Augen öffnen würde.

Es tat mir in der Seele weh, ihnen mitteilen zu müssen, dass ich immer noch nicht mehr Licht in die Sache bringen konnte.

Als ich mich nach Leonard erkundigte, versicherten mir die Eltern, dass sie diesen Jungen erst einmal nicht in der Nähe ihrer Tochter sehen wollten, bis seine Unschuld bewiesen war. Es war unsere Pflicht gewesen, die Eltern über die Vorfälle zu informieren, die es zwischen ihm, Fenja und Anni gegeben hatte.

Nach dem Besuch im Krankenhaus machte ich mich auf den Weg zum Revier. Gerade als ich mein Auto auf dem Parkplatz abgestellt hatte, klingelte mein Diensttelefon.

„Kommissarin Torres am Apparat", meldete ich mich.

„Kommissarin Torres. Hier ist Janosch Kling von der Spurensicherung. Wir haben auf der Kleidung des Mädchens Haare gefunden, die eindeutig nicht zum Opfer gehören. Die Haare sind kurz und dunkel. Dem Gentest zufolge handelt es sich um das Haar zweier verschiedener Personen."

Dunkle Haare? Mir schoss sofort das Bild des schwarzhaarigen Leonards durch den Kopf. „Vielen Dank. Ich werde sofort eine Probe aller Verdächtigen nehmen lassen und dann so schnell wie möglich zu Ihnen kommen."

Vier Stunden später stand ich mit den Proben aller dunkelhaarigen Jungen mit kurzen Haaren, die auf der Liste der Verdächtigen ganz oben standen, vor dem Labor der Spurensicherung. Wie sich herausstellte, handelte es sich zum einen um das Haar von Leonard, wie ich bereits vermutet hatte. Allerdings konnten wir das andere Haar keiner uns bekannten Person zuordnen.

Ein Fremder war also Im Spiel. Ich hielt es zwar für unwahrscheinlich, doch durfte ich in diesem Fall nichts unversucht lassen. Noch am selben Tag rief ich im LKH Moringen an, um mich nach dem vermissten Mann zu erkundigen, auf den ich einen Tag zuvor aufmerksam geworden war. Da es Sonntagabend war, erreichte ich nur den Notfalldienst, bekam aber immerhin einen Termin für den nächsten Tag, da Patientendaten nicht über das Telefon herausgegeben werden durften. Außerdem wollte ich gern ein persönliches Gespräch mit dem behandelnden Arzt führen. Ich hinterließ meine Nummer für den Fall, dass sich etwas im Terminplan des Oberarztes ändern sollte und er mich eventuell schon früher empfangen könnte.

Nachts um drei Uhr klingelte mein Telefon.

Er war verwirrt und hatte getrocknetes Blut an den Händen.

Angeblich jedoch keinerlei Erinnerung, wie das Blut dorthin gekommen war. Seinem Aussehen nach hatte er die Tage seit seiner Flucht unter freiem Himmel verbracht.

Jetzt saß er vor uns und zitterte vor Angst und Übermüdung. Die Verwirrung stand ihm ins Gesicht geschrieben.

Ich war sofort losgefahren, als ich erfahren hatte, dass der Flüchtige des LKH wieder aufgetaucht und vor den Toren der Anstalt aufgegriffen worden war. Da mir bereits am Telefon mitgeteilt wurde, dass getrocknetes Blut im Spiel war, konnten wir sofort an Ort und Stelle eine Probe nehmen. Es würde nun nur noch einige Stunden dauern, bis wir Gewissheit hatten. Das Verhör bestand aus wenigen Worten, da der Malm völlig neben sich stand und keine ganzen Sätze formulieren konnte. Er stammelte nur vor sich hin.

Ich blinzelte. Konnte meine Augen nicht richtig öffnen. Es war so hell, dass ich mehrere Male blinzeln musste, bis ich mich an die Helligkeit gewöhnt hatte und langsam die Augen aufschlagen konnte.

Wo war ich? Wieso lag ich in einem Krankenhausbett? Mein Blick fiel auf das Fußende des Bettes, an dem meine Mutter ihren Kopf auf die verschränkten Arme gelegt hatte und schlief. Ich wollte sprechen, um sie zu wecken, doch spürte ich in diesem Moment, dass mir etwas im Hals steckte, das mir das Reden untersagte. Selbst das Atmen. Ich begann zu husten und zu würgen und bevor ich mich versah, versammelten sich Dutzende von Menschen in weißen Kitteln um mein Bett. Der Schlauch wurde entfernt und ich blickte in die Gesichter der Ärzte und die meiner Eltern.

„Mama?", sagte ich mit krächzender Stimme.

„Ja mein Schatz. Ich bin hier. Du bist in Sicherheit", sagte sie schluchzend.

„Was ist denn bloß passiert? Warum bin ich im Krankenhaus?", fragte ich.

„Das weißt du nicht mehr?", erwiderte sie

„Nein. Sollte ich mich an etwas erinnern?"

Und wie ich mich erinnern sollte. Ich bekam den Schreck meines Lebens, als meine Eltern mir die ganze Horror-Geschichte erzählten. Sie versuchten so behutsam wie möglich zu sein. Unter Tränen erzählten sie, dass von Anni jede Spur fehlte und die Polizei immer noch nach ihr suchte. Den Täter hatte man mittlerweile hinter Schloss und Riegel gebracht, aber meine Freundin bekam ich trotzdem nicht zurück, da der Mann in seinem geisteskranken Zustand nicht mehr wusste, was er getan hatte.

Das Letzte, woran ich mich erinnern konnte, war, dass ich mit Anni im Gras gelegen und nach Wolkenbildern Ausschau gehalten hatte. Warum nur konnte ich mich nicht mehr erinnern, was mir und Anni zugestoßen war? Die Ärzte meinten, dass meine Erinnerung wiederkommen würde und ich einfach etwas Zeit brauchte.

Mir kam alles vor wie ein Traum.

Wie ein nie enden wollender Albtraum, aus dem ich einfach nicht erwachen konnte.

Drei Wochen später ...

Ich wusste nicht, wohin mich meine Beine trugen. Es war so viel passiert, und ich konnte mich an so wenig erinnern. Würden die

Erinnerungen wiederkommen, wenn ich den Wald noch einmal betreten würde?

Ich schlenderte durch die Bürgermeister-Peters-Straße, der kühle Sommerabendwind spielte mit meinen Haaren.

Bevor ich mich versah, lief ich die Straße zur Wilhelmswiese hinauf. Wollte ich das wirklich?

Warum ging ich an den Ort zurück, an dem ich das Grausamste und Schrecklichste meines Lebens erfahren hatte? Vielleicht weil ich hoffte, mich wieder erinnern zu können? Doch wollte ich mich erinnern? Könnte ich mit den Erinnerungen leben? Waren die Bruchstücke und das Wissen, dass ich Anni wahrscheinlich nie wieder sehen würde, nicht genug?

Nein. Ich wusste tief in meinem Inneren, dass ich ohne das Wissen, was in dieser Nacht geschehen war, nie Ruhe finden würde. Immer in der Angst, von der Erinnerung eines Tages eingeholt zu werden, die sich irgendwo in meinem Unterbewusstsein versteckte.

Die Wilhelmswiese lag vor mir. In voller Pracht, grün und saftig, als wollte sie sich bei mir entschuldigen und mich dazu einladen, auf ihr Platz zu nehmen.

Ich wendete den Blick ab. Ich konnte diese Wiese nicht betreten. Stattdessen folgte ich weiter dem Weg. Der Kies knirschte unter meinen Füßen. Die kleinen Steinchen rollten bergab. Links lag das Hotel „Freigeist". Ich bog rechts ab, und der Weg führte mich an den Schwefelteichen vorbei. Hier war ich seit Ewigkeiten nicht mehr gewesen. So kam es mir zumindest vor.

Ich erblickte an einem Baum ein Schild mit der Aufschrift „Hochseilgarten", das mir den Weg nach rechts wies. Ich folgte dem Weg und landete schließlich in dem riesigen Kletterpark, den ich noch nie zuvor gesehen hatte. Ich beschloss, mir das Gelände mal genauer anzusehen.

Doch als ich ein paar Schritte gegangen war und den Blick nach oben richtete, sah ich sie.

Ich musste nach Luft schnappen. Mir wurde schwindelig.

Dort hing sie. Anni. Sie hing dort zehn Meter über dem Boden, aufrecht in einem Netz. Ihre Arme und Beine festgeschnürt, ihr Kopf zur Seite gekippt.

Mir wurde schlecht. Meine Beine trugen mich nicht mehr. Ich konnte nicht weinen, nicht einmal schreien. Ich verbarg mein Gesicht mit den Händen, lag zusammengekauert auf dem Boden. Wie lange hatte die Polizei nach ihr gesucht? Doch jetzt drängte sich mir eine ganz andere Frage auf. Wie hatte die Polizei nach ihr gesucht? Wie beschränkt waren die Erwachsenen, die nicht einmal mehr einen Blick nach oben warfen?

Denn dort hing sie.

Wie eine Spinne in ihrem Netz, die auf ihre Beute wartete. Leblos.

Starr.

Bleich.

Doch sie war nicht die Spinne gewesen.

Sie war die Beute.

Jugendliebe

Lissy Marie Ahrens

Das geheimnisvolle Herz

„Brr", unsere Haustür klingelt. Endlich. Ich renne schnell zur Sprechanlage und rufe: „Hallo Katy, meine Süße! Warte, ich mache auf", daraufhin drücke ich den entsprechenden Knopf. Katy ist meine beste Freundin. Sie ist superhübsch, total beliebt – vor allem bei Jungs – und mega lustig. Außerdem hat sie eine wunderschöne meterlange gelb-blonde Löwenmähne. Allerdings trifft es bei ihr nicht zu, dass alle Blondinen blöd sind – bei einem Notendurchschnitt von 1,8! Nur in letzter Zeit ist sie nicht mehr so super gut drauf. Ihre Eltern wollen sich scheiden lassen und streiten nur noch. Gut daran ist nur, dass sie daher öfter bei mir übernachtet, so wie heute. Ich freue mich immer riesig darauf!
„Wo bleibst du denn Katy, ich …?", weiter komme ich nicht, denn ein schrilles: „Nein Luise, ich bin es, deine Oma Lina!" unterbricht mich. Die schon wieder, schießt es mir durch den Kopf. Ich kann es überhaupt nicht ab, wenn sie mich Luise nennt, da mich sonst eigentlich alle nur Lulu rufen. Seitdem mein Papi lang arbeitet und meine Mutter zur Kur ist, hält Oma es für nötig, jeden Tag vorbeizukommen. Ich begrüße das nicht besonders. Meine Oma geht mir damit nämlich ganz schön auf die Nerven! Sie redet ständig etwas von wegen: – zu viel Schminke, – total ungesund, – überflüssig und so was; dabei versuche ich ihr doch dauernd zu erklären, dass wir uns im 21. Jahrhundert befinden.
Meine Oma ist 78 Jahre alt und hat beschlossen, in ihrem Leben aufzuräumen. Sie ist dabei, alle in ihren Augen alte und für sie

überflüssigen Dinge (in dem Punkt trennen sich oft unsere Meinungen) auszusortieren. Zugegeben, manche Sachen sind schon ganz lustig. Ich grinse verschmitzt, als ich an die Schuhputzmaschine, den alten Ohrensessel und die spießig bemalte Porzellankanne denke. Oma hat sogar ihr altes Silberbesteck, das sie ihr ganzes Leben und den Krieg über gesammelt hat, zum Flohmarkt gegeben. Ich bin mal gespannt, was sie heute anschleppt.

„So mein Schatz, schau mal, was ich dir heute mitgebracht habe ...", beginnt sie verschwörerisch.

„Schieß mal los", ist meine knappe Antwort. Ich versuche, mich gelangweilt anzuhören, damit sie mir bloß nicht ansieht, dass ich ziemlich gespannt bin.

„Also", fährt sie mit geheimnisvoller Stimme fort, „das habe ich bei mir noch oben auf dem Dachboden gefunden. Früher gab es nämlich kaum Telefone. Das war nicht so, wie bei euch heute, dass jeder mit einem tragbaren Fernsprechapparat ...

Ich unterbreche sie hastig: „Du meinst Handy, Oma!"

„Ja, auch gut, zumindest, als es die ersten Telefone gab, verbreiteten sie sich nur langsam. Und später kam das erste Telefonbuch raus. Und deine Oma hat – ob du es glaubst oder nicht – noch so ein Exemplar zu Hause gehabt. Wäre das nicht was für dich?", schlägt sie mir vor.

„Was soll ich denn mit einem uralten vergilbten Telefonbuch von 1950?", frage ich irritiert. „Die Leute sind doch sowieso schon fast alle tot."

Meine Oma sieht keine Zweifel und meint nur: „Das ist doch gerade das Spannende, meine Kleine."

Ich zögere für einen Moment, dann freunde ich mich mit dem Gedanken an, das Buch zu behalten. Ich nehme meiner Omi das Exemplar aus der Hand, bedanke mich höflich und renne zwei Stufen auf einmal nehmend hoch in mein Zimmer. Ich schmeiße mich erst mal auf mein Bett. „Hach", stöhne ich, da ich zum ersten Mal heute Zeit habe, den Gedanken, dass endlich Ferien sind, auf mich wirken zu lassen.

Es klingelt zum zweiten Mal. Jetzt muss es Katy sein. Ja, bestätigt ein kurzer Blick aus dem Fenster. Endlich! Schnell laufe ich die Treppen wieder hinunter und drücke auf den Summer. „Hey,

Lulu!", ruft Katy fröhlich, als sie oben angekommen ist. Daraufhin umarmt sie mich flüchtig.

Ich flüstere ihr ins Ohr: „Vorsicht, meine Oma ist auch da, wollte mal wieder die Lage checken!" Katy schmunzelt. Ich nehme sie bei der Hand und ziehe sie hinter mir die Treppe hoch.

Wir schmeißen uns aufs Bett und tauschen den neuesten Tratsch aus. Nach einiger Zeit geht Katy zu meinem Schreibtisch und bemerkt das alte Telefonbuch. „Hey, wo hast du das denn her?", fragt sie interessiert.

„Ach, das ist irgendwie das erste Telefonbuch Northeims oder so. Keine Ahnung, das hat meine Oma angeschleppt", erkläre ich.

Sie nimmt das Buch wie ein Daumenkino in die Hand und blättert es durch. „Schau mal, diese alte Schrift!", ruft sie begeistert. „Und diese Namen! Korbinian...", so heißt doch heute kein Mensch mehr!"

„Ja, oder schau mal der hier: Fritz Katalinke! Echt ein lustiger Name". Langsam wächst mein Spaß an der Sache. Wir amüsieren uns noch eine ganze Weile über die Namen. Plötzlich hält meine Freundin inne.

„Schau mal hier!", ruft sie und deutet auf einen Eintrag. Ich schaue sie verdattert an. Neben einer Nummer und dem Namen Kragemann ist ein großes Herz gemalt und im Inneren ein handgeschriebener Name. Ich frage mich, was das zu bedeuten hat.

„Da war bestimmt mal wer verliebt!", überlegt Katy laut.

„Zeig noch mal, wie heißt der?", frage ich interessiert, daraufhin liest Katy vor: „Arno Grünberg."

„Ich finde, das ist ein komischer Name. Ob meine Oma den gekannt hat?, frage ich mich. Wir beschließen bei ihr nachzuhaken und gehen runter.

Meine Oma sitzt gemütlich vor dem Fernseher.

„Omi, darf ich dich mal was fragen?", taste ich mich heran.

„Aber immer doch, mein Herzchen", antwortet sie und stellt den Fernseher aus.

Ich halte das Telefonbuch in der Hand und frage: „Sagt dir der Name Arno Grünberg etwas?"

Der Blick meiner Oma verfinstert sich. Dann meint sie nur kurz angebunden: „Es war vielleicht doch keine so gute Idee, euch das

Buch zu geben." Daraufhin ergreift sie das Telefonbuch, geht in die Küche und sagt im Vorbeigehen: „Ich fahre jetzt nach Hause, dein Vater wird gleich kommen."

Katy und ich schauen beide dumm aus der Wäsche. So haben wir meine Oma ja noch nie erlebt! Mit schnellen Schritten verlassen wir das Wohnzimmer. Die Haustür fliegt zu, sie ist gegangen. Wir diskutieren über die heftige Reaktion und was nun zu tun ist. Katy meint: „Meinst du, deine Oma hat das Telefonbuch wieder mitgenommen? Wäre doch ganz interessant, sich den Eintrag noch mal anzuschauen."

Wir suchen in der Küche und werden im Altpapier fündig. Nach kurzem Durchblättern sticht uns das Herz abermals ins Auge. Ich lese mir den Eintrag erneut durch: „Die Schrift ist ganz schön schwer zu entziffern: Hagenstraße! Wow, ist das nicht in der City?"

Katy schmunzelt: „Dann dürfte H&M auch nicht mehr weit sein. Also, was ist mit Morgen?"

Wir klatschen ein und die Shoppingtour für den nächsten Tag steht fest.

Die Hagenstraße

Am nächsten Morgen stehe ich wie verabredet vor Müller und schaue zum fünften Mal an diesem Tag auf die Uhr. Wo bleibt Katy nur schon wieder? „Endlich! Da bist du ja!", rufe ich erleichtert, als ich sie nach einer Viertelstunde endlich um die Ecke auf mich zukommen sehe.

„Ich habe meine Ohrringe nicht gefunden", entschuldigt sie sich keuchend.

Nach einer ausgiebigen Shoppingtour machen wir uns mit vielen Tüten auf den Weg zu der angegebenen Adresse. Katy zögert kurz, dann drückt sie ihren lackierten und wie immer super gefeilten Zeigefinger auf den Klingelknopf. Wir müssen nicht lange warten, denn schon macht uns ein junges Mädchen die Tür auf. „Hey, was macht ihr denn hier?", ruft sie überrumpelt. Wir sind auch ziemlich überrascht, denn vor uns steht Amelie, die wir nur flüchtig aus der Schule kennen. Die haben wir nun wirklich nicht erwartet. Sie fragt verdattert: „Woher wisst ihr, wo ich wohne, ich bin doch erst hierher gezogen?!"

Sie bittet uns herein und wir folgen ihr in den Garten im Innenhof des Hauses. Hier sieht es ziemlich verwildert aus. Überall liegen Spaten herum, die Büsche und Blumen ranken über alles hinweg, und in der Mitte des großen Gartens prangt ein riesiges Loch. „Was issen das?", frage ich skeptisch und deute darauf. Amelie erklärt uns, dass es sich dabei um einen ehemals schönen Teich mit vielen Blumen und einem Dutzend Frösche handelt. Ihre Eltern finden den jedoch überflüssig und wollen ihn zuschütten. Sie werden voraussichtlich nächste Woche nur noch die Folie herausnehmen, Erde aufschütten und neuen Rasen pflanzen. Mir scheint etwas an dem Teich ungewöhnlich und gruselig. Ich lasse mir trotzdem nichts anmerken und folge den beiden Mädchen. Auf der Terrasse machen wir es uns an einem kleinen Tisch gemütlich und zeigen Amelie das Telefonbuch. Sie kann mit dem Namen auch nichts anfangen und scherzt: „Hier wohnt er jedenfalls nicht mehr, es sei denn er treibt als Geist auf dem Dachboden sein Unwesen. Huhhahh!" Wir brechen in dreistimmiges Gelächter aus. Sie überlegt kurz und schlägt dann vor, ihren Vater einfach mal zu fragen, ob er dem Geist schon einmal begegnet ist. Wir quatschen noch ein bisschen über dies und das, dann höre ich die Glocken der Sixti-Kirche. Schon halb sieben! Wir verabschieden uns noch von Amelie, dann machen wir uns auf den Heimweg.

Zu Hause angekommen, Katy ist auch gerade gegangen, lege ich mich in mein Bett. Ganz schön aufregender Tag heute! So ein Zufall, dass Amelie da wohnt. Mal gespannt, ob ihr Vater noch was weiß.

Das Telefon reißt mich aus meinen Träumen. Verschlafen melde ich mich: „Hallo?" Ach, Amelie ist dran. Sie schildert mir aufgeregt: „Also mein Vater hat erzählt, das noch viel alter verstaubter Plunder von den Leuten vor uns auf dem Dachboden steht. Meine Eltern wollten das Zeug eh wegschmeißen, daher haben sie nichts dagegen, dass wir das mal genauer unter die Lupe nehmen. Er wusste nur, dass es mal einen Hausbesitzer namens Kragemann gegeben hat. Wenn ihr wollt, kommt doch morgen noch mal vorbei, ich bin zuhause." Das lasse ich mir natürlich nicht zweimal sagen und stehe am nächsten Tag um drei Uhr mit Katy vor dem düsteren Haus in der Hagenstraße.

Amelie nimmt uns freudig in Empfang und wir machen uns auf die Suche nach der Vergangenheit. Die Bodentreppe befindet sich in einer Luke in der Decke – und allein da rauf zu klettern ist schon ein Abenteuer. Wir betreten die knarrenden Dielen, milchiges Licht schimmert unter den Ziegeln, um die alten Balken. „Oh nein", flucht Katy leise, sie steckt mit ihrem Absatz in einer Dielenfuge und die Spinnweben verfangen sich in ihrem frisch gestyltem Haar. Ein Arbeitsoverall wäre vielleicht doch besser gewesen als mein Lieblingskleid."

Nach einer langen und bis dahin erfolglosen Suche ruft Amelie: „Hey ihr zwei, schaut mal, was ich gefunden habe." Sie hält triumphierend ein altes zerfleddertes Buch in die Höhe. „Hast du unseren Arno-Geist gefunden, frage ich über eine Kiste gebeugt. „Hahaha, wie lustig!!!", meint sie nur. Ich richte mich auf und schleiche vorsichtig und bemüht, nirgendwo hängen zu bleiben auf die andere Seite des morschen Dachbodens. Ich reiße meiner Freundin das alte Büchlein aus der Hand und betrachte den Einband kritisch.

„Tagebuch von Arno Grünberg", lese ich vor.

„Ist das nicht der komische Typ, den ihr sucht", meint Amelie nur.

„Ja, doch! Vielen, vielen Dank!", rufe ich außer mir vor Freude und falle ihr spontan um den Hals.

Nachdem Amelie uns wieder einigermaßen beruhigt hat, laufen wir wieder, dieses Mal mit Chips und Cola bewaffnet, auf die Terrasse im Innenhof. Wir schauen uns das Tagebuch genauer an. Die Schrift ist schwer zu entziffern, sie sieht ganz anders aus als unsere. Nach einer Weile und mit ein bisschen Phantasie habe ich eine Eintragung entziffert und lese laut vor:

23. Februar 1950
Heute war ich im Badehaus in der Alten Brauerei. Die Lage ist günstig, ich benötige nur 5 Minuten zurück in meine kleine Dachkammer. Manchmal stelle ich mir meine Zukunft vor und wage zu träumen.

Eine Wohnung mit einem eigenen Bad mit Wasserspülung und Wanne, das wäre ein Luxus. Eine Familie wäre schön. So alleine ist doch alles schwer

„Wow, diese alte Schrift!", ruft Katy begeistert. Wir beschäftigen uns noch eine Weile mit den Einträgen. Sie sind zum Teil so schwer zu lesen, dass Unsereins sie auch nach mehreren Anläufen kaum entziffern kann. Amelie bietet freundlich an, mir das Tagebuch auszuleihen. Ich nehme dankend an, und wir schlendern nach Hause.

Omas Geheimnis

Am nächsten Morgen sitze ich mit meiner Oma am Frühstückstisch. Heute habe ich zum ersten Mal nichts dagegen, dass sie vorbeischaut. Ich nutze die Gelegenheit, ihr von dem Tagebuch zu erzählen ... Als ich abgeschlossen habe, wird sie ganz still. Schaut an sich herunter. Dann reißt sie sich zusammen und nimmt das Tagebuch mit zitternden Fingern entgegen. Meine sonst immer so aufgewühlte Oma drückt das Tagebuch von Arno lange an sich. Dann bringe ich vorsichtig: „Ähm, willst du es nicht öffnen Omi?!", über die Lippen. Meine Oma schaut mich lange und durchdringend an. Ich zucke regelrecht zusammen, als ich eine Träne über Omis faltige Wange rinnen sehe. Irgendeine Geschichte muss es also doch über diesen Arno geben, schießt es mir durch den Kopf.
Dann schluchzt meine Oma und meint von mir abgewandt: „Luise, das ist sicher schwer zu verstehen für dich, aber ich weiß nicht...", sie zögert, dann fährt sie fort, „...ob ich das übers Herz bringe..." Sie schließt ihre kleinen feuchten Augen, kneift ihre dünnen, trockenen Lippen zusammen. Ich nehme meine Oma in den Arm. Zu meinem Erstaunen windet sie sich nicht aus meiner Umarmung, sondern beginnt zu erzählen: „Es ist schon so lange her. Ich dachte, ich hätte es längst vergessen."
„Was vergessen, Oma?", taste ich mich vorsichtig heran. „Ach Luise, da werden alte Erinnerungen wach", beginnt meine Oma zögernd und dann erzählt sie mir die Geschichte ihrer ersten Liebe.

Er hieß Arno Grünberg. Kennengelernt hatte sie ihn beim Schuster gegenüber, wo er seine Lehre zum Schuster begonnen hatte. Gab es in der Familie kaputte Schuhe, war sie gerne bereit, den Gang zum Schuster zu übernehmen. Oft sah sie ihn an seinem Arbeitsplatz durch das Schaufenster, dann winkten sie sich zu. Ja, sie war verliebt. Bald gingen sie zusammen zum Tanztee, über die Bezeichnung musste ich lachen, Oma meinte, heute würde man das wohl „Nachmittagsdisco" nennen. Er war ein verschlossener Typ und hat nicht viel aus seinem Leben erzählt. Sie wusste nur, dass er alleine in einer kleinen Dachkammer in der Hagenstraße lebte. Seine Eltern waren gestorben, das war nichts Ungewöhnliches nach dem Krieg. Es gab viele Waisenkinder in der Stadt.

Ich konnte mir kaum vorstellen, wie ein Leben damals ausgesehen hatte und wie meine Oma wohl als junges Mädchen war.

„Was ist denn aus ihm geworden? Wie ging es mit euch weiter?", drängte ich.

Meine Oma blickte nervös auf ihre Hände, atmete tief und fuhr fort: „Das Traurige daran ist ja, dass ich es nicht weiß. Er war von einem Tag auf den anderen spurlos verschwunden. Der Schustermeister war stocksauer, dass er sich nicht abgemeldet hatte und wollte ihn entlassen, sobald er wieder auftauchen würde. Sein Vermieter aus der Hagenstraße war beunruhigt, weil seine Kammer unverändert war, nur er selbst fehlte. Nichts deutete darauf hin, dass er seinen Weggang geplant hatte. Ich weinte die ganze Woche und hatte seitdem viele schlaflose Nächte. Ich suchte jeden Winkel Northeims ab, doch Arno blieb verschwunden. Was sollte ich denn machen? Er hatte doch keine Familie. Bis heute frage ich mich, was geschehen ist, denn er ist nie wieder aufgetaucht."

Wow, ich bin echt baff, denn mit einer solchen Story hätte ich nie gerechnet. Eine Weile sitzen wir schweigend nebeneinander. Meine Oma beschließt dann, das Tagebuch nicht zu lesen, es würde sie einfach zu sehr aufwühlen. Sie sagt mir einige Tricks zum Entschlüsseln des Geschriebenen und überlässt mir den Fund.

Ich muss unbedingt Katy anrufen und ihr von den Neuigkeiten berichten! Die wird staunen! Gesagt – getan. Und – ja, Katy ist wirklich sprachlos. Sie lädt sich bei mir ein, als meine beste

Freundin weiß sie ja, dass sie das ohne schlechtes Gewissen bringen kann. Kurz darauf steht sie mit zwei dicken Reisetaschen vor meiner Haustür. „Willst du bei uns einziehen oder was?!", scherze ich. Es ist unmöglich, sie normal zu umarmen, da ihre dicken Taschen im Weg sind.

„Ach Quatsch!", keucht sie und drückt mir die eine in die Hand.

Das Tagebuch

In meinem Zimmer angekommen, richten wir rasch ihr Bett ein, dann widmen wir uns dem Tagebuch. Mit Hilfe von Omas Tricks machen wir uns an die Arbeit. Mit der Zeit fällt es uns immer leichter, Arnos altdeutsche Schrift zu entziffern. Es ist schon sehr spät, als wir herausfinden, wie seine Eltern umgekommen sind. Immer wieder berichtet er in seinen Aufzeichnungen von dem schrecklichen Morgen, an dem die Gestapo seine Eltern verschleppt hat. Er selber hat zu dem Zeitpunkt in Todesangst unter einem Schrank gekauert. Später ist er in der kinderreichen Nachbarsfamilie untergekommen, die ihm damit wohl das Leben gerettet hat. Wir verstehen von den geschriebenen Wörtern wie „Gestapo" und „Nationalsozialismus" ziemlich wenig und beschließen daraufhin, die Begriffe schnell zu googeln. „Klasse", freut Katy sich, als sie fündig wird. „'Gestapo', das ist die Abkürzung für Geheime Staatssicherheitspolizei'', erklärt sie.

„Schau mal hier", rufe ich und deute auf die nächste Eintragung. Katy blickt von meinem Laptop auf und macht es sich wieder neben mir bequem. Zusammen entziffern wir:

16. Mai 1950
Ich war heute bei der Polizei und habe Fritz Müller angezeigt. Meine Vermutungen stimmten, er war wirklich bei der Gestapo und mit dabei, als sie meine Eltern verschleppten. Ich bin mir nicht ganz sicher, ob ich das Richtige getan habe. Meine Todesangst von damals kommt wieder, wenn ich mir ausmale, was passiert, wenn sie wiederkommen. Ich fühle mich nirgendwo mehr sicher und habe Angst.

„Oh Mann, es muss wirklich schrecklich gewesen sein zu der Zeit. Ich verstehe nur nicht, warum die Eltern verhaftet wurden", grübele ich laut. Katy erklärt mir: „Im Internet steht, dass die Gestapo keine gewöhnliche Polizei war. Sie kamen in ganz normaler Kleidung, um Juden zu deportieren; was immer das bedeuten mag." In einer früheren Aufzeichnung berichtet Arno, dass seine Eltern im KZ Auschwitz ums Leben gekommen sind. Wir sind ziemlich erschüttert und verstehen nicht alles, was wir lesen. Natürlich wissen wir, dass zu Hitlers Zeiten die Juden im KZ getötet wurden. Damit muss die ganze Geschichte zusammenhängen.
Bei einem Thema kennen wir uns besser aus.

23. April 1950
Heute kam Lina wieder zu uns in die Schusterei. Sie ist wirklich ein liebes Mädchen. Sie trug eine rote Schleife im Haar. Es sah einfach wunderbar aus. Ich habe mich getraut, sie zum Tanztee einzuladen. Sie hat zugesagt und ich bin wirklich erleichtert.

„Wow, deine Oma und er haben sich anscheinend wirklich doll geliebt", staunt Katy.
Ich kann mich nicht zurückhalten und necke sie: „Tja, genauso wie du und Sven!" Sie streckt mir die Zunge raus. Wir reden noch eine Weile über Jungs – was sein muss, muss sein.
Plötzlich überlegt Katy: „Hey, dieser Arno ist doch spurlos verschwunden, vielleicht hat er ja in der letzten Eintragung was von seiner Flucht oder was immer das war, erwähnt." Ich gebe ihr Recht und wir blättern auf die letzte Seite.

01. Juno 1950
Heute war ein sonniger Tag. Lina ist vorbeigekommen und wir saßen im Garten. Die Hausbesitzer haben eine Grube im Garten ausgehoben, sie möchten einen Gartenteich anlegen. Morgen wird die Folie eingelegt. Ich freu mich schon, wenn ich mit Lina am Wasser sitzen kann.

„Ähm, ist das nicht DER Teich, den Amelies Eltern zuschütten wollen?", überlege ich, woraufhin Katy bejaht. Nach einigem

Überlegen kommen wir zu dem Entschluss, dass Arno Grünberg entweder entführt oder ermordet wurde, da er Umzug oder Flucht sicherlich in einer seiner Eintragungen erwähnt hätte. Er hat sich ja auf die nächste Zeit mit meiner Oma gefreut.

Wir beschäftigen uns noch eine Weile mit Arnos Leben, finden aber zwischen Alltäglichem, der Lehre als Schuster und den Treffen mit seiner geliebten Lina nichts Erwähnenswertes mehr heraus. Unser Gähnen wird ebenfalls häufiger, daher legen wir uns ohne langes Überlegen schlafen. Ich denke noch eine Weile über die ganzen Ereignisse heute nach, dann falle ich in einen festen, traumlosen Schlaf.

Die Nacht der Erkenntnis

Am nächsten Morgen sind Katy und ich schon relativ früh wach. Ich vermute, das liegt daran, dass wir es kaum erwarten können, Amelie anzurufen und ihr von unseren gestrigen Recherchen zu berichten. Nach jeweils fünf (!) gefrühstückten Nutellabrötchen erklären wir uns für bereit und greifen zum Telefon. Amelie folgt unserer kompakten Schilderung und ist am Ende ebenfalls total aus dem Häuschen. Nachdem sie sich wieder einigermaßen beruhigt hat, lädt sie uns kurzfristig zu sich zum Übernachten ein. Oma hat glücklicherweise nichts dagegen und Katys Eltern haben eh andere Probleme.

So stehen wir kurz darauf mit Schlafsack, Klamotten und Waschzeug vor ihrer Haustür in der Hagenstraße. Die Wohnung ist noch nicht fertig eingerichtet, ziemlich heruntergekommen, aber wir fühlen uns trotzdem sehr wohl. Amelie staunt: „Ich fühle mich echt wie in einem Krimi!"

„Ja, nur die Leiche fehlt", ergänze ich lachend.

Katy prustet: „Na ja, vielleicht finden wir ja noch 'nen toten Arno."

Wir kringeln uns vor Kichern.

Ich hole das Tagebuch noch mal hervor. „Die Vorstellung, dass der hier echt mal gelebt hat, ist schon cool!", staunen wir.

Wir überlegen noch eine Weile, dann fasst Amelie zusammen: „Also, dieser Arno wurde dann wahrscheinlich umgebracht. Vielleicht sogar in der Nacht, in der er den letzten Eintrag zu Papier gebracht hat! Was stand da noch mal drin?" Ohne meine Antwort abzuwarten, reißt sie mir das Tagebuch aus der Hand und blättert auf die letzte Seite.

01. Juno 1950
Heute war ein sonniger Tag. Lina ist vorbeigekommen und wir saßen im Garten. Die Hausbesitzer haben eine Grube im Garten ausgehoben, sie möchten einen Gartenteich anlegen. Morgen wird die Folie eingelegt. Ich freu mich schon, wenn ich mit Lina am Wasser sitzen kann.

„Wenn ihr den umgebracht hättet, wo hättet ihr den dann versteckt?", überlegt Katy laut.
Ich verstehe ihre Überlegungen und antworte ihr: „Na ja, der Typ von der Gestapo musste ihn ja irgendwo ums oder im Haus verstecken, weil das ja voll das große Verbrechen war!"
Amelie zuckt bei meinen Worten zusammen und stottert ängstlich: „Du meinst hier bei u ... u ... uns?"
Ich nicke und fahre fort: „Wenn das wirklich die Nacht nach der Sache mit dem Teich war, hätten die den doch gleich da rein tun können!"
Die beiden überlegen kurz, dann stimmen sie mir zu.
Nach einer kurzen Diskussion habe ich meine Freundinnen überredet, heute Nacht mit Taschenlampen und Spaten bewaffnet in den Garten zu schleichen und den Teich noch mal genauer unter die Lupe zu nehmen. Zuerst haben die beiden mich ziemlich schief anguckt, ich glaube aber, sie sind auch sehr gespannt, ob wir heute Nacht fündig werden.
„Mama, schon sechs?", gähnt Katy, als ich pünktlich um Mitternacht dabei bin, sie aufzuwecken. „Pssst, nicht so laut. Jetzt komm, Amelie und ich sind schon angezogen." Verdattert schaut Katy mich an. Sie braucht eine Weile, bis sie realisiert, was los ist. Es ist mir ohnehin ein Rätsel, wie die in der Nacht überhaupt ein Auge zukriegen konnte.
Als wir ein paar Minuten später in dem stockfinsteren Garten stehen, bereue ich felsenfest, die beiden überredet zu haben.

Die dunkle, verwilderte Rasenfläche wirkt am Tag schon nicht besonders einladend. Aber jetzt ..., man könnte hier ohne Probleme einen Horrorfilm drehen. Mit schlotternden Knien begutachte ich zitternd die über den Garten ragenden Trauerweiden, auf den ersten Blick ähneln sie riesigen Gespenstern, die sich im Wind hin und her wiegen. Ich taste um mich, war da nicht eben was? Ich will nur noch in mein Bett! Unter meinen Füßen knirscht bei jedem Schritt irgendwas ganz unheimlich. Ich spiele für Sekunden mit dem Gedanken, wegzulaufen. Einfach ganz weit weg ... nein! Das ziehe ich jetzt durch, schließlich will ich das schon halb gelöste Geheimnis um den verschwundenen Arno lösen. Ich versuche, mir selber Mut zu machen, mir fällt aber nichts besonders Überzeugendes ein.

„Ahhh", schreie ich, irgendetwas hat mich angerempelt.

„Pssst", zischt Katy und hält mir schnell den Mund zu „ich bin's nur."

Verzweifelt suche ich nach ihrer Hand. Sie presst sich ebenfalls ganz dicht an mich.

„Hey ihr beiden Angsthasen. Wollt ihr nun euren Arno suchen oder nicht?", fragt Amelie mit mutiger, fester Stimme und leuchtet uns mit ihrer Taschenlampe direkt ins Gesicht.

Nein, ich will nach Hause, denke ich, aber das lasse ich mir natürlich nicht anmerken und teile mit: „Na klar! Hast du den Spaten?" Sie drückt Katy die große Taschenlampe in die Hand, gibt mir auch einen Spaten, und wir machen uns an die Arbeit.

Ich habe Mühe zu schaufeln, da ich bis in die Fingerspitzen zittere. Ich würde alles dafür geben, auch nur ein bisschen von Amelies Mut zu besitzen. Katy meckert schon wieder, da sie ein bisschen Erde abbekommen hat, und nun ihr neues weißes Paillettenkleid einen Fleck hat. Ich muss grinsen.

„Kann mir vielleicht mal irgendjemand helfen?", mischt sich Amelie plötzlich ein. Ich muss erneut grinsen und mache mich mit nicht mehr so stark zitternden Fingern an die Arbeit, die bereits bröselnde Folie aus dem Ex- Teich zu ziehen. Zusammen mit unserer Gastgeberin (Katy ist schließlich durch ihre Pfennigabsätze verhindert), schaufle ich noch jede Menge Erde aus. „Hey Katy, wenn du dich schon nicht schmutzig machen willst, dann leuchte uns mal." Amelie schaufelt, ich reiße an der alten Folie. Es ist alles so eklig und dreckig, ich will nicht mehr. Zweifel kommen auf und ich frage mich flüsternd: Was machen wir hier eigentlich mitten in der Nacht? Es war eine doofe Idee von mir, das bringt doch alles nichts, wir ...

„Ahh!, ein durch Mark und Bein dringender Schrei unterbricht mich. Amelie schmeißt den Spaten zur Seite und poltert, halb fallend auf Katy zu.

„Was ist los?", hilflos stehe ich in der Dunkelheit, „leuchtet mal her, ich will hier raus." Der Schein der Taschenlampe fällt auf die Stelle, an der Amelie eben noch gegraben hat, genau neben mir. Ich bleibe wie angewurzelt stehen, als hätte mich jemand mit kalten Händen in den Nacken gefasst. Mir gefriert das Blut in den Adern. Wie versteinert blicke ich auf Knochen, die aus der Erde ragen. Tausend Gedanken schießen mir durch den Kopf. Kann es sein, dass wir ein Menschenskelett gefunden haben. Das war doch alles nur ein Spaß. Wo ist meine Mami ...?

Jetzt ist es Katy, die einen klaren Gedanken fassen kann. „Lass mal sehen, das kann ja auch ein verstorbenes Tier sein." Sie reckt ihren Hals in Richtung der Fundstelle und tastet sich auf ihren Hackenschuhen vor. Unsere drei Herzen schlagen um die Wette. „Gib mir mal den Spaten, das ist doch alles nicht wahr", sie schaufelt halbherzig weiter. In der Verlängerung an den Knochen schließt sich der nächste an. Sie weicht zurück. „Ich glaub' das nicht!"

Langsam dämmert der Morgen. Wir sitzen auf den Stufen der Terrasse und diskutieren über unser weiteres Vorgehen. Wir beschließen, die Polizei zu benachrichtigen, denn wir haben nicht den Mut weiter zu buddeln. Entweder ist es ein totes Tier und alle lachen uns aus, oder es ist Arno und wir hätten sein Verschwinden erklärt.

Die alten Schuhe

Wir sitzen mit meiner Oma in der Eisdiele Cortina. Die Aufregung der letzten Tage hat wenig Zeit für große Eisbecher gelassen. Das

Unfassbare ist wahr geworden, die Polizei hat wirklich eine echte Leiche gefunden. Als Arno Grünberg ist er noch nicht identifiziert, aber wer soll es sonst sein. Für uns steht fest: Er wurde von dem ehemaligen Gestapotypen umgebracht und kurzerhand in der Teichgrube verscharrt.

Meine Oma nimmt meine Hand, räuspert sich und beginnt: „Ach, ich bin doch froh, dass ich euch das Telefonbuch gegeben habe. Ihr könnt stolz auf euch sein, Mädchen! Und wenn ich ehrlich bin, hat es mich schon irgendwie mein ganzes Leben lang beschäftigt, wo Arno Grünberg abgeblieben ist."

Meine Oma stoppt und ich sehe zum zweiten Mal in wenigen Tagen eine Träne über ihre vor Aufregung glühende Wange kullern. Amelie, Katy und ich tauschen erstaunte Blicke, als meine Oma ein Paar schwarze, alte und schon ziemlich ausgelatschte Damenschuhe aus ihrem Rucksack holt und auf den Tisch stellt. Sie erklärt uns, dass die zu ihrer Zeit ziemlich modern waren. Sie waren ihre Lieblingsschuhe, daher oft kaputt. Dann brachte sie sie immer in die Schusterei in der Hagenstraße, wo Arno lernte. Ich fand die Schuhe altmodisch und werde sie auch nie tragen, aber ich denke, sie werden sich in meinem Regal sehr wohlfühlen. Oma meinte noch dankend zu uns: „Ich wollte in meinem Leben ja sowieso aufräumen, jetzt bin ich die Schuhe los und mir ist mit der Aufklärung über Arnos Verschwinden ein großer Stein vom Herzen gefallen."

Lavendelblau

Hendrika Ruthenberg

Ich stricke Strümpfe. Ich stricke und stricke. Hauptsächlich stricke ich Strümpfe. Die fertigen Strümpfe kommen dann in den Schrank. Dort bleiben sie, bis die Motten sie angefressen haben. Dann stopfe ich die Strümpfe. Manchmal mache ich die Strümpfe auch wieder auf und stricke neue Strümpfe. Das war schon immer so. So wird das bleiben. Bis ich tot bin. Dann strickt hier keiner mehr.
Du mochtest meine Strümpfe, die gestrickten, die geflickten. Das Klackern der Nadeln im flackernden, mottenumschwirrten Licht, das Knistern im Radio und die Musik. Schubert, unser guter Franz Schubert. Den hörten wir so gern. Diese melancholische Leichtigkeit, diese tänzerische Schwere, diese unbestimmte Geradlinigkeit.
Ungewohnte Stille, merkwürdige Leere. Ich laufe von Zimmer zu Zimmer, doch sind es trotz meiner Filzpantoffelschritte und Schuberts emsiger, feingrober Begleitung, welche unentwegt aus der Küche herausströmt, unbelebte Orte. Kälte umgibt mich in der stickigen Heizungsluft. Ich halte mich stets beschäftigt, wage es kaum, mich mit meinem Selbst und dem vor Aufruhr dröhnenden Kopf alleine vorzufinden. Meine Tage sind systematisch durchgegliedert, ich fahre längst im Autopilot, die Gefühle immerzu zwischen Abstellgleis und Schnellspur wechselnd, doch preschen sie nach vorne durch das einsam wuchernde Dickicht, welches mich Tag für Tag umgibt. Nachts bleibe ich wach und stelle mir vor, dass dein rhythmischer Atem neben mir liegt, mir deine Träume einflüstert, und ich sehne mich danach, diese

mitzuleben. Ich zerfleische mich in Fernweh nach dir und suche blindlings Trost in Erinnerung, Hoffnung und Zuversicht, baue mir ein Rettungsboot aus Anekdoten, Briefen, Fotografien, immer auf der Lauer nach dem ETWAS, das uns wieder zusammenbringt. Und ich stricke Strümpfe. Blaue, grüne, weiße, selbst den Pullover mit den Rosen darauf habe ich schon aufgeräufelt, um daraus Strümpfe zu stricken. Rote Strümpfe, rote Strümpfe, rote Strümpfe.

Weißt du noch, an diesem ersten Abend ... da hast du noch studiert und dein Kopf war voller herrlich träumerischer Ideologie. Wir saßen in deinem Zimmerchen oben am Fenster, schauten auf die Luisenstraße hinunter, du hast geraucht und mir von Schubert vorgeschwärmt, auch wenn der Rest der Welt Wagner gehört hat. Da habe ich dir durch die Augen in die Seele hineingeschaut, die war so wunderschön. Da haben wir uns geküsst, im dritten Stock über Hildesheim, und ich bin bei dir und deinem Schubert geblieben.

Darauf folgten schreckliche Jahre, grau, vor allem braun. Todesangst, Sehnsucht. Ich begann zu stricken: Dutzende Wolldecken, unzählige Strümpfe. Die würden für die Front benötigt, hieß es. Ich schuf dies alles beflissen und unermüdlich, bis mir die Finger brannten, die Augen tränten und mein Kopf vor Kummer keuchte. So werkelte ich, immer in der Hoffnung, ein Fetzen meines handwerklichen Geschicks würde auch dich wärmen, irgendwo im Nirgendwo. Die Leute haben so viel Hässliches geflüstert, dass einem richtig schlecht werden konnte, doch laut etwas zu sagen getraute sich keiner; so vergrub ich mich in meiner Wolle und hielt artig den Mund. Tage und Nächte, Wochen und Monate, Jahre vergingen so mit Beten und Bangen, mit Garn und Gottesfurcht.

Tagtäglich zündete ich dir eine Kerze an. Zumindest so lange, wie es Kerzen gab. Ich sammelte Bucheckern und grub die Felder nach verlorenen Zuckerrüben durch, fühlte mich gleichsam wie eine von ihnen, war eine dieser kalten, kargen Wurzeln im brachen Feld, die es aus lauter Selbstschutz nicht wagte, sich nach den gerade noch neben ihr stehenden Nachbarn zu erkundigen, die ihr im Grunde so gleich waren, so gleich ... wie habe ich diese kahle Erde verflucht, wie oft bin ich nach erfolgloser Suche mit blutigen, wunden Händen auf die Knie gefallen, wie oft habe ich an dich gedacht und gebetet, dass alles bald ein Ende nehmen würde und ich dich wiederhätte; und damit auch die Hoffnung und das Leben.

Meine restliche Kriegserinnerung besteht daraus, dass ich neben meiner Mutter auf der weißen Chaiselongue in der Stube sitze, wir schälen diese verschrumpelten, schwarzen Kartoffeln – Mäuse sagten wir dazu – wir pellen diese noch dampfenden Kartoffeln, zwischen uns auf dem Sitz liegt eine Wolldecke, darauf Zeitungspapier. Dorthinein wurden die kahlen Knollen gewickelt, dass sie warm blieben, falls einer unserer Männer doch noch zum Mittagessen kommen sollte. Als sie kalt waren, aßen wir sie seltsam schweigend, mit salzigen Tränen und bitterem Kummer. Immer und immer wieder.

Den Rest hab ich verdrängt oder vergessen, aus lauter Anstand vielleicht. Ich versuche es zumindest. Wie so viele. Auch du.

Briefe kamen manchmal; anfangs viele, dann wurden sie spärlicher, kürzer. Ich war hungrig nach Nachricht von dir und verschlang jedes Wort gierig, die Hände zitternd, das Herz bebend. Es waren stets ähnliche Zeilen, doch sie beruhigten und bestärkten mich, hielten die Zeit für kostbare Momente an, dort auf der Chaiselongue neben den kalten Kartoffeln. Worte waren es, die ob der grausamen Verblendung unserer Generation unaussprechlich geworden sind, doch solche, die mich trösteten, nährten. Allein von Bucheckern, alten Kartoffeln und Zuckerrüben kann der Mensch schließlich nicht überleben. Als Mutti keine Briefe mehr bekam, saß ich bald einsam auf der Chaiselongue. Dann hab ich sie verheizt.

Als du aus Frankreich kamst, warst du stiller, blasser, ernster, als ich dich kannte. Die Augen stumpf und leer, mit zersprungenem Herzen und zermürbenden Gedanken kamst du wieder, die Stirn in schwere Falten gedrückt. Du hattest zu viel gesehen, zu viel verloren, vergeblich. Ich bemühte mich, deine düsteren Gedanken auszujäten, die hartnäckigen Wurzeln herauszureißen. Ich stach mich an den Dornen und wütete weiter. An einem Sommerabend schließlich kam ich in die Küche, Schuberts Serenade schluchzte uns sehnsuchtsvoll aus dem Radio entgegen, und du weintest wie ein verlorenes Kind. Ich nahm dich fest in meine Arme, die tränendurchtränkten Augen schauten mich klar und dankbar an, die Betrübnis durch salziges Nass fortgespült; und wieder gewährtest du mir einen Blick tief in deine Seele hinein, und ich liebte dich dafür.

Anne, unsere Anne. Anne führte uns wieder zusammen, wie zwei Erbsen, die vorzeitig aus der Schote springen und dann durch eine günstige Fügung des Schicksals wieder zusammenkullern. Kurze, kostbare Monate voller Besorgnis und Behutsamkeit folgten ihrer Geburt, doch aller Fürsorglichkeit zuwider nahm sie einen schmerzhaft frühen Abschied. Ihr Lachen trage ich bis heute in meinem Herzen. Ich sehe dich noch immer vor mir, wie du über die zerbrechliche Gestalt gebückt am Bett stehst und ihr behutsam die feinen Haare aus der fiebrigen Stirn streichst, ihr fabelhafte Geschichten zuflüsterst, Geschichten von der frechen Josephine. Ich saß dann und lauschte, strickte. Allerhand kleine Söckchen, Jäckchen, Deckchen, die mit Anne zu Grabe getragen wurden. Der Schreiner hat sein Bestes getan und ihren kleinen Sarg mit lauter Singvögeln geschmückt, damit, wie er sagte, die Kleine auf schnellstmöglichem Wege zum lieben Herrn getragen werden könne.

Als Anne unter die Erde am Harztor zog, trat ich beflissener denn je den Kopfsprung in die Strickkultur an, du nahmst dein Studium wieder auf und kümmertest dich anschließend um Prophylaxen, Parodontose und Prothesen, tratst mit bitterer Entschlossenheit erneut den Kampf an, nur diesmal gegen die wirklichen Feinde der Republik: Karies, Zahnstein, Mundgeruch. Die Arbeit tut uns beiden gut; aber seitdem bist du schweigsamer und erfindest auch keine Geschichten mehr.

Spricht man, lacht man, staunt oder schweigt man über uns? Nach Annes Tod verkrochen wir uns beide derart in Alltag und Pflicht, dass wir kaum unter Leuten gewesen sind. Mittwochs auf dem Markt traf ich natürlich den einen oder den anderen, doch man grüßte sich bloß und ging seiner Wege. Mittwochs bin ich immer gegangen, und mittwochs gehe ich noch immer. Samstags ist mir der Platz zu voll mit Müttern, Kinderwagen, Kötern, Konfrontation. Nein, da gehe ich doch lieber mittwochs, betaste die Birnen, Äpfel, Kartoffeln, Rettiche, Rüben, Eier, Würste und Honigtöpfe, nasche Oliven, vergleiche Käsesorten und atme tief den Duft frisch geschnittener Blumen ein. Diese Zeit ist meine Zeit, mein allwöchentlicher Gang an die frische Luft und die Freiheit. Wenn ich meine Besorgungen erledigt habe, sitze ich gern im Café und lausche, was die Damen an den anderen Tischen zu erzählen haben. So sauge ich recht vergnügt, meinen Kaffee in kleinen Schlückchen schlürfend, die Northeimer Frauengespräche auf. Sorgen um die Kinder, um den Ehemann, um die Arbeit und kleine Haushaltsmissgeschicke überwiegen. Viele der Frauen haben die abenteuerlichsten Frisuren. Ab einem gewissen Alter, scheint es, toupiert, tönt und tackert man sich recht selbstverständlich das Haupthaar zurecht, um von den zunehmenden Falten, Flecken und Flatulenzen abzulenken.

Ich trage mein Haar noch immer in zwei Zöpfen, einen hinter jedem Ohr. So wie damals, in der Luisenstraße, im dritten Stock über Hildesheim. Sie sind nur etwas blasser und dünner geworden. Die Einkäufe trage ich auch, immer mittwochs, immer die Hagenstraße hinunter.

Ein stiller Mensch bist du, ein Mann, der wenig spricht und umso mehr auf anderen Wegen sagt. Die Brille an die Nasenflügel herabgeschoben, den Kiefer in konzentrierter Schiefhaltung, den Mund leicht geöffnet und über den Jugendstilsekretär gebückt zeichnest du wirre, wilde Bilder. Mal sind deine Striche penibel mit dem Lineal gezogen, mühsam, so dass du beim Führen des Stiftes kleine Töne der Anstrengung von dir gibst; mal sind deine Bewegungen über dem Papier schwungvoll, geradezu euphorisch. Es ist eine Undenkbarkeit, dass du dich für dies künstlerische Treiben an den Esstisch oder sonst wohin setzt. Vermutlich fühlst du dich mit dem Sekretär verbunden; er ist wie wir knapp vor 1920 entstanden, gute achtzig Jahre alt und bietet durch die breite Rückwand einen sicheren Zufluchtsort, sodass ich dir nicht während des Arbeitens auf das Blatt linsen kann. Diese Zeichnungen sind, so seltsam es auch klingen mag, mein Weg geworden, um dir in die Seele hineinschauen zu können. Die Züge deines Stiftes sind mal fröhlich, mal betrübt. Viele der Bilder sind konfus oder mehrdeutig, sodass ich lange darauf schauen muss, um deine Gedankenwelt erahnen zu können.

Es überkommt dich immer einmal, wenn die lustige Forelle aus dem Apparat tönt, mit mir in meiner Schürze durch die Küche zu tanzen und herumzuwirbeln, als seien Herd, Spüle, Dunstabzugshaube und alles Weitere nichts mehr oder weniger als die gewöhnliche Ausstattung eines Ballsaals. Dann weiß ich, dass du noch derselbe bist, in den ich mich vor so vielen Jahren verliebt habe. Der fröhliche Vogel, der mich damals mit Schubert und so viel anderem bekannt gemacht hat, der optimistische Intellektuelle, um den mich meine Freundinnen so beneidet haben. Dem ich kurzentschlossen, glühend vor Gier und Verlangen, meine Tugend vor die Füße legte. Es war Sommer. Ich habe nie wieder so viele Sterne gesehen wie in dieser ersten Nacht. Das Rascheln des Windes im Geäst. Weißt du noch? Das war alles noch, bevor der Kriegsdienst dich verschlang, zerkaute, halb verdaute.

Trotz aller Verschwiegenheit bist du ein großzügiger Mensch, und so zähle ich mich zu den glücklichen Hausfrauen, welche sonntags zum Kaffeetisch ihr Fürstenberg auf den Tisch stellen und dazu ihre Schillerlocken reichen können. Einmal im Jahr fahren wir nach Prag, Zürich, Rom, Athen, Stockholm oder Wien, futtern uns durch die Kaffeehäuser, bestaunen die Architektur, die teuren Boutiquen und die Museen, bis wir um einige Kilos reicher und mit genügend Dias zur Überbrückung der Zeit bis zum nächsten Sommer in die Hagenstraße zurückkehren. Auf diesen Reisen erzähle ich dir alles, was mir auf der Zunge brennt, und du hörst mir geduldig schmunzelnd zu, zeichnest Kathedralen und kaufst silberne Souvenirlöffel für die heimische Vitrine. Vielleicht geht es auch irgendwann einmal nach Frankreich, nach Lyon, Marseille oder Paris. Der Krieg ist schließlich lange her. Meinst du nicht auch, Bernhardt?

Deine Sehnsüchte sind immer dein großes Geheimnis geblieben, vor allem seit Anne fort ist. Ich gab es auf, dich danach zu fragen, beobachte jedoch deinen allabendlichen sehnsuchtsvollen Blick in das bunte Nichts der Abenddämmerung. In jenen Augenblicken schweigen wir uns sonderbar an, und ich greife zum Garn, um dieser Seltsamkeit zu entfliehen. So vergingen die Jahrzehnte.

Viele, viele Jahre hast du gebohrt, geschliffen, gezogen, geputzt, poliert, befüllt, genäht, gereinigt und beraten. Backenzähne, Milchzähne, Weisheitszähne, Wackelzähne, Zahnwurzeln, Zahnspülungen, Zahnersatz. In wie viele Münder hast du gesehen, wie viele Zahnsätze betastet, wie viele Gutachten von Gebissen erstellt und wie viele Luftballons und Gummitiere an verängstigte Kleinkinder verteilt?

Ich bestellte Käsekuchen, Streuselkuchen, Obstkuchen, allesamt von Rolf. Ich kochte Kaffee, setzte Tee auf, deckte feierlich den Tisch; und alle Zahntechniker, Aushilfen, Ärzte und Auszubildende tranken und aßen auf deine Pensionierung und die Erfolge deiner Laufbahn. Als von der freudvollen Runde nur noch Krumen, Kaffeeflecke und leer gelöffelte Sahnetöpfe übrig waren, setzte ich mich zu dir und folgte deinem Blick nach draußen in die Ferne. Da hast du einmal wieder so furchtbar geseufzt und in die Ferne gesehen, wie hundertmal, wie tausendmal zuvor, und diese Stille konnte ich nicht ertragen, weil du mir in jenen Augenblicken deine Seele versperrtest. Ob ich samstags Klöße kochte oder Schubert sein Bestes gab, du schautest abends stets in die Dämmerung hinein, atmetest schwer und sprachst dieses „ach, nichts ..." aus. Es war mit einer solchen Schwere, dass ich wusste, dieses NICHTIGE könne nur das WICHTIGE sein.

Was tun, wenn ein lebenslanges Mühen zu Ende geht und plötzlich nur die Früchte der Arbeit zu ernten sind? Die ersten Wochen bist du nach alter Gewohnheit früh aufgestanden, in der Wohnung herumgetigert, hast mir gleichgültig beim Putzen, Waschen, Kochen und Einmachen zugesehen, fühltest dich in dieser plötzlichen Freiheit gefangen. Dann aber rüstetest du dich vehement gegen die Fortschritte des Älterwerdens mit Zeichenstiften, Blöcken und Anspitzern, um dich ein drittes Mal zu verpflichten, nur war es diesmal eine Widmung um deiner selbst. Nun schaffst du von morgens um neun – kurz nach dem zweiten Kaffee – bis mittags um eins – um diese Zeit stelle ich das Mittagessen auf den Tisch – kleine Wunderwerke aus deinem Herzen heraus aufs Papier. Manchmal rührend, manchmal finster, klare Striche auf sanftem Papier. Deine Kunst hat eine Klarheit, doch deine Stille umgibt mich mit einem Nebel der Ungewissheit. So ist das, seit du aus Frankreich wiederkehrtest, so wird es ewig bleiben. Manch ein armer Irrer hat sich nach dem Krieg im Wahn oder in der Selbsttötung verkrochen, du aber verkriechst dich in dir selbst, hinter dem Sekretär oder im Radioempfänger, und das ist mir ein steter Trost. Du behieltest stets die Contenance, beständig und ehrenhaft. Nun ja. So dacht' ich es mir eben.

Ein kleiner Umschlag aus lavendelblauem Büttenpapier ist ein unscheinbares Ding, ausländische Absender aber abenteuerlich und suspekt. Die Verpaarung der beiden ergibt eine gefährliche Mischung, welche die Neugierde lockt, Abwechslung verspricht und Einblick in eine andere Welt. Adressiert war der Brief an dich, und ach!, wie brannte er in meinen Händen, dieser listige Brief, der sich in der Hallo Sonntag zwischen Reklame und Anzeigenteil eingenistet hatte, ein Kuckucksei unter den Wurfsendungen, ein exotisches Wunderwerk im heimischen Briefkasten und doch in aller Deutlichkeit an dich adressiert: „Monsieur Bernhardt Borchert". Eine grazile, geschwungene Schrift aus der Feder einer gebildeten jungen Frau, einer „Madame Josephine Moreau". Blass stellte ich sie mir vor, mit großen dunklen Augen und dramatischen, ungezupften Augenbrauen, dazu die kastanienbraunen Haarwellen kunstvoll hochgesteckt, eine Perle an jedem Ohr. Plötzlich bahnte sich ein ganz anderer Gedanke durch meine verstrickten Erinnerungen, eine schreckliche Ahnung überkam mich: die freche Josephine. Gerade wollte ich den Umschlag zerreißen, ihn verbrennen, verschlingen, ihn und diese fremde, vermeintliche Schönheit aus Rouen, doch da tratst du schon pfeifend ins Zimmer, blicktest mich an, die drei Sonnen verstummten zwischen gespitzten Lippen. Mit zitternden Händen hielt ich dir dies Schriftstück von einem Miststück entgegen.
Die lavendelblaue Verlogenheit entgegennehmend, in den Sessel sinkend, mich mit weit aufgerissenen, fast verängstigten Augen anblickend, öffnetest du in schmerzhafter Langsamkeit den Umschlag, entnahmst die ebenso lavendelblaue Karte, strichst mit einem zaudernden Finger über den lavendelblauen Kartenfalz,

schlucktest unverkennbar betroffen, schlugst dann in unerwarteter Schnelligkeit den lavendelblauen Deckel auf und starrtest eine Ewigkeit, vielleicht auch anderthalb, auf die sich darin befindenden Zeilen. Ich hätte dich gerne nach dessen Inhalt gefragt, doch ich war wie versteinert. Mir stockte der Atem, das Flirren einer Motte an der Zimmerdecke dröhnte in meinem Kopf, bis ich es nicht länger aushielt und fragen wollte, musste, da sprachst schon du in bebendem Flüsterton.

Es war einmal, vor langer Zeit, ein junger, schöner und kluger Soldat. Es war ihm aufgetragen worden, Drachen, Riesen und sonstige Ungeheuer aufzuspüren, zu bekämpfen und zu vernichten. So zog er hinaus in die Welt, und mit ihm viele andere. Sie zogen in die Fremde, in die Bretagne, und dienten ihrem König in treuer Ergebenheit. Die großen Erfolge berichtete er voller Stolz seiner sanftmütigen Geliebten im Heimatland, stets bestrebt, ihr das Paradies zu erkämpfen, welches sie so sehr verdiente.

Eines Junitages erkannte aber unser junger Held, dass die Riesen keine Riesen, die Drachen keine Drachen und seine Befehlshaber die eigentlichen Ungeheuer waren. Als der Waffenstillstand beschlossen wurde und die Truppen gen Osten wanderten, blieb einer zurück. Seine nächtliche Flucht hatte nichts mit Mut oder Ehre zu tun; er floh schließlich vor seiner Gegenwart, vor der Vergangenheit, vor der Zukunft, kurzum: vor sich selbst.

War es Zufall oder Schicksal, als das Weingut der Moreaus aus der Morgendämmerung emporstieg? War es Torheit oder Verzweiflung, welche den jungen Soldaten an die Eichentür pochen ließ? Der Gutsbesitzer hatte einen Sohn verloren, und nahm ihn, aus lauter Sehnsucht vielleicht, in den Kreis seiner Familie auf. Der neu ernannte Sohn lernte Trauben, Fässer, Flaschen, Korken, Kunden kennen. Doch auch Elodie, die so wunderbar singen konnte, kugelrund wurde, eine Tochter gebar: die freche Josephine.

Nach Kriegsende schlich sich der falsche Held wieder von dannen, zurück in seine alte Heimat, weil es sich so gehörte. Ohne Erklärung, ohne Abschiedsgruß. Er hatte sich schließlich einer jungen Dame in Deutschland versprochen und zwei Eltern, die auch nicht jünger wurden. Wenn es sie überhaupt noch gab.

Du blicktest nun tonlos auf die lavendelblaue Apokalypse, mit dir und deinem Selbst nach gelungener Beichte im Reinen, befreit von der Last der Verschwiegenheit, strichst zärtlich über das Bild des zerstörerischen Kindes in deiner Hand. Gregoire Moreau lädt feierlich zu seiner Taufe ein: «Maman dit qu'il a tes yeux, notre petit prince. J'espérais que tu peux nous donner la chance de les comparer nous-mêmes à son baptême».

Die Geburtsanzeige deines Urenkels noch immer in der Hand. Das tränentriefende Gesicht. Mottenflirren. Unendliche Schwere, meine Seele erstickend. Plötzlich ist alles ganz anders. Es ordnet sich alles neu. Dinge, die dir gestern oder vor einer Stunde noch essentiell waren, werden nichtig, klein. Prioritätenverschiebung. Demut und schlagartige Nichtigkeit fliehender Gedanken. So ist das. Wenn die Realität dir ins Gesicht spuckt.

Deine Augen soll er also haben, dieser Wunderknabe, der „kleine Prinz". Tatsächlich deine Augen, Bernhardt? Dies dir eigene Funkeln in der Pupille? Das tiefe Blau und der klare Ring um die Pupille? Der Blick in deine Seele hinein?

Da hörte ich sie plötzlich. Anne. Ihr helles Stimmchen klang schwebend durch das in Tränen schwimmende Zimmer. Mutter, sagte sie. Mutter. Die verlogene Josephine ist nun Großmutter, doch ihr abscheulicher Enkel ist bereits älter, als Anne je werden durfte. Du hast sie verletzt, das Kind. Es ist, als sei alles Bisherige … dein Leben, das meine und ihres … eine gläserne Lüge gewesen, gut gebohnert, aber dennoch nichts als herbeigesehnte Realität. Nun hat diese einen Sprung, einen Riss, einen hässlichen, schmerzlichen Striemen. Was liegt nur dahinter, hinter dem Glas, und was wird sein, wenn alles zerbricht und aus alledem nur ein Haufen schillernder Scherben bleibt?

Doch was sagst du da, Anne, mein kluges und gescheites Kind? Ist da ein Schein? Ein Flackern? Nein … oder doch? Ja! Ein Schimmer der Hoffnung am Horizont, ein bebendes, unwirkliches Licht. Eine Fata Morgana bloß, oder Wirklichkeit? Kann ich den Funken trauen? Es riecht nach einem verheißungsvollen Versprechen von Freiheit. Und nach … Ich möchte so nah an die Quelle heran, bis mir die Wimpern an die Flamme stoßen und ich verschreckt und mit angesengten Wimpern zurückspringe, voller Entzü-

ckung die heißen Lider betastend, um mich dann vollends hinein-
zustürzen.

Anne sagt, dass du nun zu ihr gehen musst, im Stillen, und bald.
Sie sagt, du darfst keineswegs den Zug in die fremde, verlogene
Vergangenheit nehmen, sonst zerbricht alles vollends. Doch wie
nun dieses unser Leben gebührend verteidigen, als einzige Wahrheit erhalten und, ja, das Restchen Ehre retten, was uns noch
bleibt? Du musst eben fort, sagt Anne, doch nicht ins verfluchte
Rouen; nicht in diese fremde, verlogene Stadt voller fremder, ver-
logener Frauen. Ich werde dir helfen, diesen Weg zu gehen und ich
wünschte, ich könnte ihn mit dir gehen, doch ... es ist noch so viel
Wolle da. Wenn die Wolle erst fertig gestrickt ist, dann bin ich es
auch, doch jetzt, nein, jetzt kann ich noch nicht zu Anne. Es bleibt
so schrecklich viel zu tun.

Eine Fahrt von hier nach Rouen kostet einhundertachtundsiebzig
Euro und fünfzig Pfennig, dauert ganze zwölf Stunden und acht
Minuten, man steigt fünfmal um ... und das alles mit deinem Geh-
stock und nur, um einer Lüge beizuwohnen. Ich weiß es, denn die
Bahnfahrkarte liegt in der Küche neben dem Radioempfänger. Du
hast noch keine Rückfahrt gebucht. Es bleibt mir nicht viel Zeit.
Doch wie Abschied nehmen von dir, der du mich in deine Seele
blicken ließest; wie einer derartigen Aufgabe die Schrecklichkeit
nehmen, die Liebe zu dir und uns darin aufblühen lassen? Fro-
hen Mutes sollst du fortgehen, unversehrt, beflügelt und beseelt,
damit alles wieder an seinen rechten Platz gerückt werden kann.
Wie schrieb einst dieser Dichter: „Und aus allen Finsternissen tritt
der Herr so weit er kann ... und die Fäden, die zerrissen, knüpft
er alle wieder an" ... Fäden. Schnüre, Strippen. Ja, Anne. Ich muss
stricken.

Ich habe mich gut ausgerüstet, heute, an diesem Mittwoch. So
ein Nadelspiel aus Holz schont die Finger, sagt man. Ich habe
um gutes, festes Garn gebeten, doch weich sollte es auch sein,
sanft. Die Farbe und das Material waren mir gleichgültig, drum
habe ich Prozente bekommen. Es sind viele neumodisch anmu-
tende Knäuel im Strickkorb gelandet. Glatte und krause, grobe
und feine, Acryl und Mohair. Weil so viele verschiedene Stärken

dabei sind, stricke ich mit zwei oder drei Fäden gleichzeitig. Das Werk soll geschmeidig und gut werden, ein buntes, fantastisches Ding, ein durchwobener Strickteppich aus Schicksal, Tränen, Eifersucht.

Am Ende eines Fadens angekommen, vernähe ich diesen nicht, wie es sonst üblich wäre. Um die Elastizität und Stabilität der Arbeit zu erhöhen und keinen Faden durchtrennen zu müssen, nähe ich den Anfang mit dem Ende vorsichtig mithilfe einer Stopfnadel zusammen. Wie nah doch aller Anfang und Ende zusammen liegen, verknotet, ineinander verschlungen, oftmals kaum unterscheidbar. Mein emsiges Arbeiten gleicht dem Werk der Ewigkeit: unendliche Stränge, sich überlappend, umschließend, bestärkend, ein Potpourri an Kombinationen, Möglichkeiten, Verwandlungen. Das Fehlen eines einzelnen Fadens bedeutete den Untergang für die Gesamtheit aller, auch wenn nur ein kleines Stückchen fehlte; etwa das kurze Karminrote, das grobe Graue oder das weiche Weiße.

Nadelklackern, Lichterflackern. Du hast dich prächtig über mein, wie du es nanntest, „Regenbogenwerk" amüsiert und drei Unterhosen, ein Unterhemd und einen zweiten Pullover nonchalant in die lederne Reisetasche gesteckt, dabei gepfiffen hast du; ausgerechnet den Erlkönig, als ahntest du etwas. Wie sollte man auch sonst darauf kommen, gerade dieses Lied so vergnügt zu pfeifen? Anne zuliebe solltest du es besser wissen. Ich lieb' dich, mich reizt deine schöne Gestalt; und bist du nicht willig, so brauch ich Gewalt. Sagt Goethe. Sagt Anne. Sag' ich.

Ich habe meine Nadeln niedergelegt und das Zimmer verlassen, um dir und der gespenstischen Melodie zu entfliehen. In der Küche schnitt ich Brot, vier Scheiben Brot, wie jeden Abend. Ich deckte behutsam den Tisch, wohl etwas behutsamer als sonst. Tat Aufschnitt auf einen Teller – Wurst, Käse, Essiggurken – und fand es schade, dass man aus dem Alter herauskommt, wo man immer eine Flasche Sekt im Hause hat. Ich fand aber noch eine Flasche Trollinger ganz hinten in der Speisekammer. Ist ja schließlich auch was Schönes. Ich hatte überlegt, zu diesem besonderen Abend etwas Besonderes zu kochen, doch ich hätte dich nichts ahnen lassen wollen, und das letzte Abendmahl besteht nun mal, um orthodox zu bleiben, aus Brot und Wein. Da fiel mir ein, dass ich noch einen Lippenstift im Nähkorb haben musste, und trug ihn auf, um dir an diesem Abend zu gefallen. Zugegeben, er klumpt ein wenig. Doch die Zeit drängt. Wegen des Lippenstifts kann ich nicht innehalten, Anne bleibt eisern, heute Abend muss es geschehen, sonst ist alles vergebens gewesen, selbst die schwarzen Mäuse auf der Chaiselongue.

Die Küchenstühle stöhnen, wenn man sich darauf setzt. So auch heute. Die Lehnen knartzen, die Füße quietschen. Sie überbrücken die Stille, die in der Küche herrscht, und sorgen für eine vertraute, heimelige Stimmung. Du weigertest dich, den süffigen Weißwein auch nur zu kosten. Auf dem Gut der Moreaus, ja, da sei der Wein ein göttliches Gedicht, du verdürbest dir nur die Vorfreude darauf, wenn du dir diesen Durchschnittsfusel zumuten würdest. Wir sind wohl beide in einer sonderbaren Stimmung, seit dieser Brief einkehrte, dieses schicksalsschwangere Schreiben mit dem ach so unschuldigen Inhalt. Lavendelblau.

Mir gegenüber sitzt du, dein Graubrot erst mit Butter, dann mit Leberwurst beschmierend. Die Radieschen habe ich hauchdünn geschnitten, wie du sie am liebsten magst. Die kleinen Kreise krönen deine ungeahnte Henkersmahlzeit. Sorgfältig wie eh und je wird das Brot in vier gleich große Teile geschnitten. Mit der Prothese lässt es sich so schwer abbeißen, das sehe ich ein. Doch herzhaft ins Butterbrot beißen ist mir allemal lieber, als vornehm Quadrate zu knabbern. Heute habe ich nur keinen Appetit. Ich nippe am Trollinger, den ich wohl ganz für mich alleine haben werde. Ich habe dir noch nie so konzentriert zugesehen wie an diesem Abend, und ich merke erst jetzt, wie alt du geworden bist. Ob etwas sei, warum ich dich so anstarren müsse, du hättest schließlich nie gedacht, dass man dich nach all der Zeit mit solch warmen Worten zu Besuch nach Frankreich bitten würde. Ich solle es dir gönnen und du wärst es ihnen schuldig, zurückzukehren und deine Glückwünsche zur Taufe auszusprechen. Ich solle gefälligst essen, und außerdem hätte ich Lippenstift an den Schneidezähnen und es sähe furcherregend aus. Das alles sagst du mir nicht mit Worten, sondern mit der akribischen Sorgsamkeit, mit der du dein Brot mit Radieschen bestückst.

163

Einen Happen hebst du an den offenen Mund, schaust mich dabei dringlich an. Lässt die Hand sinken, Radieschenscheiben fallen auf die Tischdecke. „Iss doch was, Agathe. Es ist nur für ein paar Tage, dann komme ich wieder. Ich bringe dir Wein mit, Likör und Madeleines, doch ich muss alleine gehen, verstehst du nicht?" Ich nicke. Ja, ich weiß, dass du gehen musst. Das hat mir Anne schließlich auch gesagt.

Wir schwiegen uns noch eine Weile an, du sammeltest deine Rübenscheiben ein und saßest mir herzhaft kauend gegenüber, während ich mich zunehmend mit dem süßen, schweren Wein anfreundete. Dabei muss ich eingenickt sein, denn als ich mich wiederfand, schlug die Uhr gerade eins, die Flasche war leer und du hattest die Kamelhaardecke fürsorglich um mich herum gelegt. Das kommt davon, wenn man sich zu selten betrinkt. Ich sortierte meine Beine, stellte mich so gut es ging auf die Füße, torkelte zum Wasserhahn und steckte meinen Kopf unter das kühle Nass, bis die klare Flüssigkeit mir die Trunkenheit fortgespült hatte. Triefend lief ich nun ins Bad, kämmte mir die Haare durch, flocht zwei neue Zöpfe und zog die Lippen nach.

Dort liegst du, in frischen Laken friedlich schlummernd. Dein Antlitz ist aus feinstem Porzellan, die Haut wie Seide. Was kümmern mich die flaumigen, bleichen Haare, kaum unterscheidbar vom weißen Federkleid eines Schwans ... deine in Falten gelegten Gesichtszüge gleichen der treuen, alten Schillereiche, worunter wir einst als Brautpaar standen, du und ich. So werde ich dich stets vor mir sehen, mein schlummernder Prinz. Verkehrte Welt; Dornröschen versetzt den schlafenden Helden in einen tödlich tiefen Taumeltraum – geschickt gestrickt ist halb erstickt – den weichen Wollschal um die Wirbel windend, wage es nicht, Luft zu holen, gerade liegt die bunte Schlange um den feinen Hals, du wachst auf, ein Blick, ein Ton, als verstelle man den Radioempfänger um ein, zwei Frequenzen, ein Seufzer, dankbar wie ein Frühlingshauch.

Wolkenschwaden ziehen rosarotblaugrauweiß über den Winterabend hinweg, Bäume strecken gespenstisch ihre spilligen, laublosen Ärmchen gen Himmel, um die letzten Sonnenstrahlen zu erhaschen. Die Erde: fahl und grau und müde, wie ich.

Ätsch hoch 2

Für Heike
Hans-Henning Klimpel

Gegen Mittag verlässt Rechtsanwalt Dr. Heiko Malte seine Praxis in der Breiten Straße von Northeim, um, wie gewöhnlich, eine Mahlzeit einzunehmen. Gut gelaunt schlendert er über den Marktplatz und schiebt sich geduldig durch die Menge der Menschen, die die Marktstände säumen. An den Ständen der Gärtnereien drängeln sich viele Kunden. Frühling ist's. Im Freien vor dem Café Klo, so nennen die meisten Northeimer liebevoll ein freistehendes italienisches Café am Rande des Marktplatzes, genießen bereits einige Sonnenanbeter einen Cappuccino.
Dr. Malte entschließt sich zu einem spontanen Besuch von Paula, seiner geheimen Liebschaft. Voller Vorfreude durchstreift er flotten Schrittes die Einkaufspassage des Citycenter Grafenhof und nimmt die Rolltreppe zu den Tiefgaragen, wo er einen Dauerparkplatz hat. Desinteressiert greift er zu dem Zettel unter dem Wischer seines BMW, den er für Werbung hält. Er begreift nicht, was da steht:

80.000 Euro
Oder Ihre Geheimnisse und Ihre Tochter!
Die Russenmafia

Er erstarrt. Was soll das denn? Wer schreibt so etwas? Was kann das bedeuten? Dann, ganz, ganz allmählich schwant ihm die Bedrohung hinter diesen Zeilen.
Oder soll das ein schlechter Witz sein? Was hatte das überhaupt zu bedeuten: „… und Ihre Tochter?"

Wen konnte er um Rat fragen? Er ging seine Freunde durch. Alle würden ihn zur Polizei schicken, dessen war er sich sicher. Aber die Polizei würde Lisa auch nicht rund um die Uhr bewachen können. Rainer, seinen besten Freund, konnte er nicht fragen. Der weilte noch für einen Tag in München auf einer Autographenmesse. Und seine bessere Hälfte, Eva? Ihr konnte er doch auch nichts sagen, das war viel zu aufregend für sie. Und dann müsste er ihr doch alles beichten. Eine Katastrophe. Wenn sie von dem Verhältnis zu Paula erführe, sie würde ihn sofort auf die Straße setzen. Seine Tochter Lisa befand sich mitten im Examen. Sie durfte erst recht nichts von dem Drohbrief wissen. Am besten, ich halte das für einen makabren Scherz. Ihm war ganz flau geworden.

Er fuhr den Wieterberg hoch zu Paula. Sie war nicht da. Er konnte sie auch telefonisch nicht erreichen. Zu Hause wollte er sich jetzt auch nicht vor Eva blicken lassen. Und jeder Appetit auf ein Mittagessen war ihm vergangen.

Er fuhr zurück ins Büro und spielte die ihm beruflich vorgegebene Rolle. Gerade als er mitten darin war, ein schwieriges Testament zu beurkunden, das nun allerdings bereits im vierten Entwurf mit dem Mandanten beraten worden war, surrte das Handy. Eine SMS-Nachricht:

Morgen 17:00 Uhr mit dem Geld, wo Rhume sich und Leine paaren. Keine Tricks. Wir sind viele!

Er bekam Angst. Wer waren die? Was wussten die von ihm? Seine Beziehung zu Paula konnte natürlich jemanden bekannt geworden sein. Seine Doktorarbeit? Dass die nicht ganz astrein gearbeitet war, wer konnte das wissen? Aber das Schlimmste war die Sorge um seine Tochter. Und er wusste, dass er diese Sorge nicht in den Griff bekommen könnte. Alles, was ihn selbst betraf, ließ sich irgendwie löten, sei es auch mit Verlusten. Diese gemeinen Hunde!

Er dachte, rein vorsorglich sollte ich das Geld organisieren. Er rief die Kreis-Sparkasse an. Das ging besser als angenommen, ja sogar vergleichsweise zügig. Nichts geht über einen guten Ruf. Er würde morgen 80.000 EUR bei der Sparkasse abholen. Später müsste freilich eine neue Hypothek auf das Haus eingetragen werden, hatte der Banker gemeint. Das müsste er natürlich auch an Eva vorbei schummeln. Gut, dass er in Gütertrennung lebte.

An dem Abend ging Malte seiner Frau aus dem Weg. Er ging früh zu Bett und nahm eine kräftige Dosis Schlaftabletten ein. Er vertiefte sich noch in den neuesten sehr spannenden Harzkrimi und legte ihn erst aus der Hand, als ihm im wahrsten Sinne des Wortes die Augen zufielen.

Dienstag, 5.4.2011, 7:30 Uhr

Eva strahlte gute Laune ins Badezimmer, wo er gerade seinen Schnurrbart stutzte.

„Stell Dir vor, Heiko, die haben den Northeim Limerick von Diethard abgedruckt!"

„Nee, wirklich? Zeig doch mal."

Sie reichte ihm aufgeschlagen die Northeimer Neuesten Nachrichten. Tatsächlich!. Natürlich kannten beide den Spruch längst. Diethard, einer seiner Literaturfreunde aus Eddigehausen, pflegte seine neuesten lyrischen Ausbrüche versfrisch herüberzusenden und erwartete jedes Mal ungeduldig ein postwendendes Echo. Lobgesänge selbstredend. Wer da zurückstand oder gar ein Wörtchen Kleinstkritik durchschimmern ließ, brauchte sich über sein Eingeschnapptsein nicht zu wundern. Meist herrschte dann erst einmal tagelang Funkstille von der Plesse.

Malte las also die bekannten Zeilen:

Northeim Limerick
Kam eine Touristin nach Northeim,
ach, ließ es sich hier froh sein!
Fand die Stadt im Harzvorland
Pittoresk and very interessant.
Nun möcht' sie nimmer fort sein.
(Diethard von der Plesse)

Schwarz auf weiß, nun also in der NNN. „Wie er das wohl wieder bei der Redaktion geschafft hat", murmelte Malte.

„Der ist denen wohl so auf den Senkel gegangen, dass sie es vor-
gezogen haben, es besser schnell zu drucken!", feixte Eva.
Nach einem Gerichtstermin parkte Malte gegen 10:30 Uhr seinen BMW an der Brücke über die Rhume nahe dem Flugplatz. Er
wollte laufen, das heißt, er musste laufen, wollte versuchen, im
Kopf frei zu werden. Langsam trabte er den Weg hinein in das
wunderschöne Rhumetal. Am Anfang lief er schwerfällig und noch
unlustig. Dann spürte er eine Art Entlastung, die sich wohlig im
Körper Raum schaffte. Nun hatte er seinen Rhythmus gefunden.
Rechts rauschte die Rhume, und gierig nahm er die Laute und den
Geruch der Natur auf. Die Gedankenfetzen kamen und gingen
und erzeugten sich wie Seifenblasen aus sich selbst heraus. Immer weiter lief er den Leine-Rhume-Erlebnispfad. Er wollte wieder
so weit laufen, bis er die Berge des Harzes sehen konnte. Dieser
wunderbare Blick auf die Berge machte ihn geheimnisvollerweise
stark. Plötzlich summte sein Handy. Eine neue Nachricht.

*Na, wie läuft's denn, Herr Doktor? Nicht vergessen: An der Eiche, wo
Leine sich und Rhume paaren.*

Dr. Malte hielt im Laufen inne. Ihm war auf einmal schwach. Als
ob von einem Moment zum anderen die Kräfte versiegen würden.
Das konnte doch kein Zufall sein. Was bedeutete das denn? Dann
fiel ihm seine Läuferuhr ein, eine Forerunner 2010 von Garmin,
ein Wunderding, wie er selber meinte, eine GPS-fähige Sportuhr,
die mithilfe Erfassen von Satellitensignalen die Geschwindigkeit
und die Länge der gelaufenen Strecke messen kann. Darüber
konnte man ihn natürlich auch orten, wenn man technisch ver-
siert war und es darauf anlegte. Und er wusste, da gab es einen,
der es darauf anlegte. Oder war es doch Zufall? Er blickte auf das
Zifferblatt: 5,6 Kilometer, 8,9 km/h Nicht schlecht für seine Verhältnisse. Er stellte die Uhr ab. Er drehte um und trabte langsam
zurück.
Am Auto telefoniert er mit Carlo, dem Freund seiner Tochter. Dass
er sich Sorgen mache um seine Tochter, ob sie denn alles durch-
stehe, diesen Examensstress und dass Carlo doch bitte sehr auf
sie aufpassen möchte. Und wirklich, Carlo kann ihn beruhigen.

Nein, Lisa gehe es gut. Er erwarte sie gerade aus der Klausurarbeit. Er stehe direkt vor der Uni-Bibliothek. Anschließend würden sie in die Mensa gehen, mit Freunden sei man verabredet. „Ach, da kommt sie gerade. Wollen Sie kurz mit ihr sprechen?"
Dr. Malte sprach mit seiner Tochter. Ihre freudig aufgeregte Stimme erwärmte ihn sichtlich. „Alles gut gelaufen, Papa! Probleme der Arbeit erkannt!"
„Worum ging es denn Liebling?"
„Goethe, Bergbesteigung und Hadesfahrt. Topik und Symbolik der ‚Harzreise im Winter'."
„Dem Geier gleich ..., schwebe mein Lied ... Aber abseits. Wer ist's, der aus dem Schatten tritt ...", zitierte Malte und fügte schmunzelnd hinzu: „Na hoffentlich hast du die binäre Struktur des schweren Gedichtes, ja man kann sagen der Harz-Ballade erfasst?"
„Oh ja, Pappi. Goethes erste Brockenbesteigung im Winter 1777 hast du mir ja mehrfach geschildert und außerdem weißt du doch, dass es eines meiner Lieblingsgedichte ist."
„Prima, Lisa, wir sehen uns hoffentlich bald. Alles Gute und Küsse auch von Muttern!"
„Was macht das Muttchen, wie geht es ihr?"
„Es geht ihr gut, besonders seit sie diesen Yoga-Lach-Kursus in der Volkshochschule besucht! Ha, ha."
„Sag bloß?!"
„Ja, komm uns bald besuchen, ihr Lachen ist ansteckend. Tschüss Liebes". Er beendete das Gespräch und war irgendwie erleichtert. Erstens ging es offensichtlich seiner Tochter gut und zweitens hatte er sich nichts anmerken lassen.

Schwache Brisen zogen bei sonnigem Wetter über den Freizeitsee. Die ersten weißen Segel zogen ruhig dahin. Am Seeterrassenrestaurant Nomacabana stieg Dr. Malte aus dem Wagen. Es war noch reichlich Zeit.
„So fair but foul a day"; Macbeth, 1. Akt 3. Szene. An diesen Vers musste Malte gerade denken – „So schön und hässlich sah ich nie n' Tag".
Er hatte erneut sein Handy geöffnet und las: Wo Leine sich und Rhume paaren. Absender: eine sunshine sms.com, natürlich ein

Anbieter. Könnte die Kripo nicht doch den Absender über diese Netzadresse ermitteln? Er verwarf diese Möglichkeit. Dieser miese Erpresser würde ein Prepaid Handy nutzen. Dr. Malte stieg in seinen PKW. Er musste auf die andere Seite des Flusses. Er kannte den Ort.

Ein Mensch, der erpresst wird, ist schwer leidend. Er spürt den Angriff als Absturz, als Lebenskrise. Da er meist einem anonymen Gegenüber ausgeliefert ist, ist er in einem völligen Selbstzweifel, wie er sich richtig verhalten soll. Die Gedanken über den Täter und was alles eintreten kann, lassen für nichts anderes mehr Raum. Entsprechend schematisch laufen die beruflichen und privaten Belange ab. Sicherlich würde Eva bald etwas an seinem Verhalten merken, fürchtete Malte.

Dieses miese Erpresserschwein. Was wusste der eigentlich über ihn? Das sagte der wohlweislich nicht. Der bluffte doch... „Ihre Geheimnisse", das konnte doch alles und nichts sein. Hatte er überhaupt Leichen im Keller? Nun, wenn er ehrlich sein sollte, bei der Doktorarbeit vor 20 Jahren hatte er sich helfen lassen. Das war doch aber verjährt und das wusste eh kein Mensch. Andererseits gab es nun das Internet und diese Plagiatsforscher. Er verfluchte das Aufkommen des Internets.

Wenn die Drohung gegen seine Tochter nur nicht wäre. Das mit der abgeschriebenen Doktorarbeit würde er wohl doch abwettern können, oder? Eigentlich, da er aus kleinbürgerlicher Familie dank Fleiß und Talent und nochmals Fleiß längst aufgestiegen war in die Northeimer High Society, bedurfte er doch wohl solcher Reputation gar nicht mehr? Doch wenn der Dekan der Juristischen Fakultät der Georg-August-Universität in Göttingen seinen akademischen Titel kassierte und ihm in seine Biografie schreiben würde: „Er hat damit in Kauf genommen, eine Arbeitsweise zu pflegen, der fehlende wissenschaftliche Sorgfalt immanent ist." Und gar noch einen drauf setzte: „Wer jahrelang akzeptiert, dass er Sorgfaltsstandards nicht einhält, handelt nicht fahrlässig, sondern vorsätzlich, weil er die Sorgfaltswidrigkeit zum bewussten Arbeitsstil erhebt." Wie stünde er dann in der Gesellschaft da? Er wäre doch nachgerade erledigt und würde sich doch wie ein begossener Pudel nirgends mehr blicken lassen können. Und ob dann Eva noch zu ihm hielte, das wäre womöglich doch offen.

Die letzten Meter musste sich Rechtsanwalt Malte durch hohes Gestrüpp kämpfen. Endlich war er an dem Ort, an dem es kein Weiterkommen gab, es sei denn, man stieg in das Wasser. Links von ihm flossen die Leine und rechts die Rhume und vor ihm vereinigten sich beide, ja, hier paarten sie sich. Das Wasser blinkerte, silberte, gluckste, murmelte, schmatzte, schäumte und rauschte. Malte stand nun in dem umgedrehten Y der Halbinsel, das die beiden Flüsse bildeten, und starrte auf die gegenüber wegfließende Leine. Nur Vogelstimmen und die gurgelnden Gewässer waren zu vernehmen.

Tatsächlich stand an der äußersten Spitze der Halbinsel ein großer Baum, dessen mächtige Äste weit über die beiden Flüsse ragten. Er setzte sich zwischen die Oberläufe zweier riesiger Wurzeln des Baumes und starrte ins Wasser. Es war 16:50 Uhr.

Die Zeit verstrich. Malte starrte in das fließende Wasser. Er tastete nach der mitgenommenen Pistole. Eine Glock 17C, halbautomatisch. Sehr beliebte Waffe aus österreichischer Herstellung, unter anderem ist die GSG 9 damit ausgerüstet. Natürlich war dies nur eine Schreckschusswaffe. Indessen: Die beim Abfeuern entstehende Druckwirkung ist so hoch, dass etwa ein auf dem Kopf aufgesetzter Schuss tödliche Folgen haben kann. Der Witz war, dass diese Pistole von einer echten nicht zu unterscheiden war, ja selbst Experten hätten damit größte Mühe.

Man weiß ja nie, sagte er sich. Wenn der Täter ihm zu nahe kommen würde, ja dann könnte er mit dem Ding ihn sehr wohl erledigen, kampfunfähig machen. Paar Schüsse vor die Augen geknallt und der würde torkeln und Sterne sehen. Malte streichelte die Waffe in seiner Jackentasche. Eine Weile ließ er seine Hand darauf ruhen, was ihm seltsamerweise Beruhigung verschaffte.

Sein Handy summte. Er hörte am Ton, es war sein zweites Handy. Das für seine exklusive Verbindung mit Paula. Eine Mitteilung von ihr: Mach mir die Hengst, Kleiner! mit Ausrufungszeichen. Malte griente grimmig. Wenn Paula wüsste, wo er gerade war. Nach Hengst zu machen war ihm wirklich nicht zumute

Es war nun schon fast 30 Minuten über der Zeit.

Es geschah nichts. Malte war nun überzeugt, dass nichts mehr passieren würde. Der Täter hatte dieses Treffen nur vorgetäuscht. Offensichtlich wollte er testen, ob Malte allein erschienen war. Das war am leichtesten in der freien Natur zu überprüfen. Eben, sagte sich Malte.

Malte entschloss sich, alsbald aufzubrechen. Er stand auf und bewegte sich hin und her. Mal nahm er die Pistole aus der inneren Jackentasche und streichelte sie wieder und wieder. Mal prüfte er die beiden kleinen völlig gleichen Täschchen, 2 Kalbsledertäschchen extra für Herren, Marke Siegfried jeweils mit Trageriemen. Die eine war gewissermaßen echt, und die andere war unecht. Das bedeutete, die eine war gefüllt mit den 80.000 Euro und die andere war gefüllt mit Papier und mit einem Zettel, auf den er geschrieben hatte: „Ätsch!", denn er wusste noch nicht, ob er dem Täter nun die Tasche mit dem Geld oder mit dem Papier geben würde. Er wollte die Situation entscheiden lassen.

Einmal noch wollte er sich für einige Minuten hinsetzen. Da sah er hinten die Bewegung. Ein Radfahrer näherte sich gegenüber am Ufer. Sportlich war der. Ein Mountainbiker. Wie diese sportlichen Kerle halt aussehen. Er konnte nun schon ganz gut Helm und Kleidung und die Aufmachung erkennen. Ja, der steuerte doch offensichtlich gegenüber das Ufer an. War nun nur noch gut hundert Meter entfernt, mehr waren das nicht. Jetzt, da bemerkte er es, es war ja eine Frau. Groß, schlank und sportive. Sie beschleunigte ihr Rad, bremste dann rasant und stand ihm nun gegenüber auf dem ca. 1 Meter hohem Ufer. Er musste aus seiner Stellung unten am Wasser etwas zu der Frau hochblicken. Die Sonne in ihrem Rücken blendete ihn doch recht stark. Die Frau legte das Bike ab, nahm ihren Helm ab und beugte sich nach vorn. Rotes langes Haar wallte von ihrem Kopf und erreichte fast den Boden. Dann warf die Frau ruckartig ihren Oberkörper nach hinten. Das rote lange Haar wogte. Dr. Malte stand wie gebannt. Es war Paula!

„Paula. Du?

„Endlich hab ich dich, Heiko!", rief sie herüber, „was machst du nur hier?"

„Ach", ächzte Malte, „verstellst du dich auch nicht? Du bist doch nicht etwa...?"

Paula bemerkte nun seine Ängstlichkeit, es stand ihm Furcht im Gesicht geschrieben. „Aber was ist denn mit dir Heiko?"

„Und du bist wirklich nicht der, der ... der Erpresser?", stammelte Heiko Malte.

„Erpresser, hast du wirklich Erpresser gesagt, Heiko? Was ist denn das für ein Zeugs?" Und fing an zu lachen, erst verhalten, dann heftiger, dann schallend, weil sich bei ihr auch eine Spannung gelöst hatte, eine ganz andere freilich als die, die nun endlich auch von Heiko Malte abfiel. Denn Lachen ist angstlösend und ansteckend. Und wer aus einer ernsten oder selbst nur scheinbar ernsten Situation heraus plötzlich lachen kann, erlebt Befreiung von seelischem Druck und Pein. Weil Paula lachte, war Heiko sofort erleichtert und erkannte seinen Irrtum und in dem Erkennen wird ihm die komische Situation bewusst und dann gibt es kein Halten mehr. Der Körper schüttelte sich vor Lachen. Er musste sich an dem Baum stützen, der gar keine Eiche war, wie ihm nun nebenbei auffiel, worüber er noch viel mehr lachen musste. Und brüllte gar vor Lachen: „Keine Eiche, keine Eiche!"

Und am Ufer gegenüber rannte Paula vor Freude lachend auf und ab. Sie echote vor Lachen sich schüttelnd: „Keine Eiche, keine Eiche!"

„Liebling, so höre doch, Ich werde erpresst. Das ist der Grund, weshalb ich hier bin!", brachte Malte schließlich bruchstückweise hervor.

„Unglaublich, armes Heikochen, und ich dachte schon ..., also ich bin mit meinem Fahrrad spazierengefahren und sehe bei den Höckelheimer Teichen dein Fahrzeug und da hab ich dich überall gesucht. Von da schrieb ich dir auch eine SMS.

„Paula, Paula! Ich soll hier jemanden Geld übergeben. Und als du kamst, da musste ich doch denken, du seiest der Erpresser. Nu guck, was ich hier habe?". Und schwenkte das Ledertäschchen mit dem Geld: „80 000 Euro!", Jetzt kamen ihm Bedenken, und er rief über die Leine zu Paula: „Wir müssen uns schnell trennen. Wenn uns der Erpresser hier so sieht?"

„Ach, Heiko, mach mir doch die Hengst" Sie sagte das komischerweise immer mit weiblichem Artikel. Eine blöde Angewohnheit von ihr, fand er.

„Ja, bist du denn verrückt Paula? Ich bin nervlich völlig am Ende. Wir müssen uns schleunigst trennen. Der Erpresser..."

Er kam mit seiner Stimme gegen eine kräftige Windböe, die vom anderen Ufer herüberwehte, nicht an, und der Wind nahm seine Worte mit, so dass Paula ihn auch nicht mehr verstehen konnte. Eben wollte sie sich noch auskleiden und nackt durch den Fluss zu ihm hin waten. Das müsste möglich sein, obgleich der Fluss in der Mitte doch recht strömig war, wie sie abschätzte. Doch sicher war sie sich schon, dass ihre Nacktheit ihn herausfordern und umstimmen könnte. Sie blieb dann aber vernünftig, weil sie die Strömung als doch zu gefährlich einschätzte. Manchmal ist es besser, sich nicht zu trauen, dachte sie und merkte viel später erst den Doppelsinn ihrer Gedanken.

„Gut, Heiko, wann also sehen wir uns wieder?"

„Paula, ich rufe dich heute noch an, ja!"

„Gut, bis später", und sie nahm ihr Rad auf. „Bleibst du hier noch lange Heiko?"

„Nein, es ist weit über der Zeit, ich gehe auch gleich, tschüss Liebling"

Paula setzte sich auf das Bike und winkte im Vorwärtsfahren mit einem Arm anhaltend rückwärts. Dr. Heiko Malte war wieder allein. Komisch, sprach er zu sich selbst, Paula hatte ja gar nicht nach dem Erpressungsgrund gefragt. Na, Frauen ...

Dr. Malte starrte in das Wasser. Alles fließt. Wie wahr. Alles veränderte sich, auch wenn es so schien, als ob alles stillstehe. Der Erpresser hatte sich nicht gemeldet. Aber Dr. Malte wusste, dass dies nichts für ihn veränderte, vielmehr die Bedrohung fortbestand und dass die ungeklärte Situation ihre langen Schatten auf ihn warf. Es überraschte ihn nicht mehr, als das Handy surrte und er die Mittelung lesen konnte:

Abbruch. Anweisung folgt!

Malte machte sich seinen Vers darauf. Der Täter wollte von Anfang an das Treffen nur als einen Test. Wollte sehen, ob er, Malte, allein, das heißt ohne Einschaltung von Polizei, kommen würde. Malte würde umgekehrt genauso gehandelt haben. Ich habe es mit einem Profi zu tun, sinnierte er. Er hängte sich die beiden Ledertäschchen um und brach auf. Noch ein weiterer Blick über die Flüsse in die Landschaft, die sich vor seinen Augen breitete und angenehme Ruhe ausstrahlte. Lediglich ein Doppeldecker brummte immer leiser werdend fernab über die Seenplatte.

Paula schmiegte sich wohlig an den nackten Körper von Dr. Heiko Malte. Beide hatten das Schäferstündchen so recht genossen. Denn das ist ewiges Geheimnis der Liebe, dass die Liebenden sich preisgeben ohne Preis, sich ihren Gefühlen aufschließen und bereit werden, sich verzaubern zu lassen. Noch waren die Liebenden verzückt und in Trance. Gleich aber würde Paula an ihrem Long Drink nuckeln und sich ihre Stöckelschuhe überstreifen und nackt vor ihrem Panoramafenster posieren. Malte hatte das gern. Seine Blicke sprachen nur die eine Sprache: Bewunderung für diese Frau und Selbstbestätigung für sich.
Da war es auch schon so weit. Paula zog sich die Stöckelschuhe über. Sie schritt vor das riesige Fenster ihrer Penthouse-Wohnung. Vor den geöffneten Gardinen blickte sie über die am Abend funkelnden Häuser von Northeim, über das Rhumetal und auf die gegenüberliegenden Sultmer Berge. Auf und ab schritt sie, mal robust und kraftvoll, mal wie schwebend, dann drehte sie sich, als ob sie tanzte, schließlich folgten ganz langsam ausgeführte Figuren. Ihre Brüste schwangen, der gesamte frauliche Körper wogte, ihre Haare hüllten und unterstrichen die Sinnlichkeit ihrer muschelweißen Haut. Jetzt raffte sie ihre langen Haare zu einer Krone, kam zu ihm gehoppelt und beugte sich so gewollt und lüstern über ihn, dass ihre vollen weißen Brüste mit den kleinen rosigen Warzen genau über seinem Gesicht pendelten wie ausklingende Glocken. Und er schien den Zwängen und Ängsten der schnöden Welt wie durch Zaubertrunk entwichen.
Da surrte sein Handy. Paula reichte es ihm. Es war Eva. „Es ist Eva", sagte er zu Paula. Er sah sich nicht in der Lage, jetzt mit

seiner Ehefrau zu sprechen. Er wollte ihr auch in dieser Situation nichts vormachen. Er legte das Gerät beiseite. Beide brauchten nichts weiter zu sagen. Beide wussten, dass der schöne Abend sein plötzliches Ende gefunden hatte. Die Wirklichkeit hatte sie wie das Meer die Welle wieder eingefangen.

„Womit wirst du erpresst Heiko?"

Die Frage kam so unvermittelt wie ein Paukenschlag und doch hatte er längst damit gerechnet. Ja, schien er nicht gar erleichtert, dass sie die Frage endlich an ihn stellte, weil dies doch nur normal schien?

Er antwortete: „Man droht meiner Tochter".

Sie sagte nur: „Oh, das ist schlimm", und die Betonung kam so warm zu ihm herüber, dass er ihr dankbar war und sie still umarmte. Eine Weile verharrten sie in dieser Stellung. Dann lösten sie sich und Heiko Malte erhob sich. Er ging duschen. Sie gesellte sich hinzu in die großzügige moderne Kabine. Dann zogen sich beide schweigend an.

„Paula", sagte er dann, „ich werde wohl zahlen. Es wird sicherlich heute Nacht steigen."

Bei diesen Worten verabschiedete er sich von ihr mit einem Kuss. Sie begleitete ihn anschließend mit ihren Augen von ihrer hoch über Northeim gelegenen Dachterrasse, als er mit seinem Wagen vom Parkplatz in den Forsthausweg einbog.

Eine Ehe ist eine Ehe und jede ist anders. Dr. Malte unterhielt zwar ein ehebrecherisches Verhältnis, empfand seine Ehe indessen als glücklich. Körperliche Treue oder nicht, das war doch nach so langer Zeit unwichtig, viel wichtiger war doch aus seiner Sicht, dass man miteinander gut auskam, gemeinsame Interessen hatte und vor allem durch dick und dünn ging.

Er ahnte nicht, dass seine Ehefrau vor kurzem hinter seine Schliche gekommen war und sehr intensiv damit befasst war, die ungetreue Beziehung ihres Mannes näher zu ermitteln, sprich alle Informationen über ihre Nebenbuhlerin zu erkunden. Natürlich nagte Eifersucht in ihr und nicht zu knapp. Sie sann auf Gegenwehr. Es stand für sie fest, dass sie diese Paula Niermann aus dem Feld schlagen würde.

Wie Heiko wohl reagieren würde, wenn sie ihn mit ihrem Wissen konfrontieren und ihn vor die Wahl stellen würde: sie oder ich. Aber sie hielt es für klüger, den richtigen Zeitpunkt abzuwarten. Sie wollte sicher gehen, das ernste Spiel um ihre Liebe und ihre Gefühle am Ende auch siegreich beenden zu können. Natürlich konnte sie sich einen Reim darauf machen, als sie ihren Ehemann heute Abend nicht erreichen konnte. Auch das zweite Handy ihres Ehemannes hatte sie längst entdeckt. So harmlos sie für ihren Ehemann sich anscheinend aufführte, sie war mit erstaunlichen besonderen Instinkten ausgestattet. Darauf war es zurückzuführen, dass sie seinen PKW gründlich durchsucht hatte, wobei sie eine bemerkenswerte Entdeckung machte. Unter dem Ersatzreifen lagen versteckt die beiden Ledertäschchen mit den auffälligen Inhalten.

Als Heiko Malte nach Hause kam, war Eva Malte bereits in ihrem Bett und in den spannenden Historien-Roman „Maria Stuart" von Stefan Zweig vertieft: Dr. Malte betrat lächelnd das Schlafzimmer seiner Frau. „Liebling, du hast es gut", sagte er zu ihr, „ich will auch gleich ins Bett, ich bin ja so kaputt!"

„Ja", erwiderte sie, „willst du denn nichts mehr essen?"

„Na ja, ich esse nur noch ein Brot und sage dir schon mal gute Nacht!"

„Nacht Heiko", sagte sie, und er wendete sich seinem eigenen Schlafzimmer zu. Kaum dass Heiko Malte das Zimmer seiner Frau verlassen hatte, summte es in seiner Jackentasche. Er las:

Heute Nacht vor Sonnenaufgang!

Er schaute bei Eva noch mal rein und sagte wie beiläufig freundlich: „Ach du, Eva, bin morgen früh auf der Pirsch. Es hat ein Fuchspärchen geworfen, und ich will mir die Jungen ansehen, im Elvershäuser Wald."

„Wie schön, da käme ich ja auch gern mit! Aber nicht dran zu denken, Heiko. Morgen früh ist Examensprüfung. Ich mache gleich das Licht aus", erwiderte sie herzlich.

In seinem Schlafzimmer stellte Dr. Malte den Wecker auf drei Uhr und dreißig. Dann ging er noch mal ins Wohnzimmer und verabredete sich für nachts mit seinem Freund Rainer. Das Gute an seinem Freund Rainer Reimann war, dass der immer Zeit hatte und hinter allem, was Malte machte, ein Abenteuer vermutete und aus dessen Sicht war es das ja auch, und sein besonderer Vorteil war, dass er ihm keine langen Fragen stellen würde. Rainer hielt ihn ohnehin, was Maltes manchmal plötzliche Vorhaben anbelangte, für mehr oder weniger meschugge. Doch verstand man sich gut. Und Malte schätzte Rainers Verlässlichkeit und dass er verschwiegen war. Auch heute reichte es dem Freund, als Malte ihn fragte, ob er nicht nachts mit ihm auf die Pirsch mitgehen wolle. Rainer hatte sogleich zugestimmt und man verabredete sich.

Paula wälzte sich in ihrem Bett, weil sie nicht schlafen konnte. Sie stand wieder auf und mixte sich einen appetitlichen Longdrink, Blue Mountain: Kaffeelikör, Orangensaft, Wodka, brauner Rum, Eis, gecrushtes. Pikant, einfach pikant und anregend. Davon hatte sie sich heute Abend schon mehrere gegönnt. Ein Lächeln huschte über ihr Gesicht, als sie an Heiko dachte.
Komisch, aber über diese Erpressungsgeschichte hatte er sich kaum ausgelassen. Sie hatte eigentlich immer die Meinung, Heiko könne keiner was. Sie fühlte sich ja auch gerade deswegen von ihm so angezogen, weil er eine besondere männliche Stärke ausströmte und immer über den Dingen zu stehen schien.
Kann man ihn so einfach unter Druck setzen? Mit der heimlichen außerehelichen Beziehung ließ er sich bestimmt nicht erpressen. Dafür würde sich Heiko niemals 80.000 Euro abpressen lassen. Das hieße doch, dass Dr. Heiko Malte mindestens eine ganz schwache Stelle haben musste. Er hatte ihr nicht alles gesagt und sie hatte nicht insistiert, weil sie gemerkt hatte, dass ihn das zutiefst irritiert hätte und dass es ihm äußerst unangenehm, ja peinlich war. Was hatte Dr. Heiko Malte sonst noch zu verbergen, einmal abgesehen davon, dass er um seine Tochter Ängste hatte? Sie fand, dass er es hätte sagen können und war doch um einiges enttäuscht, dass er ihr die genauen Gründe nicht anvertrauen wollte. Ihre Beziehung währte doch nun schon fast ein halbes Jahr.

Heiko hatte sich offenbar festgelegt, dem Erpresser das Geld zu geben. Das war wohl auch besser so. Hoffentlich ging alles gut. Und wenn nicht? Sie nippte gedankenverloren an ihrem Glas.

Nachts schlüpfte Dr. Malte gegen 3 Uhr 30 aus den Federn. Es dauerte auch nicht lange, bis gewissermaßen das Manifest per SMS eintraf:

Zu den Husumer Teichen. Sofort! Funzel ist mitzuführen!

Malte hatte verstanden. Er trank gerade einen Kaffee, kippte den letzten Schluck im Stehen hinunter. Er ergriff den Rucksack, den er abends noch eilig gepackt hatte. Die beiden Ledertäschchen waren in seinem Auto versteckt. Er schlich aus dem Haus. Es ging Richtung Hammenstedt.

Langsam fuhr Malte seinen BMW durch das in dunkler Nacht daliegende und schlafende Dorf. Die Husumer Teiche waren Karpfenteiche, eingebettet in idyllischer Hügellandschaft, von der in der Nacht freilich nichts auszumachen war. Nun fraßen sich die Scheinwerfer seines Pkw durch die Dunkelheit. Links und rechts des schmalen asphaltierten Wirtschaftsweges wogten hohe Gräser und Gebüsche im leichten Wind. Ab und an huschten kleine Schatten. Im Kegel des Lichtes verschlich sich langsam und ohne Furcht eine Fähe. Das letzte Stück des Weges knirschten die Räder auf Splittboden, da war Malte auch bereits angekommen. Noch ehe seine Augen sich an die Dunkelheit gewöhnt hatten, schepperte sein Handy:

St Sixti

leuchtete auf. Also doch nicht nach Katlenburg oder gar in den Harz. Malte atmete etwas auf, da es nun möglich würde, seinen Freund Rainer in Northeim aufzunehmen. Er rangierte das Fahrzeug mehrfach auf dem schmalen Weg. Wieder den Weg zurück und an den alten Gehöften des Dorfes vorbei zur Bundesstraße, in die er einschwenkte nach Northeim.

Malte erschrak, als plötzlich die Glocken von St. Sixti hallten. Ganz langsam bog er ein auf den Platz der Kirche und fuhr entlang der heiligen Gemäuer. Rechts von ihm gewahrte er schemenhaft das Gebäude des Theaters der Nacht, das sich wie ein Drache zu bewegen schien. Dooonng, dooonng, dröhnten die Glocken vom Turm der Kirche wie mahnend. Malte wagte nicht anzuhalten. Dreimal war er nun schon um die Kirche gefahren, als ihn die nächste Order erreichte:

Sudheim

Er fuhr direkt geradeaus in die menschenleere aus Fachwerkhäusern gebildete Schlucht. Hier war in der Fußgängerzone das Durchfahren mit Kraftfahrzeugen natürlich nicht erlaubt. Er dachte sich, wenn die Polizei mich jetzt anhalten sollte, kann ich denen doch sagen: Ich werde erpresst. Und er musste doch grienen: Die könnten dann ja zusteigen.
Er passierte das alte Zentrum der Stadt. Wo war der Dicke? Der sollte doch schon da sein. Da tauchte er auch schon aus der Passage auf. Rainer hatte dort auf der berühmten Holztreppe des ehemaligen alten Gasthauses Sonne auf ihn gewartet. Diese Treppe war noch vorhanden, die alte „Sonne" – Dr. Malte selbst hatte sie noch kennengelernt – leider nicht mehr, nämlich jener Gasthof, in dem vor mehr als 200 Jahren Heinrich Heine auf dem Wege von Göttingen in den Harz gerastet hatte.
„Die liebe Wirtshaussonne ist auch nicht zu verachten; ich kehrte hier ein und fand das Mittagessen schon fertig", schrieb Heine damals in seinen Reiseberichten und lobte das Essen sehr.
Maltes beleibter Freund Rainer schob sich behände auf den Beifahrersitz und war wie immer trotz nächtlicher Stunde gut aufgelegt. „Na, was liegt denn heute wieder an, Herr Doktor?"
„Du wirst es mir nicht glauben, aber mir will einer ans Leder", erklärte ihm Malte unverblümt. „Das wundert mich gar nicht", versetzte der Freund.
Malte weihte den Freund insoweit ein, als er wissen sollte. Der Vorzug des Freundes war, dass er keine unnützen Fragen stellte. Heiko Malte erklärte ihm seine Rolle.
Bevor sie Sudheim erreichten, traf die nächste Botschaft ein:

Golfplatz Hardenberg

„Es geht zum Golfplatz", erklärte Malte.
„Na", meinte Rainer „im Harz soll es ja auch schon Nacktrodeln geben, da ist Golfen bei Nacht doch ein alter Hut."
Malte war allerdings zu Späßen nicht aufgelegt. Er lenkte den Wagen auf den Parkplatz bei Levershausen. Malte schnallte sich den Rucksack um und die beiden Ledertäschchen.
„Es geht los, Rainer". Malte blickte sehr nachdenklich auf die neue eben eingetroffene Nachricht.

Loch 17 Süd Geld ablegen!

„Hier Rainer, die Schlüssel, folge mir unauffällig. Dann wie abgemacht".
Malte konnte erst einmal dem Weg entlang den Böschungen folgen. Dann befand er sich bereits im Rough. Gut dass er den Garmin Colorado, sein GPS, mitgenommen hatte. In die digitale Karte hatte er sogleich den ungefähren Standort des 17. Loches der Bahn eingegeben. Sein guter Orientierungssinn und die jüngsten Geocaching Touren kamen ihm zustatten.

Östlich des Golfplatzes, Malte nun gegenüber, zieht sich mittelhoher Fichtenwald wie ein undurchdringliches Dickicht. Hier verbirgt sich eine ganz in Schwarz gekleidete Gestalt. Als folgten die Augen einer Wildkatze dem funkelnden Strahl von Maltes Taschenlampe, derart intensiv und konzentriert starrte ein Mensch durch das Dunkel. Hinter der Stirn des Beobachters wuchern wild die Gedanken: Ich will das Geld. Er hat es reichlich. Das ist nur maßvoll, nichts weiter als ausgleichende Gerechtigkeit. Es wird einem guten Zweck dienen. Ja, ich habe ihm gedroht mit nichts und wieder nichts. Was hätte ich schon gegen diesen scheinbar seriösen Anwalt ins Feld fuhren können? Ha, jeder Mensch ist verwundbar. Wer weiß, vielleicht hat der Malte mehr Leichen im Keller als man denkt. Malte wird zahlen. Sonst hätte der doch nicht zu kommen brauchen.

Langsam doch stetig wanderte der von Malte ausgehende Lichtstrahl durch die Finsternis der Nacht. Malte fluchte, als er sich einem Sandbunker gegenüber sah. Er musste ausweichen und das Hindernis umgehen. Erstmalig vernahm er das dumpfe Grollen eines nahen Gewitters. Der Wind hatte stark aufgefrischt. Nach seinem GPS zu urteilen, konnte es nicht mehr weit sein. Endlich war er im Fairway von Loch 17 und nach weiteren hundert Metern auf dem Grün. Nun hatte er die Fahne von Loch 17 im Lichtkegel. Dahinter stand eine durch den Wald gebildete schwarze Wand. Malte war sich im Klaren darüber, genau dort hielt sich der Erpresser verborgen: unsichtbar, unangreifbar, unantastbar. Und ich bin sein Opfer, doch ich werde dir was! Im Augenblick hatte Malte entschieden, das Geld dem Erpresser doch nicht auszuliefern. Er begehrte dagegen auf, das Opferlamm abgeben zu sollen. Er streift die rechte Hängetasche ab und legt sie auf Loch 17. Einen Moment starrt er auf die Düsternis der Fichtenschonung. Dann wendet er sich zum Rückmarsch. Unterwegs tastet Malte wie automatisch nach der anderen Ledertasche. Er fährt mit einer Hand in die Lederhülle und – spürt nur Papierschnipsel. Malte ist entsetzt! Im entscheidenden Augenblick hat er sich jämmerlich vertan. Er hat unter der Nervenanspannung die Taschen verwechselt. Neben dem Loch hat er entgegen seiner letztgültigen Absicht die Tasche mit dem Geld abgelegt!

Er bewegt sich mit Hilfe der Taschenlampe weiter über den Platz, trifft endlich auf seinen Freund Rainer. Stumm übergibt er ihm die Taschenlampe. Wie einstudiert entfernt sich Rainer in Richtung seines BMW, während er selbst gebückt in einem Bogen mehr strauchelnd als laufend zurück Richtung Loch 17 huscht, dorthin, wo er eben noch gestanden hat. Hinter ihm geistert nun der helle Schein der Taschenlampe durch das Rough. Würde der Erpresser auf den ältesten Trick der Welt reinfallen? Malte will den Täter überraschen, möchte ihn wenigstens enttarnen. Wer ist's, der ihn so gemein abkassieren will? Seine Digitalkamera ist schussbereit.

Donner verrollen nun über den Wieterwald. Ein im wahrsten Sinne des Wortes Platzregen rauscht platternd nieder. Völlig durchnässt erreicht Malte das Grün und hockt sich hin, um erst einmal

182

neuen Atem zu finden. Fern hört man den anspringenden Motor seines Fahrzeuges. Auf Rainer ist Verlass! Im selben Augenblick ist der Täter in zwei, drei großen agilen Sätzen an der Fahnenstange, hat die Ledertasche bereits ergriffen und sich schon zum Rücksprung gewendet, zurück in die sichere Schonung. Da breitet sich plötzlich im brüllenden Sturm ein Zaubergarten zuckender Blitze, öffnet sich lodernd hell die Landschaft. Das satte Grün des Grüns von Loch 17 leuchtet und der Fichtenwald steht wie ein drohendes Ungetüm. Nur für den kleinsten Moment ist das Golfgelände plötzlich lichterloh entflammt, dann fällt das erleuchtete Bild sofort in pure Schwärze zurück. Und doch hat Maltes Hirn in tausendstel Bruchteilen von Sekunden an der unnachahmlichen aber bereits verinnerlichten Art der Bewegung und der Gestalt diesen davonspringenden Menschen registriert und identifiziert. Es durchfährt Malte, als ob ihn ein magischer Schlag getroffen hätte: Die Bewegungen vor dem Panoramafenster hoch über Northeim! Dr. Heiko Malte zittert vor äußerer und innerer Kälte am ganzen Körper. Sein fahles Gesicht, seine aufgerissenen Augen und seine Lippen formen einen Schrei, doch die Stimmbänder vibrieren nicht und es versagt ihm die Stimme. Er hat den Erpresser erkannt. Es ist Paula!

Noch im Wald öffnet Paula, da sie sich sicher fühlt und Malte in seinem Auto wähnt, das Ledertäschchen. Sie findet nur Papier und einen großen Zettel, auf dem mit rotem Lippenstift geschrieben steht: „Ätsch hoch 2!"

Der Morgen graut. Das Gewitter hat sich verzogen. Malte sitzt kraftlos wie nur ein Bündel Mensch auf dem Grün. Sein zweites Handy vibriert. Mit klammen und zittrigen Händen öffnet er den Text samt einem Foto:

Herzliche Glückwünsche zum 21. Hochzeitstag!
Deine Eva

Auf dem Foto sieht man Eva triumphierend lachen und winken: Mit Bündeln von Fünfhunderter-Euroscheinen.

Eine traurige Geschichte

Christiane Herkt

Kapitel 1

Heute hat Pfleger Erhard „Schätzchen" zu mir gesagt. Ich hasse das. Dieser feiste, rabiate Kerl mit der feuchten Aussprache – es klang eher wie „Du alte Ziege". Wieso meinen die Pfleger immer, es wäre freundschaftlich, wenn sie jeden Menschen über 65 mit Kosewörtern ansprechen? Fällt unser Name dann weg, so wie bei unreifen Kindern?

Auf der Heimfahrt im Bus saß ein junges Mädel neben mir. Sie tippte die ganze Zeit in ihr Handy, ohne mich zu registrieren. Ich habe auch ein Handy, so eins mit großen Tasten, weil meine Augen nicht mehr so richtig wollen. Eigentlich schon seit langen Jahren, aber an eine Brille konnte ich mich bis heute nicht gewöhnen.

Mein linker Arm tut weh; Gertrud schlägt manchmal um sich, wenn sie etwas nicht will. Aber essen muss man doch – auch wenn ihr das Essen dort im Heim oft nicht schmeckt. Böse bin ich ihr nicht – sie ist dement und bekommt plötzlich Angst, da würde ich auch um mich schlagen. Vielleicht hat sie gedacht, es wäre Gift im Essen?

Ich mochte im Bus nicht nachschauen, ob ein blauer Fleck zu sehen ist. Diese jungen Dinger ekeln sich, wenn sie alte, vertrocknete Haut sehen. Alles muss jung und schön sein. Der Rest reich, oder man zählt nichts.

Zu Hause muss ich erst mal etwas trinken. Das ist schon richtig fanatisch geworden, seitdem ich einmal miterlebt habe, wie Gertruds Zimmernachbarin regelrecht ausgerastet ist, weil sie dehydriert war. Die hatte Halluzinationen und wollte Gertrud rückwärts mit dem Rollstuhl überfahren. Zum Glück stand eine Geh-Hilfe neben der Tür, und ich konnte sie damit abwehren, wer weiß, was Gertrud sonst noch passiert wäre. Seitdem ist die Frau bettlägerig, sie bekommt wohl Beruhigungsmittel. Mir hat das Leid getan, aber für meine Freundin ist es so besser gewesen. Vom Bett aus konnte die keinen Schaden mehr anrichten.

Ein Blick auf die Uhr sagt mir, dass es bereits Essenszeit ist. Es dauert halt seine Weile, bis ich mich von Gertrud verabschieden kann – sie hält mich immer fest und weint, weil sie nicht alleine dort zurückbleiben will, wenn sie nach dem Essen den üblichen Mittagsschlaf halten soll. Mittagsschlaf! Diese dämlichen Pflegerinnen kapieren einfach nicht, dass wir Alten froh sind, wenn wir nachts überhaupt an Schlaf denken können.

Bald, schon sehr bald würde ich Gertrud nach Hause holen. Das Wetter muss nur noch etwas besser werden. Ausflüge machen die nämlich nur im Sommer, als gäbe es keine warme Kleidung. Dabei sind die nur zu faul, die alten Leute anzuziehen, viel zu umständlich.

Zum Glück hatte ich gestern vorgekocht, so muss ich nur noch das Gulasch und die Nudeln in die Mikrowelle schieben und etwas Salat waschen. Ich teile zwei Portionen auf. Die eine schütte ich in den Messbecher, nehme den Pürierstab und bekomme so einen rotbraunen Brei. Das sieht wirklich nicht appetitlich aus, aber anderes kann Ernst nicht mehr essen. Er hat Schluckbeschwerden und wäre mir beinahe einmal erstickt. Seinen Salat schnippele ich in ganz kleine Stückchen. Früher hat er ihn gerne gegessen, überhaupt alles Gemüse, aber heute bleibt bestimmt wieder die Hälfte übrig.

Die andere Portion tue ich auf einen zweiten Teller auf. Anna kann an manchen Tagen sogar noch selber essen. Meistens ist es jedoch so, dass sie auf dem Löffel herum kaut oder mit beiden Händen im Essen herum matscht.

Schnabelbecher habe ich nicht mitgenommen. Ich hasse es mit ansehen zu müssen, wie meine beiden alten Freunde wie Babys aus diesen Dingern schlürfen. Stattdessen habe ich mehrere Plastikbecher mit Henkel geklaut, dabei wäre ich beinahe erwischt worden. Zum Glück ist genau in dem Moment, als die Pflegerin zu mir rüberkommen wollte, der alten Frau Eicke der volle Becher mit Saft aus der Hand gerutscht. Die Pflegerin ist fluchend zu ihr geeilt und hat die Pfütze weggewischt. Es war Schwester Birgit, diese hektische Ziege, die ständig selber antwortet, wenn sie einem eine Frage stellt.

Heute gibt es Tee zum Essen, Anna hatte heute früh etwas Durchfall. Normalerweise gibt es Limonade oder Saft. Je süßer umso besser. Ich nehme immer welchen mit Süßstoff, weil beide Diabetiker sind. Das mit dem Insulin habe ich mir genau erklären lassen. Ich bin ja selber Diabetikerin. Weil mir aber mein Arzt natürlich geringere Mengen verschrieben hat, stibitze ich manchmal etwas aus dem Schwesternzimmer.

Ich messe immer vor den Mahlzeiten, inzwischen habe ich ein gutes Gefühl entwickelt.

Das Essen habe ich auf ein Tablett gestellt und mir den Schlüssel um den Hals gehängt. In den Kellerflur habe ich extra ein Beistelltischchen gestellt, weil ich mit dem Tablett in der Hand nicht aufschließen kann. Das mit dem Abschließen hat sich erst später ergeben, nachdem Ernst mir einmal die ganze Wohnung auf den Kopf gestellt hat. Das wäre natürlich nicht so schlimm gewesen, aber als ich gerade am Aufräumen war, hat meine Nachbarin, Frau Köhler, an der Tür geklingelt. Die hätte sich über die Bescherung bestimmt gewundert. Und vielleicht Verdacht geschöpft. Ernst hat nämlich die Toilette nicht gefunden und sein Geschäft in der Not auf den kleinen Tischläufer gemacht, den er vorher fein säuberlich auf dem Sessel ausgebreitet hatte. Es hat natürlich streng gerochen, und ich habe den Läufer erst mal im Flur abgelegt, um ihn später runter in die Waschküche zu bringen. Frau Köhler hat aber nichts gemerkt, ich habe sie abwimmeln können, weil ich angeblich ein wichtiges Telefonat hatte. Später ist sie dann noch auf ein Stück Kuchen rübergekommen, da ist aber schon alles wieder blitzsauber gewesen.

Ernst ist ein ganz besonderer Mensch. Erst als sein Alzheimer schlimmer geworden ist, sind immer weniger Freunde mit ihm ausgekommen. Früher haben wir uns regelmäßig zum Kartenspielen getroffen: Ernst und seine Frau Elisabeth, Anna, Gertrud, ich und mein Mann Herbert. Herbert und Elisabeth sind dann nach ein, zwei Gläsern Wein richtig lustig geworden, Gertrud, Ernst und ich waren sowieso Frohnaturen. Und Anna erst – wenn sie dabei gewesen ist, hat es immer etwas zu lachen gegeben. Diese Kartenrunden waren der Höhepunkt unserer Woche. Wir haben uns oft bei Ernst getroffen, der eine herrliche überdachte Terrasse hatte. Als Elisabeth noch lebte, hat es in jeder Ecke geblüht, man fühlte sich wie mitten in den Tropen. Nach ihrem Tod hat es Ernst noch ein paar Jahre geschafft, sich darum zu kümmern. Aber durch den Alzheimer gab es dann ein abruptes Ende.

Er hat das Gießwasser mit dem Benzin für seinen Rasenmäher verwechselt, und die Pflanzen sind alle eingegangen. Als wir uns das nächste Mal bei ihm getroffen haben, hat Ernst weinend auf der Terrasse gesessen. Als Herbert ihn trösten wollte – die beiden kannten sich seit ihrer Jugendzeit – ist Ernst aufgesprungen und ihm fast an die Gurgel gegangen: „Warum hast du das getan, was hast du denn gegen meine Elisabeth?" Anna und ich mussten ihn mit aller Kraft wegzerren. Eine halbe Stunde später hatte er alles vergessen – nur Herbert ist seitdem reserviert gewesen. Er wollte nicht wahrhaben, dass es nicht Ernst, sondern seine Krankheit war. Ein paar Monate später ist mein Herbert dann an einem Herzinfarkt gestorben. Ernst ist das so nahe gegangen, dass er abmagert ist, weil er keinen Appetit mehr hatte.

An Elisabeth erinnert er sich heute nicht mehr, an Herbert schon, vor allem die Episoden aus der Jugendzeit scheinen nicht zu verblassen. Letzte Woche hat er mich gefragt, ob denn nun Herbert schon aus seinem Pflichtjahr zurückgekehrt wäre. Ich habe verneint und gemeint, das dauert noch ein paar Wochen. Ihm zu erklären, dass Herbert schon lange tot ist, wäre vergebene Müh gewesen.

Ernst hat eine schwere Jugend gehabt, seine Mutter ist gestorben, als er 15 war, der Vater schwerkrank, so hat er seine beiden Schwestern alleine großgezogen. Er hat in der eigenen Gemüsegärtnerei gearbeitet, auf dem Markt verkauft, den Vater gepflegt und den Haushalt besorgt. Später hat Ernst den Betrieb komplett auf Gemüsepflanzen umgestellt und Supermärkte und Großhändler mit Pflanzen beliefert. Er ist damit richtig wohlhabend geworden. Seine jüngere Schwester ist mit 43 bei einem Unfall ums Leben gekommen. Die ältere lebt in einem Pflegeheim in Hamburg, zusammen mit dem Ehemann. Bis heute unterstützt er seine Schwester, die das betreute Wohnen aus eigener Tasche kaum aufbringen kann. Und nie hat er seinen kranken Enkelsohn vergessen. Das arme Kind ist mit einem Herzfehler geboren und erst nach mehreren teuren Operationen gerettet worden. Erst als der Alzheimer kam, ist sein Gehirn eine „schwarze Stelle" geworden. So hat er es selbst noch genannt, als er gemerkt hat, dass ihm etwas nicht einfiel.

Kapitel 2

Anna wiederum ist einfach immer da gewesen. Wie ein guter Geist.

Wenn ich etwas gebraucht habe oder etwas gefehlt hat – Anna war zur Stelle. Sie hatte mir auch geholfen, Ernst aus dem Pflegeheim zu holen. Da ist es ihr noch wesentlich besser gegangen. Sie leidet nicht an Alzheimer, sondern an Multipler Sklerose. Deshalb muss ich mir etwas überlegen, es wird immer schlimmer mit ihr. Und ihr Lachen habe ich seit Wochen nicht mehr gehört – ihre Traurigkeit sitzt auf ihr wie ein böser Schatten. Das vermisse ich am meisten bei ihr: Ihr lautes, herzliches, ansteckendes Lachen ist weg.

Wir hatten das damals genau geplant: Im Spätsommer sollte es einen Ausflug geben in die Stadt. Zur Eisdiele am Marktplatz. Zwei Pflegerinnen, sechs Bewohner (ich nenne sie immer Insassen), darunter ein Rollstuhlfahrer. Ernst konnte noch selber gehen, er hatte nur seinen alten Stock dabei. Den hatte ihm Herbert aus Tirol mitgebracht, zum Siebzigsten. Er trug das hellblaue Hemd, das ich ihm die Woche vorher mitgebracht hatte. Ich hatte Ernst tagelang bekniet, daran teilzunehmen. Er hasste diese Ausflüge, weil er meinte, alle Leute drehten die Köpfe „nach uns Irren" um. Anna und ich saßen bereits dort, an einem Tisch etwas abseits. Wir waren sehr aufgeregt und bereits seit mehr als einer Stunde da. Mir war schon fast schlecht, weil ich zwei Himbeerbecher vertilgt hatte. Anna war wie immer gut gelaunt. Als sie kamen, war ich regelrecht am Zittern. Wenn meine Freundin nicht gewesen wäre, hätte ich die Aktion bestimmt abgebrochen.

Jedenfalls warteten wir, bis die erste gehbehinderte Dame auf Toilette musste. Die eine Pflegerin ging mit, und Anna hatte genug Zeit vorzugehen. Ich bezahlte währenddessen und ging ebenfalls Richtung Toilette, aber mit Abstand. Es dauerte eine Ewigkeit – ich wäre am liebsten davongerannt. Dann ging das Geschrei los: Ich öffnete die Tür zu den Toiletten, die behinderte Dame lag auf dem Boden, Anna und die Pflegerin über sie gebeugt.

Ich drehte mich um, ging wieder hinaus und rief die zweite Pflegerin: „Schnell, ein Unfall, Sie müssen kommen". Kaum war auch diese Pflegerin weg, winkte ich Ernst zu. Ging nicht zu ihm hin, sondern entfernte mich Richtung Einkaufszentrum. Ich blickte mich nicht um – dazu hatte ich keine Nerven. Erst bei der Poststelle wagte ich es stehenzubleiben. Ernst war schon fast bei mir. Ich tat so, als würde ich ihn nicht kennen und steuerte den Ausgang zum Klostergarten an. Im Gang vor dem Kundenklo fischte ich die Tüte aus meiner Einkaufstasche: Darin war eine karierte Schirmmütze, eine Sonnenbrille und sein naturfarbenes Leinenjackett. Das hatte ich extra bügeln lassen. Ich drückte Ernst die Tüte in die Hand, raunte ihm zu: „Das ziehst du jetzt in der Herrentoilette an" und ging in die Damentoilette. Auf sein Gedächtnis war ja schon lange kein Verlass mehr, ich betete, dass es funktionieren würde. Genau zehn Minuten später ging ich hinaus – und wäre fast in Ohnmacht gefallen! Ernst stand immer noch dort, völlig verloren, mit der Tüte in der Hand. Er hatte immerhin die Mütze aufgesetzt, den Rest offenbar vergessen. Ich zerrte ihn kurzerhand zurück in den Gang, zwängte ihn hastig in sein Jackett und setzte ihm die Brille auf. Die Tüte warf ich in den Papierkorb. Zum Glück kam nur eine junge Frau um die Ecke, die uns nicht weiter beachtete.

Dann hakte ich ihn unter – seinen Stock konnte ich nicht sehen und hatte auch nicht mehr die Nerven, in der Toilette nachzusehen – und wir gingen wie ein altes Ehepaar die steilen Treppen zur Straße hinunter.

Wir hörten das Martinshorn eines Krankenwagens.

Bis zur Bushaltestelle waren es ein paar Meter, aber Ernst folgte brav wie ein Lamm. Er summte vergnügt vor sich hin, und als wir endlich im Bus saßen, konnte ich wieder ruhig atmen.

Wir stiegen eine Station nach meiner aus; ich wollte kein Risiko eingehen. Durch den kleinen Fußweg zwischen den Wohnblocks konnten wir zu meinem Haus gelangen, ohne dass Frau Köhler sehen konnte, wer mich besuchte. Wir gingen durch den Garten – ich hatte einen Tag vorher eine Öffnung in den Maschendraht geschnitten – und benutzten den Kellereingang.

Erst als wir im Wohnzimmer saßen, jeder mit einer Tasse Kaffee in der Hand und nachdem Anna kichernd angerufen hatte, begriff ich, dass alles gut gegangen war!

Kapitel 3

Die nächsten Tage lasen wir die Zeitungen gründlich durch. Es hatte einen riesigen Aufruhr gegeben – die Dame musste ins Krankenhaus, weil Anna sie wohl etwas ungestüm zu Fall gebracht hatte. Immerhin bestand keine Lebensgefahr.

Nach Ernst wurde gesucht. Es hieß, er sei verwirrt und auf Medikamente angewiesen.

Und es sollten sich Zeugen melden. Anna und ich beschlossen, zur Polizei zu gehen, um nicht durch einen dummen Zufall erkannt zu werden. Wir trafen uns einen Tag später am Brunnen auf dem Marktplatz und gingen zur Wache. Der Pförtner wollte uns zuerst nicht hereinlassen, aber als Anna betonte, dass sie in den Unfall der alten Dame verwickelt gewesen sei, ließ er uns im Flur warten, bis ein zuständiger Beamter uns abholte. Wir hatten uns fein gemacht – zur Polizei geht man ja nicht alle Tage – und Anna schilderte, wie sie im Vorraum der Toiletten gestolpert und gegen die Dame geprallt sei. Der Polizist wollte von mir wissen, wieso ich einfach gegangen sei, obwohl doch ein Unfall passiert war. Ich wurde rot und stammelte etwas von wegen „Bus verpassen". Dieses eine Mal war ich froh, dass wir Alten generell für tüdelig gehalten werden. Er ging jedoch nicht weiter darauf ein.

Dann kam die kritische Frage: „Kannten Sie den Herrn, der währenddessen verschwunden ist?" Wie wir abgesprochen hatten, antwortete ich: „Ja, das ist ein alter Freund meines verstorbenen Mannes. Aber seit er in ein Pflegeheim gekommen ist, habe ich ihn kaum mehr gesehen. Er soll ja den Verstand verloren haben." Bei diesen Worten tippte ich mir mit dem Zeigefinger gegen die Stirn. Mit der anderen kniff ich so fest ich konnte in den Riemen meiner Handtasche. Er fragte nicht weiter nach.

Zum Schluss mussten wir die Aussagen unterschreiben, die er umständlich getippt hatte, und endlich konnten wir gehen.

Als wir wieder in der Fußgängerzone standen, mussten wir kichern – es war ein schönes Gefühl, alle an der Nase herumgeführt zu haben. Und noch schöner, dass Ernst endlich wieder in Freiheit leben konnte.

Seine Demenzerkrankung hatte in den nächsten Monaten auch Vorteile: Ihm fiel überhaupt nicht auf, dass er das Haus nicht alleine verlassen konnte. Früher hätte ihn das verrückt gemacht, er war ein richtiger Naturliebhaber, aber er schien zufrieden mit meinen Balkonpflanzen. Ich besorgte ihm so ein kleines Garten-Set: Schaufel, Harke und eine Gießkanne. Dazu mehrere leere Blumentöpfe, -kästen und Erde. Er konnte sich stundenlang alleine damit beschäftigen, buddelte konzentriert in den Töpfen herum, pflanzte alles ein, was hineinpasste, um es später wieder zu ernten. Einmal erwischte ich ihn dabei, wie er meine Pflanzen mit einem Brotmesser abschnitt. Ich fragte ihn, wieso er sie kaputtmachte. Er sah mich nur verwundert an und sagte: „Elisabeth, der Salat ist doch schon fast am Schießen". Da stellte ich alle Blumen weg an die Zimmerfenster hinter die Gardinen. Ernst hatte das nicht bemerkt.

Abends, wenn es dunkel wurde, machten wir oft einen Spaziergang. Ich hatte den Maschendrahtzaun mit Drahtösen versehen, so dass ich ihn öffnen und schließen konnte. Ernst machte manchmal Theater beim Anziehen, aber ich konnte ihn fast immer dazu überreden. Es war schon anstrengend für mich, meine Füße laufen schnell an und manchmal musste ich vor Schmerzen humpeln. Aber ich wollte nicht, dass Ernst auf seine Bewegung verzichtete. Er war auch so schon ziemlich unruhig und lief oft im ganzen Haus herum, betrachtete die Gegenstände und murmelte dabei vor sich hin.

Als es Schnee gab, musste Ernst jedoch im Haus bleiben – jeder hätte ja unsere Spuren gesehen. Es hatte mich niemand angesprochen, wer denn bei mir wohnte – nur einmal, es war im Januar, als der Schnee weggetaut war, fragte mich die Bedienung vom Bäcker. Mir fiel vor Schreck fast das Brot aus der Hand, das ich gerade in meiner Tasche verstauen wollte. Als mir klar wurde, dass sie uns nur beim Spazieren auf dem Dörtalsweg gesehen hatte, erklärte ich erleichtert, es wäre ein alter Bekannter von Herbert gewesen, den ich zufällig vor der Kirche getroffen hätte.

In die Kirche gehe ich nie – mir ist in den letzten Jahren klar geworden, dass der Herrgott nicht für die ganz Alten zuständig ist. Seitdem ich Ernst und später Gertrud im Pflegeheim besucht habe.

Kapitel 4

Anna war nie im Pflegeheim. Sie hatte ungefähr zur selben Zeit wie Ernst von ihrer Krankheit erfahren. Damals habe ich sie das erste Mal wirklich betrübt erlebt, richtig hoffnungslos war sie. Sie wohnte in einer Mietwohnung in der Leuschnerstraße, nicht weit von meinem Haus entfernt. Sie war nie verheiratet, hatte früher aber einen Nachbarn, mit dem sie gut befreundet war und der sich ein wenig um sie gekümmert hatte. Das würde Anna niemals zugeben, weil es meistens sie war, die sich um andere kümmerte, aber es war wohl so. Irgendwann zog der Herr weg zu seiner Mutter nach Süddeutschland, und Anna war allein. Ihre Krankheit brachte es mit sich, dass sie oft Schmerzen hatte, und es ergab sich im Laufe der Zeit, dass sie immer häufiger bei mir blieb, weil sie kaum mehr vom Stuhl aufstehen konnte. Platz hatte ich ja. Das frühere Zimmer meines Sohnes Manfred war eingerichtet und lag im Erdgeschoss, so dass sie keine Treppe gehen brauchte.

Eines Tages kam sie völlig aufgelöst vom Arzt wieder: Der hatte sie nach Angehörigen gefragt, und als er erfuhr, dass es keine gäbe gemeint, „dann müssen wir eine andere Lösung finden, es gibt ja sehr gute Pflegeeinrichtungen".

Anna war schockiert, sie war ab und zu in dem Pflegeheim der Inneren Mission gewesen; wenn es ein öffentliches Fest gab. Dort hatte sie auch einige alte Bekannte von früher wieder getroffen und war entsetzt über deren Zustand. Und noch schlimmer fand sie, dass dort nur „Solche" lebten. „Wie bei den Untoten", hatte sie gesagt.

Wir überlegten und kamen zu der Lösung, dass Anna von dort verschwinden müsste. Sie ließ sich zu einem anderen Arzt überweisen – „wegen einer zweiten Meinung", wie sie erklärte, und beim nächsten Besuch bei ihrem Hausarzt erklärte sie, der Kollege hätte alles für einen Heimaufenthalt in die Wege geleitet, er müsste sich keine Gedanken mehr machen.

„Der Depp war einfach nur froh, dass er eine scheintote Kassenpatientin ohne Umstände losgeworden ist", meinte sie grinsend.

In ihrem Mietshaus erzählten wir dasselbe. Wir ließen fast alle ihre Sachen von einem Gebrauchtmöbelhändler abholen.

Eine Nachbarin wollte wissen, wohin sie ginge. Anna erklärte ohne mit der Wimper zu zucken: „Nach Volpriehausen im Solling". Dorthin würde sie wohl nie zu Besuch kommen, die Nachbarin hatte kein Auto.

„Post bekomme ich sowieso keine. Und wenn, nimmt die Nachbarin sie an, und du gehst alle paar Wochen hin und erzählst, du würdest sie mir bringen", erklärte Anna. Und so verschwand sie von der Bildfläche.

Ernst konnte in dieser Zeit nicht mehr hinausgehen, er fiel häufig hin.

Seitdem ist mein Haus voll, und je mehr Zeit verging, umso größer wurden die Probleme.

Kapitel 5

Ich schließe also die Tür auf – und wäre fast wieder rückwärts raus gestolpert: Der Raum stinkt ganz fürchterlich, offenbar hat sich Annas Durchfall verschlimmert. Einer von beiden hat offenbar versucht, das Malheur zu beseitigen: Anna kauert, bis zu den Haaren mit Kot verschmiert, in der Ecke ihres Bettes, die Decke um sich geschlungen. Beine und Füße gucken heraus, die Unterschenkel sind blutig gekratzt. Das Bettlaken ist abgezogen und liegt verschmiert auf dem Fernseher. Über die ganze Matratze ist knallgelber Tee – ich hatte ihr heute Vormittag eine Kanne lauwarmen Kamillentee dagelassen. Überall zerrissenes Toilettenpapier, mittendrin ihre zerknüllte Kleidung. Sie sieht mich verschreckt an, jetzt erkenne ich, dass sie Angst hat.

Ernst ist nicht zu sehen. Ich schließe die Tür hinter mir und versuche, durch den Mund zu atmen. Ein Blick ins Nebenzimmer: das Wohnzimmer – ich wollte nicht, dass die beiden ihr Leben quasi im Schlafzimmer verbringen. Ernst liegt auf dem Sofa und schläft tief und fest. Sein Fotoalbum liegt neben ihm auf dem Boden, auf der Seite seines Hochzeitsbildes geöffnet. Kurzerhand ziehe ich die Tür zu, solange er schläft, kann er nicht stören. Ich hole den Zimmerschlüssel vom Kleiderschrank und schließe ihn ein.

Anna wimmert leise vor sich hin. Ich muss zur Waschküche, um Eimer, Wasch- und Putzlappen zu holen, aber kaum habe ich den Raum verlassen, fängt Anna laut an zu heulen: „BLEIB HIEEER ICH HABE DUUURST". Ich stürze zu ihrem Bett und flehe sie an: „Anna, ich bin ja da, gleich gibt es was zu trinken, bitte sei leise, wenn dich die Nachbarn hören!" Anna verstummt, aber als ich fast die Tür erreicht habe, fängt sie wieder an zu schreien. „DUUURST".

Ich greife nach dem Becher mit Tee, den ich vorbereitet habe, haste zurück und helfe ihr beim Trinken. Sie zittert stark. In einem Zug hat sie ihn geleert. Sofort beginnt sie wieder zu schreien. Rasch hole ich den zweiten Becher, den sie genauso schnell austrinkt. Ich stelle das Radio laut. „Anna, gleich kommen die Nachrichten." Das hat fast immer geholfen – Anna hört sie gern, obwohl sie nicht mehr versteht, was gesagt wird. Sie mag wohl die gleichmäßige Stimme des Sprechers. Wahrscheinlich ist sie auch erschöpft, jedenfalls wird sie ruhig und ich kann die Sachen holen. Dass Ernst noch Ruhe gibt, wundert mich, normalerweise hat er einen sehr leichten Schlaf. Das Radio stelle ich laut, und so kann ich Anna ohne Protest reinigen. Die Wunden an ihren Beinen säubere ich mit einem Desinfektionsmittel, verbinde die Beine und ziehe sie an. Die Matratze ist ruiniert, ich helfe Anna auf, die sich wimmernd an mir festkrallt. Sie kann ohne Hilfe kaum mehr stehen. Irgendwie kann ich sie in den Sessel bugsieren und drücke ihr den Teddy in den Arm. Dann hinke ich so schnell es geht nach oben, schleppe eine Matratze aus meinem Ehebett nach unten und tausche sie aus.

Wie ich das Zimmer gereinigt und aufgeräumt, die Matratze in die Waschküche geschleppt, Blutzucker gemessen und Insulin gespritzt, Anna gefüttert und wieder ins frisch bezogene Bett gebracht habe weiß ich nicht mehr – ich bin fix und fertig. Danach schaue ich kurz noch mal nach Ernst, der immer noch schläft, schließe wieder ab und gehe nach oben, um eine kurze Pause einzulegen. Mir tut alles weh: Der Arm ist blau und rot verschwollen, meine Füße passen kaum mehr in die Schuhe und mir knurrt der Magen vor Hunger.

Eins nach dem anderen, erst muss ich wieder fit sein, sonst kann ich Ernst nicht versorgen, denke ich und wärme mir eine Mahlzeit auf. Die Füße lege ich während des Essens hoch und reibe sie hinterher mit Franzbranntwein ein. Auf den Arm kommt eine Salbe, und nach einer Tasse kräftigem Kaffee bin ich wieder einigermaßen hergestellt. Das schaffe ich schon.

Der Gedanke, beide in ein Heim zu bringen, ist mir schon manchmal gekommen, aber niemals würde ich ihn in die Tat umsetzen: Ich habe es meinen beiden besten Freunden hoch und heilig versprochen. Solange ich noch kann, würde ich für die beiden sorgen. Was danach kommen würde? Ich weiß keine Antwort.

Gertrud muss warten – es ist ohnehin noch etwas Zeit.

Ich bin wohl eingenickt – es dämmert bereits, als ich auf die Uhr schaue: drei viertel sieben. Mein Gott. Ich muss nach Ernst schauen! Er hat ja seit dem späten Vormittag nichts mehr gegessen und getrunken. Ich haste in den Keller, schließe auf – Anna sitzt vor dem Bett auf dem Boden, an das Nachttischchen gelehnt und kaut auf dem Ohr ihres Teddys herum. Wenigstens ist sie ruhig. Ernst ist jetzt wichtiger.

Ich schließe die Tür zum Wohnzimmer auf. Er liegt immer noch auf dem Sofa. Meine Alarmglocken schrillen – ich stürze zu ihm, rede auf ihn ein, rüttele ihn an der Schulter.

Keine Reaktion. Er fühlt sich kalt an und ist blass. Panisch versuche ich ihn aufzusetzen, aber er ist schlaff wie ein Kartoffelsack, ich bekomme ihn nicht hoch. Anna beginnt nebenan Weihnachtslieder zu singen und zwar sehr laut: „Oh Tannenbaum, oh Tannenbaum". Meine Nerven gehen fast mit mir durch. Nachdenken, befehle ich mir.

Unterzuckerung?! Ich springe auf, soweit meine Beine das zulassen, hole mir das Messgerät aus Annas Nachtschränkchen, stolpere fast, weil sie sich an mir festklammert, reiße mich los, was zur Folge hat, dass Anna umkippt und zu wimmern beginnt und eile wieder zu Ernst. Ich bin so nervös, dass ich zwei Versuche brauche, um einen Wert zu erhalten: 45. Das ist sehr niedrig, aber mir fällt nicht mehr genau ein, was der Arzt mir damals erklärt hat.

Ich laufe wieder nach oben und hole ein Glas Erdbeermarmelade, die Ernst so gerne mag. Unten angekommen, versuche ich, ihm ein wenig in den Mund zu streichen. Keine Reaktion. Dann versuche ich, eine größere Menge in ihn hineinzubekommen. Als auch das nichts nützt, laufe ich wieder nach oben und hole eine Flasche Limonade.

Mir zittern die Knie, ich bin froh, dass ich die Treppe ohne Sturz gemeistert habe. Anna liegt immer noch auf dem Boden, aber sie wimmert nicht mehr. „Gleich mein Schatz", rufe ich ihr zu und knie mich neben das Sofa, um Ernst die Limonade einzuflößen. Fast alles läuft ihm aus dem Mundwinkel heraus, aber vielleicht würde ja doch ein wenig in den Magen gelangen?

Ich richte mich mühsam auf, stopfe ihm ein paar Kissen unter die Beine und warte ratlos. Die Uhr scheint immer lauter zu ticken, ansonsten ist nur mein heftiges Atmen zu hören.

In diesem Moment klingelt jemand an der Tür. Vor Schreck springe ich fast an die Decke. Ausgerechnet jetzt! Ich schleiche mich leise in den Kellerflur und lausche unten an der Treppe. Noch einmal! Und jetzt klopft jemand an die Tür! Ich bete, dass Frau Köhler, die ich hinter der Tür vermute, wieder gehen würde. Da läutet es wieder. Nun reicht es mir! Ernst liegt halbtot nebenan, und die dumme Kuh muss jetzt unbedingt auf einen Tratsch bei mir reinschauen. Ich gehe nach oben und öffne heftig die Haustür. Und werde blass. Vor mir steht der Polizist, der damals unsere Aussage notiert hat.

„Ja bitte", kann ich geistesgegenwärtig hervorstoßen.

„Entschuldigen Sie die späte Störung, aber ich möchte kurz mit Ihnen sprechen, kann ich hereinkommen?", fragt er und weist auf meine Nachbarin, die neugierig am Gartenzaun steht.

„Kommen Sie", sage ich, drehe mich um und gehe schnurstracks in die Küche. Die Kellertür steht noch offen, ich ziehe sie im Vorbeigehen zu. „Ich war gerade in der Waschküche, da habe ich das Läuten nicht gehört", erkläre ich. Zum Glück kann der Beamte mein Gesicht dabei nicht sehen. Ich bin bestimmt knallrot geworden.

Der Mann sieht sich überall um, das kann ich aus den Augenwinkeln erkennen, aber er folgt mir und setzt sich auf einen Stuhl. Inzwischen habe ich die Fassung einigermaßen wiedergewonnen. „Das Treppensteigen fällt mir ziemlich schwer", sage ich, weil ich immer noch außer Atem bin.

„Ja, es tut mir auch Leid, dass ich Sie stören muss, aber wir suchen Ihre Bekannte, Frau Anna Schindler. Ihre frühere Nachbarin hat ausgesagt, sie sei ins Pflegeheim nach Volpriehausen gezogen, aber dort ist sie nie angekommen. Und weil Sie die Post für Frau Schindler ja abholen, wissen Sie sicherlich, wo sie sich aufhält."

Mir wird fast schlecht. Die blöde Post, es sind nur ein paar Werbebriefe gewesen, die liegen noch ungeöffnet im Zeitungsständer. Ich brauche Zeit zum Nachdenken.

„Warten Sie". Ich stehe auf und lasse den Polizisten alleine. Ich gehe rüber ins Wohnzimmer und murmele vor mich hin, der soll denken, ich bin am Suchen. Ich überlege krampfhaft, was ich sagen soll. Als ich höre, wie der Mann aufsteht, wühle ich noch ein wenig herum und hole sie dann hervor. Er steht jetzt in der Wohnzimmertür. Auch hier schaut er sich ganz genau um. Zum Glück habe ich alle Sachen meiner Freunde nach unten geschafft – sie sollen sich dort ja wie zu Hause fühlen.

„Hier ist die Post von Anna", sage ich und halte ihm die vier Umschläge entgegen.

„Sie haben sie ihr also nicht gebracht", stellt er fest.

Das ist eine Frage, er hat eine Augenbraue weit hochgezogen. Ich humpele in die Küche zurück, dort setzen wir uns und ich erkläre:

„Wir hatten abgemacht, dass ich ihr nur wichtige Post bringe. Ich habe kein Auto, für mich wäre es sehr umständlich, dorthin zu fahren".

„Haben Sie Ihre Freundin denn nie im Heim besucht?"

„Nein". Er wartete wohl auf weitere Erklärungen, aber ich sagte nichts mehr.

„Wissen Sie denn, wo Ihre Freundin sein könnte?"

„Ich dachte bis jetzt, sie wäre nach Volpriehausen gezogen. Sie hat mir ja auch die Adresse aufgeschrieben".

Das stimmte sogar. Anna hatte sie einmal aufgeschrieben, weil ich ihr Gertruds neue Adresse diktiert hatte. Ich hatte keine Hand frei gehabt, weil ich gerade mit ihr telefonierte. Der Zettel lag in der Küchenschublade.

„In der Schublade vor Ihnen, ein knallroter Briefumschlag", sagte ich.

Der Polizist zog sie auf, wühlte – das war meine Schublade mit Rechnungen, Notizen, Postkarten und Krimskrams – und fand den Zettel. Ich war fast stolz, so geistesgegenwärtig reagiert zu haben. Ich tat so, als wäre ich am Grübeln.

„Ich bin genauso ahnungslos wie Sie, aber ich muss sagen, so gut kenne ich Frau Schindler ja nun auch wieder nicht. Halt eine alte Bekannte, die ich seit Jahren beim Einkaufen getroffen habe".

Der Polizist schaut mich lange an. Er hat kluge Augen, innerlich werde ich sehr nervös. Durchschaut er mich etwa? Es gibt nur wenige Menschen, die uns Alte ernst nehmen. Aber offenbar kommt er zu dem Schluss, dass meine Antworten plausibel seien, denn er will nur noch wissen, wann ich Anna das letzte Mal gesehen hätte.

Auf diese Frage bin ich jetzt vorbereitet, ich sage: „Als ich ihr geholfen habe, ihren Hausrat zu sortieren. Sie hatte Angst, diese Gebrauchtmöbelhändler würden sie übers Ohr hauen. Das war – warten Sie – Mitte September."

Er überlegt. Dann will er wissen, ob mir zu dem Vorfall in der Eisdiele letzten Sommer noch etwas eingefallen sei. Und dass ich ihn noch einmal mit eigenen Worten schildern soll.

„Nein", antworte ich. Und dass ich zufällig in die Toilette gegangen wäre, als der Unfall gerade passierte. Dass ich mich schon von

Anna verabschiedet hatte und beim Bezahlen nicht gesehen hätte, wie sie zur Toilette ging.

Nun scheint der Beamte keine Zweifel mehr zu haben. Er legt den Briefumschlag zurück in die Schublade, erhebt sich und verabschiedet sich mit den Worten: „Vielen Dank, ich hoffe, wir finden Ihre Bekannte. Sie brauchen mich nicht zur Tür zu bringen, bleiben Sie lieber sitzen und ruhen Sie sich aus". Er scheint mich tatsächlich für altersschwach zu halten!

Im letzten Moment fällt mir etwas ein – er ist schon fast an der Haustür: „Warum suchen Sie Frau Schindler eigentlich?"

Er dreht sich um und kommt noch einmal zurück in die Küche. „Das darf ich Ihnen eigentlich nicht sagen", meint er zögernd. „Es sind aber Zweifel an Ihrer Aussage wegen des Unfalls in der Eisdiele aufgetreten".

„Zweifel?"

„Die Dame, die zu Fall kam, behauptet, von Frau Schindler gestoßen worden zu sein".

„Das kann ich mir kaum vorstellen", antworte ich scharf. „Frau Schindler ist eine sehr freundliche, hilfsbereite Person. Wieso sollte sie das getan haben? Sie kannte die Dame ja noch nicht einmal".

„Tja, wieso sollte sie das getan haben? Das möchte ich auch gerne erfahren. Auf Wiedersehen".

Und damit lässt er mich mehr als beunruhigt zurück.

Kapitel 6

Ich muss eingenickt sein.

Nachdem der Polizist schon eine Weile weg war, habe ich mich ins Wohnzimmer auf meinen Fernsehsessel gesetzt, mein Lieblingsplatz, auf dem kann ich am besten nachdenken. Wieso sind ihm erst jetzt Zweifel an Annas Aussage gekommen? Wie sicher ist Anna jetzt noch hier bei mir? Wenn jemand entdeckt, dass sie bei mir lebt – ich schätze, sie wäre innerhalb von Stunden in einem Pflegeheim.

Siedend heiß fällt mir ein, dass meine Freunde unten im Keller dringend meine Hilfe brauchen. Und Ernst – er war ja in einem schlimmen Zustand, als der Polizist klingelte. Ich springe auf wie von der Tarantel gestochen und humpele so schnell es geht, hinunter in den Keller.

Ich drücke Anna, die vor ihrem Bett geschlummert hat, ein Stück Spritzgebäck in die Hand und eile zu Ernst. Ich traue mich kaum, ihn genau anzusehen, er sieht bläulich aus im Gesicht. Und er atmet nicht mehr.

Das ist zu viel. Ich muss mich setzen. Nach einer Ewigkeit – es müssen Stunden vergangen sein – komme ich langsam zu mir. Trauer empfinde ich da noch nicht, eher eine Art Dämmerzustand, vielleicht ein Schock.

Anna ist jetzt wichtiger, denke ich und verlasse den Raum. Über Ernsts Gesicht breite ich vorher den Tischläufer, ich mag seine starren Augen nicht mehr sehen müssen.

Die würden mich ohnehin in meinen Alpträumen begleiten.

Ich schließe hinter mir ab – zweimal – und setze mich neben Anna auf den Boden. Sie wimmert leise, es riecht streng – die Einlage ist bestimmt wieder voll –, nehme ihren Kopf und lege ihn auf meinen Schoß. „Alles wird gut, mach dir keine Sorgen", murmele ich und streichele ihr durch das weiße Haar.

Wenigstens scheint sie mir zu glauben – sie schläft ruhig ein.

An die nächsten Tage kann ich mich kaum erinnern. Ich erledige die Hausarbeiten wie in Trance, einmal kommt Frau Köhler, um mich zum Kaffee einzuladen, ich sage jedoch ab und erzähle etwas von Magen-Darmgrippe. Sie benimmt sich merkwürdig, ich schätze, sie will eine Erklärung für den Besuch des Polizisten, aber ich verabschiede sie an der Tür.

Anna wird in dieser Zeit besonders verwöhnt – ich verbringe Stunden an ihrem Bett, halte ihre Hand, singe oder lese ihr vor. Einmal hat sie einen lichten Moment und fragt mich, wo denn Ernst sei, ich erschrecke. Aber zum Glück vergisst sie ihre Frage, als ich ihr den Rücken mit Öl massiere – das mag sie besonders gern. Zum Glück hat sie den Durchfall überstanden. Mir ist klar, dass Ernst nicht ewig nebenan liegen bleiben kann – aber mir fällt keine Lösung ein. Er ist zwar sehr mager, aber immer noch so schwer, dass ich ihn niemals hätte wegschaffen können. Früher, als er einmal gefallen war, musste ich ihn vier Stunden lang in der Küche auf dem Boden beschäftigen, bis ich Anna erreichen konnte. Sogar zu zweit hatten wir es kaum geschafft, ihn wieder aufzurichten.

Mir wird schlecht bei dem Gedanken, dass Ernsts Leichnam ein paar Meter von uns entfernt am Verwesen ist. Es fängt bereits an zu riechen.

Anna und ich leben nun fast die ganze Zeit zusammen in dem Kellerzimmer. Ich habe mir die zweite Matratze heruntergeschleppt und sie auf den Boden gelegt. Gegen den Geruch sprühe ich Raumspray, aber das hilft nicht mehr richtig.

Als ich eines Morgens damit beschäftigt bin, Anna zu waschen, frage ich sie: „Was macht man denn nur gegen den Gestank von Verrottung?"

Verwesung wollte ich nicht sagen, nachher hätte sie noch Verdacht geschöpft. Anna guckt mich groß an. „Brandkalk", antwortet sie.

Erst denke ich gar nicht über ihre Antwort nach, weil ich völlig verwundert bin, von ihr eine klare Antwort zu bekommen. Sie ist ja schon länger in einem verwirrten Zustand und weiß oft nicht einmal mehr, wer ich bin. Einmal hatte sie unvermittelt zu mir gesagt: „Mama, du musst heute den Sauerteig bereiten, wir haben doch am Sonntag Gäste." Das ist irgendwie komisch gewesen, weil an diesem Sonntag tatsächlich Gäste kommen sollten: Frau Köhler hatte Besuch von einer Kusine, und diese anspruchsvolle Person wollte Abwechslung geboten haben. Da kam ich gerade recht: Frau Köhler wusste genau, dass ich eine ganz besondere Walnusstorte mache, wenn sich Gäste ankündigen. Der Besuch war richtig skurril: Die Kusine lauschte ständig, weil sie meinte, es sei ein Katze am Jaulen, ich schätze, sie hatte ihr Hörgerät falsch eingestellt, denn Frau Köhler und ich konnten nichts hören. Ich war natürlich die ganze Zeit sehr nervös, weil ich befürchtete, dass Ernst einen seiner Wutanfälle bekommen könnte. Das hatte er ganz selten, dafür aber umso lauter. Als die beiden dann endlich gegangen waren, musste ich mir einen Schnaps einschenken, um mich wieder zu beruhigen.

Jedenfalls muss ich erst eine Weile nachdenken, bis mir aufgeht, dass das ein sehr guter Vorschlag ist: Brandkalk hatten wir früher auf den Kompost geschüttet.

Aber wie soll ich den hierher schaffen? Soweit ich weiß, gibt es den nur in schweren Säcken. Ich gebe Anna die Legosteine, mit denen sie sich eine Weile beschäftigen kann und gehe telefonieren. Der Mann vom Gartenmarkt ist sehr freundlich, er verspricht, mir noch heute Nachmittag einen Sack voll davon nach Hause zu liefern! Ich bin richtig erleichtert, dass das so glatt geht, die Probleme sind schon so groß genug.

Kapitel 7

Weil ich keine weiteren Pannen riskieren will, gebe ich Anna ein Beruhigungsmittel ins Mittagessen. Heute bleibe ich das erste Mal nach Ernsts Tod längere Zeit in der oberen Wohnung: Es hat sich einiges an Hausarbeit angesammelt. Endlich habe ich wieder das Gefühl von Normalität und kann mir sogar um Gertrud Gedanken machen. Die ist bestimmt schon in Sorge, weil ich mich seit Tagen nicht mehr gemeldet habe. Ich muss das so bald wie möglich angehen – meine Beine wollen immer öfter nicht mehr so wie sie sollen. Wenn ich sie erst im Hause hätte, wäre es einfacher. Die Fahrten nach Volpriehausen sind immer sehr anstrengend für mich.
Ich bin fast fertig mit dem Putzen, als es an der Tür klingelt. Vorsichtig mache ich einen Spalt weit auf: Es ist der Mann vom Gartenmarkt. Den Sack stellt er neben die Tür, ich bezahle gleich und ziehe den ganzen Sack mit aller Kraft in den Flur.
Das was jetzt kommt, ist das Schlimmste, was ich je habe machen müssen: Ich ziehe Gummihandschuhe über, fülle zwei Putzeimer mit Kalk, gehe in den Keller hinunter, stelle das Radio an, damit Anna abgelenkt wird, falls sie aufwacht und trete ins Wohnzimmer. Schon beim Öffnen der Tür bekomme ich fast Panik: Der Gestank dringt durch alle Poren. Ich habe mir einen Mundschutz gebastelt, aus einem Stofftaschentuch und Gummiband, eingeschmiert mit Mentholsalbe. Aber das nützt kaum etwas, dieser Verwesungsgeruch ist nicht zu unterdrücken. Beinahe wäre ich unverrichteter Dinge wieder hinausgegangen, aber mir ist klar, dass ich etwas unternehmen muss. Ich schließe die Tür hinter

mir, stelle die Eimer ab und zähle bis zehn. Dann gehe ich zum Sofa, nehme das Platzdeckchen weg, reiße das Hemd von dem Leichnam, schneide das Unterhemd hastig auf und zerre alles herunter. Die Hose muss ich ausziehen, der Körper von Ernst ist nicht steif, wie ich erwartet habe. Auch die Socken ziehe ich aus. Ich blicke die ganze Zeit nur auf meine Hände, ich will kein Bild von alledem im Gedächtnis behalten. Die Kleidung stopfe ich in einen Müllsack, den ich sofort zuknote. Dann kippe ich den Kalk über Ernst, erst danach kann ich hinsehen. Es sieht grausam aus, eine dürre weiße Mumie. Nur die Augen und die Mundöffnung sind wie dunkle Löcher. Ich gehe nach oben und hole noch zwei Eimer voller Kalk. Dann drehe ich den Körper auf die Seite und schütte so viel Kalk wie nur geht auf das Sofa. Nun ist der ganze Körper damit bestäubt – mehr kann ich nicht tun.

Die Sachen schleppe ich nach oben in die Küche. Wohin ich die Kleidung eigentlich bringen will, weiß ich nicht, mir würde schon etwas einfallen. Jetzt muss ich erst mal frische Luft schnappen, aber es nützt nichts – ich kriege den Geruch nicht aus der Nase. Er scheint überall an mir zu kleben. Ich muss erst einmal duschen gehen. Unter dem warmen Strahl wird mir schlecht, so richtig elend. Das fehlte noch – ein Kreislaufkollaps! Ich zwinge mich, das Wasser auf kalt zu stellen, danach wird es etwas besser.

Anschließend ziehe ich mir meinen Gartenkittel an, schnappe mir die Eimer und fülle sie mit Kalk. Gehe in den Garten und mache viel Aufhebens darum, den Komposthaufen einzustäuben. Es dauert keine zehn Minuten, da steht Frau Köhler an der Gartenpforte. „Wieso stellen Sie den Kalk denn ins Haus?", will sie wissen.

Genau mit der Frage habe ich gerechnet. „Na, der darf doch nicht feucht werden, dann klumpt er", antworte ich. „Und mir tun die Knochen in letzter Zeit so weh, dass ich ihn nicht aus dem Keller hoch schleppen will". Innerlich muss ich grinsen. Wie durchschaubar dieses alte Klatschweib doch ist. Anna und ich hatten uns früher oft köstlich über diese Frau amüsiert und sie auch an der Nase herumgeführt.

Prompt ist Frau Köhler mit meiner Antwort zufrieden und schweigt eine Weile. „Man sieht Sie ja in letzter Zeit gar nicht mehr", stellt sie fest.

Ich antworte nicht, sondern beginne, den Kalk in den Kompost zu mischen.

„Früher haben Sie so häufig mal vorbeigeschaut, und beim Straßenfest waren Sie auch nicht". Diese Frau lässt einfach nicht locker.

„Ich bin nicht mehr die Jüngste", sage ich, nachdem ich die Harke beiseite gestellt und mir die Handschuhe ausgezogen habe. „Wissen Sie, mir fällt es immer schwerer, länger auf den Beinen zu sein. Und beim Straßenfest hatte ich doch Magen-Darmgrippe".

Ich schaue auf meine Schuhe und tue so, als wäre mir das sehr peinlich.

„Wir sind doch jetzt schon seit Ewigkeiten Nachbarn. Sie können doch um Hilfe fragen, ich würde mich sehr darüber freuen", setzte die Frau an und fasst mich tröstend um die Schulter.

Wenn es um Krankheiten und Gebrechlichkeiten geht, ist diese Sorte sofort zufriedenzustellen. Als wenn die mir helfen könnte! Die ist doch nur ein paar Jahre jünger als ich!

Ich schaue ihr jetzt direkt ins Gesicht. Man kann es an ihren Augen förmlich ablesen, dass sie am liebsten sofort in meine Küche gestürzt wäre, um Staub zu wedeln, natürlich nicht ohne überall gründlich herumzuschnüffeln.

„Das ist wirklich sehr lieb von Ihnen, ich glaube, ich werde früher oder später darauf zurückkommen müssen. Man wird ja leider nicht jünger". Frau Köhler lächelt jetzt – dieses schmierige Mitleid-Lächeln. Ich nehme meine Harke und verabschiede mich.

„Zeit für meine Medikamente, und vielen Dank noch mal für Ihr freundliches Angebot".

Vor ihren Augen humpele ich ein wenig mehr als nötig zur Haustüre.

„Sie haben Ihre Eimer vergessen", ruft die Nachbarin und kommt mir schon hinterher. Ich kann nicht verhindern, dass sie direkt hinter mir den Flur betritt. Dort steht der inzwischen mehr als halbleere Kalksack, der Boden ist weißlich bestäubt, weil ich es so eilig hatte.

„Das sieht ja schlimm aus! Wo sind denn Besen und Kehrblech? Ich will Ihnen das schnell wegmachen", stößt Frau Köhler hervor und steuert bereits auf die Kellertür zu. Sie ist früher öfter mit in der Waschküche gewesen, weil wir dort Obst eingekocht hatten.

„Nein, ich habe das alles in die Küche geräumt", kann ich gerade noch einwenden, schiebe sie resolut beiseite und schließe die Tür. Mir wird gleichzeitig heiß und kalt – der Besen ist natürlich immer noch unten!

Ich eile vor ihr in die Küche, schnappe den Müllsack mit Ernsts Kleidung und stopfe ihn schnell in die Ecke hinter dem Vorratsschrank.

„Setzen Sie sich doch, wir trinken jetzt erst einmal einen Kaffee, wie in früheren Zeiten", schlage ich vor und fülle sofort die Kaffeemaschine, um nur keinen Protest entstehen zu lassen. „Erzählen Sie, wie geht es Ihrer Kusine? Und was macht Heinrich?"

Das ist ihr dämlicher Sohn. Der war irgend so ein Computer-Fachmensch – seine Mutter war sehr stolz auf ihn, weil er mit einem glänzenden Cabrio herumfuhr und oft ins Ausland flog. Ich fand ihn einfach nur eitel und dumm. Lief mit Sonnenbrille herum, auch wenn der Himmel wolkenverhangen war. Und fuhr immer heulend los wie ein Fahranfänger – damit ja auch alle mitbekamen, was für ein toller Hecht er ist.

Aber damit erreiche ich, dass Frau Köhler den Besen vergisst, sie legt sofort los und erzählt eine lange Geschichte von einer Freundin, die ihn sitzen gelassen hätte, weil sie wohl nicht an sein Geld herangekommen ist. Ich tue so, als würde mich das brennend interessieren und serviere den Kaffee.

„Moment, ich hole schnell noch Zucker, den hab ich unten im Vorratsregal", unterbreche ich sie, verlasse die Küche, ziehe die Tür halb zu und verschwinde bereits Richtung Keller. So schnell wie ich kann hole ich Besen und Kehrblech und bin bereits zurück, bevor die lästige Nachbarin auf die Idee kommt, mir zu folgen.

„Mein Gedächtnis lässt auch mehr und mehr nach", stoße ich schnaufend hervor. „Der Besen war doch unten, ich habe dort ein Glas fallen lassen, aber den Zucker habe ich schon weggeräumt". Ich stelle die Sachen ab und nehme ein unangebrochenes Zuckerpaket heraus. „Aber die Zuckerdose steht doch dort auf dem Regal", bemerkt Frau Köhler.

Jetzt werde ich rot. Sie muss mich doch durchschaut haben!

Die Frau sieht mich durchdringend an. „Frau Wedekind, ich fange an, mir Sorgen zu machen", meint sie fast streng. Haben Sie denn niemanden, der sich um Sie kümmert? Verwandte oder Freunde? Und gehen Sie denn regelmäßig zum Arzt?" Sie ergreift meine Hand auf dem Tisch. Ich ziehe sie sofort zurück. Offenbar merkt sie, dass sie zu weit gegangen ist. Schmeichelnd erklärt sie: „Ich meine es wirklich nur gut mit Ihnen. Aber stellen Sie sich doch vor, es passiert etwas, ein Sturz zum Beispiel. Oder Sie vergessen, den Herd auszustellen. Das kann doch schlimme Folgen haben!" Ich schweige. Das fehlte mir gerade noch, eine überbesorgte Nachbarin! Die würde mich keine Minute aus den Augen lassen.

„Doch, ich habe bereits um Hilfe gebeten, über meinen Hausarzt". Das war eine glatte Lüge, aber mir fiel nichts Besseres ein. „Es gibt eine Beratungsstelle, die schicken mir jemanden, und wir überlegen gemeinsam, welche Unterstützung die sinnvollste wäre." Das hatte ich in einer Broschüre gelesen, die Anna von ihrem Arzt mitbekommen hatte.

„Dann ist es ja gut, den ersten Schritt haben Sie ja schon gemacht", sagt sie zum Glück beruhigt. Damit scheint dieses Thema fürs erste vom Tisch.

„Ihre Medikamente", meint sie plötzlich.

„Was?" Ich weiß nicht, wovon sie spricht.

„Sie wollten doch Ihre Medikamente nehmen". Meine Güte, die lässt wirklich nicht locker.

„Ach ja, die Sache mit Heinrich und dieser schrecklichen Freundin hat mich so abgelenkt. Gut, dass Sie mich dran erinnern". Ich ziehe irgendeine Packung aus der Schublade, ich glaube, es ist etwas gegen Heuschnupfen, nehme ein Glas und spüle sie mit etwas Wasser hinunter. „Das ist für mein Herz, sonst kriege ich noch mehr Wasser in den Beinen", bemerke ich und lege die Packung zurück.

„Dagegen trinke ich Brennesseltee, von Pillen und Tropfen halte ich rein gar nichts, das Einzige, was ich hin und wieder nehme, ist etwas gegen meine Allergien." Frau Köhler erzählt noch ein wenig von ihrer Kusine, dann bemerkt sie, dass es schon fast 18 Uhr geworden ist.

„Jetzt fege ich Ihnen noch schnell den Flur, dann muss ich aber rüber, weil Heinrich anrufen will. Der ist doch gerade auf Malta."

Als die alte Schnepfe endlich weg ist, muss ich mich erst einmal setzen. Ich habe keine Ahnung, wie ich die jemals wieder loswerden könnte.

Aber zunächst muss ich mich um Anna kümmern, und dann will ich endlich einen Plan schmieden, wie ich Gertrud aus dem Heim holen kann.

Kapitel 8

Frau Köhler lässt nicht locker – schon am nächsten Morgen steht sie vor meiner Tür und will wissen, ob sie mir etwas vom Einkaufen mitbringen kann. Ich überlege – soll ich sie barsch abwimmeln? Lieber nicht, besser mit den Löwen brüllen. Ich bitte sie um eine Packung Knäckebrot und Spülmittel. Sie zieht ab wie ein Kurier – stolz, eine wichtige Aufgabe übernommen zu haben. Dass sie nunmehr ein weiteres Thema für ihren Tratsch hat, ist mir vollkommen klar.

Ich gehe wieder runter in den Keller, wo ich gerade dabei gewesen bin, mit Anna Bilder anzuschauen. Das macht sie gerne, oft sortiert sie die nur nach einem unlogischen System, manchmal erkennt sie auch, was da abgebildet ist. Meistens kann sie sich so ein paar Minuten lang konzentrieren, dann wird sie müde und hält ein kurzes Nickerchen oder starrt nur vor sich hin. Sie ist eingenickt, ich schließe leise die Tür und gehe nach oben. Dort wähle ich die Nummer des Pflegeheims und lasse mich mit Gertruds Station verbinden.

Nach einigem Hin und Her habe ich sie endlich in der Leitung. „Gertrud, hier ist Martha. Wie geht es dir?"

Gertrud antwortet erst nach einer Weile. „Martha? Martha Wedekind?"

„Ja, wer denn sonst? Ich konnte nicht kommen, ich war krank" Schweigen. „Gertrud?"

„Ja, hier ist Gertrud. Wer ist denn dort?"

Oh nein, das kannte ich von Ernst: Ihr Zustand scheint sich in den letzten paar Tagen verschlechtert zu haben. Die Demenz ist so heimtückisch, es geht eine Weile, dann wird es schlimmer, wieder ein bisschen besser, dann wieder schlimmer – und nur abwärts. Bis der Kranke seinen eigenen Namen nicht mehr kennt.

„Entschuldigung, ich habe mich verwählt".

Ich lege auf, die Tränen laufen mir aus den Augen. Mir wird sofort klar, dass es jetzt fast unmöglich ist, Gertrud aus dem Heim zu holen. Wenn sie mich nicht mehr erkennt, würde sie sich vermutlich sogar weigern mitzukommen. Ich fühle mich so richtig schlecht: Ich habe versagt. Wir haben lange darüber gesprochen, dass Gertrud auf keinen Fall das Schicksal ihrer Mitbewohner erleiden soll: Allein in einem Pflegebett, versorgt von gestressten Pflegern, die kaum eine Minute für ein freundliches Wort übrig haben. Und von denen einige auch mal grob werden. Sie hat mir lang und breit geschildert, wie eine Bekannte rabiat gegriffen wurde, weil sie direkt nach dem Frühstück lieber in ihr Zimmer gehen wollte, anstatt im Speiseraum Wände mit kitschigen Bildern anzustarren. Und wie oft sie in die Einlage pinkeln musste, weil keiner kam, um sie zur Toilette zu bringen. Dabei ist Gertrud nicht inkontinent, sie kann nur nicht länger anhalten. Und wie grässlich es sei, mit einer Fremden im Zimmer zu wohnen, die völlig andere Angewohnheiten hat als sie selber. Und dass man nie ausschlafen darf, es sei denn, man verzichtet auf das Frühstück, weil es nach neun Uhr nichts mehr gibt. Wie oft hatte meine Freundin bitter geklagt dass sie ihr Leben nicht in diesem Heim beenden will.

Gertrud war eine frühere Nachbarin von Anna. Ab und zu hatte Anna sie zu unserer Kartenrunde mitgebracht. Gertrud war verwitwet und hatte zwei Töchter, die beide weit weg bei Osnabrück lebten. Die kamen allenfalls zum Geburtstag und zu Weihnachten zu Besuch. Sie hatten kein allzu inniges Verhältnis, und so wurde Gertrud in unserer Runde gerne aufgenommen. „Der wilde Rentnerclan", hatte Ernst immer gesagt und dabei schief gegrinst. Davon war nun nichts mehr übrig.

Alle wären sie schwer enttäuscht von mir, alle, denke ich bei mir. Wie konnte ich nur die Letzte im Bunde im Stich lassen?

Ich schaue auf die Uhr: Erst kurz vor neun. Den Bus würde ich noch kriegen. Jetzt los, drücken gilt nicht. Ich fühle mich fit und stark – jetzt oder nie.

Gegen zehn Uhr komme ich am Heim an. Es ist ein schöner sonniger Tag. Ich betrete das Haus, in dem Gertrud lebt. Gut, dass ich mich auskenne – sicher sitzt sie im Speiseraum und hat einen Becher Saft vor sich.

Die Pflegerin erkennt mich sofort und begrüßt mich. Sie schlägt selber vor: „Frau Wedekind, wollen Sie nicht eine Runde mit Frau Hoppe drehen? Es ist so schön draußen!"

Ich hätte ihr um den Hals fallen können. Gertrud wird schön warm eingepackt – man friert so schnell, wenn man nur noch langsam mit der Gehhilfe vorankommt – und wir sind draußen. Immerhin hat sie mich sofort erkannt.

„Jetzt gehen wir nach Hause", sage ich.

Mein Handy habe ich wie immer dabei, also brauchen wir nicht lange auf das Taxi zu warten. Noch vor 11 Uhr sind wir daheim.

Ich koche uns einen schönen Kaffee. Gertrud erkennt meine Wohnung zwar nicht, freut sich aber sehr, bei mir zu sein. Später will sie sich im Wohnzimmer ein wenig hinlegen, und ich nutze die Zeit, um mich um Anna zu kümmern.

„Stell dir vor, wer jetzt bei uns wohnt: Gertrud ist endlich da!", eröffne ich ihr strahlend. Anna schaut mich nur mit großen Augen an.

Da klingelt es an der Tür.

Ich erstarre.

Ich trete an die Tür zur Kellertreppe und höre, wie Gertrud mit ihrem schlurfenden Gang über den Flur geht. Wie sie die Tür öffnet. Wie jemand laut sagt: „Guten Tag. Wir sind von der Polizei. Sind Sie Frau Gertrud Hoppe? Können wir hereinkommen?" Wie schwere Schritte zur Kellertür kommen, und jemand ruft: „Frau Wedekind, sind Sie da unten?"

Ich schließe leise die Tür, gehe zurück zu Anna, setze mich zu ihr aufs Bett und nehme ihre Hand.

„Alles wird gut", murmele ich, als ich höre, wie die Schritte die Kellertreppe herunterkommen.